스테레오 사운드

― 일본의 명기 빈티지 오디오기기를 중심으로 ―

최병수 지음

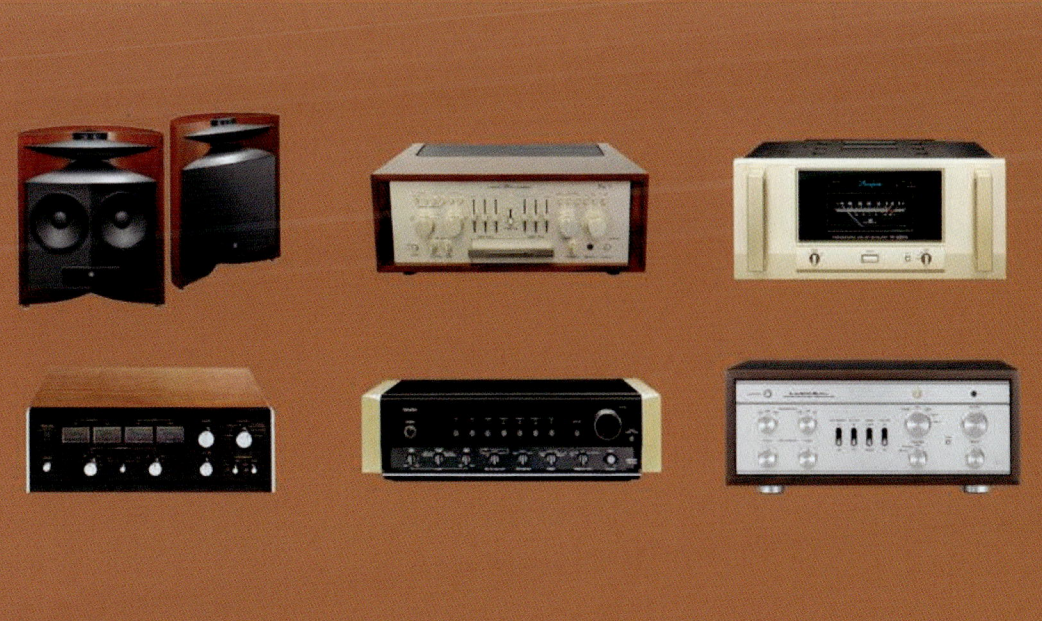

PREFACE

국내에는 오디오의 정보에 대한 열망은 많으나 그러한 것들을 소개하는 전문적인 서적은 부족합니다. 특히 빈티지 오디오에 관련된 어떤 정보가 필요할 때 정보를 얻기 어려운 것은 물론, 많은 분이 동호회, 오디오 상점 등을 통해서 알게 된 것들이 대부분이므로 편협하고 잘못된 정보도 많습니다. 게다가 우리와 가깝게 있는 일본의 기기에 대해서는 여러 이유로 잘못된 정보가 더욱 많습니다.

사람들의 취미 중에서 오래된 자동차를 수집하면서 평을 하시는 분이 계시는데 평을 하는 측면에서 보면 그냥 한 번씩 타보는 것으로 평을 하는 것은 뭔가 많이 부족한 것으로 생각됩니다. 명차라고 한들 50년 된 정비되지 않은 낡은 차가 새 차일 때와 소음과 성능에서 같거나 비슷할 수 없으며, 어떤 차가 디자인이 좋다, 안락하다, 조용하다, 100미터 도달시간이 어떻다 정도로만 평한다면 너무 미흡합니다. 명품 자동차를 보고 그 차의 제원은 어떻고, 겉모습은 어떤 디자인인데 왜 그렇게 디자인을 하게 되었는지, 엔진과 현가장치의 어느 부분이 어떻게 달라져 편리해졌는지 등을 알 수 있다면 더 좋은 평을 할 수 있을 것입니다. 그러려면 자동차의 간단한 구조와 탄생의 비화 정도는 알아야 합니다. 이처럼 40~50년이 넘은 빈티지 오디오 기기도 그냥 '보기에 좋다', '소리가 좋다' 정도로 표현하고 비교한다면 아무런 의미가 없습니다.

그동안 국내에서 발간된 오디오에 대한 서적을 살펴보면 미국과 영국을 중심으로 한 서양에 치우친 서적이 조금 있었을 뿐 일본에 대한 서적은 없었습니다. 일본은 세계 제2차 대전 후에 오디오에 괄목한 만한 발전을 가져와 미국이나 영국 등 내로라하는 기업을 물리치고 전 세계 오디오계를 석권하였습니다. 따라서 이 책은 일본의 수준급 이상의 기기를 발매한 회사 중에서 명기로 관심을 둘만 한 기기를 중심으로 기술했습니다.

이 책은 우리가 1970년대의 매우 어려운 시절에 좋은 오디오를 하나 가지고 싶었던 욕망의 기억, 명동의 필하모니에 가서 JBL 하츠필드에서 나오는 소리를 들으면서 '저런 오디오 스피커가 있었구나' 하며 감탄했던 기억, 그리고 필자가 공학을 전공하고 오랫동안 오디오 기기를 접하며 듣고 즐기며 또한 제작했던 경험을 살려 빈티지 오디오에 입문하는 분들에게 어렵지 않으면서 오디오를 즐기는 생활을 하는데 참고할 수 있는 책이 되도록 노력하였습니다.

또한, 이 책은 약간 전문적인 내용을 터치합니다. 그렇다고 너무 전문적인 이론이 들어가서 초심자가 읽기에 불편하고 재미 없는 책이 되지 않도록 노력하였습니다. 예를 들어 크렐 앰프의 소리가 좋다가 아니라 크렐 앰프가 A급이어서 소리가 좋은데, A급 앰프의 장점은 무엇이고 단점은 어떤 것이며 탄생의 비화는 뭔지, 스펙은 어떤지 등 여러 측면에서 접근할 수 있도록 하여 초심자나 애호가 등 여러 독자층이 읽을 수 있도록 구성하였습니다.

필자는 어느 오디오 평론가처럼 '풍부한 음색, 명료한 음향 윤곽, 낙폭이 큰 다이내믹, 그윽한 공간감과 음색의 깊이, 상하로 자연스럽게 펼쳐지는 탄탄한 대역 밸런스를 바탕에 깔고, 한층 명료해지고 화려해진 고음역, 한층 든든해진 중음역, 절도 넘치는 저음역 등이 깔끔하게 통합된 유려한 발성과 시원스럽게 쏟아내는 청명한 고음역과 매듭과 풀림이 자연스럽게 교차하는 추진력이 뛰어난 선율선, 예리함과 우아함을 아우르는 정연한 다이내믹, 그리고 전경과 후경의 대비가 명확한 입체감 넘치는 음향 이미지 등을 긴박하게 통합하는 모습'과 같은 유려하고 현란한 수식어를 구현하지 못할 뿐 아니라 공학을 전공한 사람으로서 표현 또한 투박합니다.

그렇다고 공학적인 표현만으로 독자에게 너무 어렵거나 지루하게 하고 싶지는 않아 진실성과 현실성 있게 쓰되 처음 입문하는 분이나 오디오를 조금 아시는 분들도 쉽게 접근하고 이해하도록 노력했습니다.

이 책을 읽다가 오디오에 대한 전문적인 용어가 나올 때 이해하기 쉽게 주석을 달았으며, 오디오 기기를 사용하고 즐기면서 궁금하거나 실제 발생할 수 있는 일들을 '잠깐'이라는 태그를 단 설명으로 도움이 되도록 하였습니다. 그리고 외래어인 '앰프리파이어'를 '앰프', '트랜스포머'를 '트랜스', '모노랄'을 '모노' 등으로 국내 오디오 파일들이 일상 사용하는 언어로 표현하였음을 참고해 주시기 바라며 부디 오디오를 즐기는 넉넉하고 행복한 시간이 되시기를 기대해 봅니다.

저자

CONTENTS

PREFACE 3

CHAPTER 1 일본의 오디오 17

    1.1 일본 오디오의 역사 18

    1.2 일본의 오디오 메이커 20

    1.3 일본 오디오 제품들이 우리나라에 많이 소개되지 않았던 이유 21

    1.4 일본의 오디오 기기를 잘 구매하는 요령 22

    1.5 빈티지 기기의 값은 얼마가 적당할까? 23

    1.6 요즈음 생산되는 기기들을 놔두고 왜 빈티지 기기 상점을 기웃거리나? 25

    1.7 일본의 기기를 사면 좋은 다른 이유 27

    1.8 어떤 오디오 기기를 구매할 것인가? 27

    1.9 어떤 형의 앰프를 구매할 것인가? 28

        프리 파워 분리형 앰프 28

        인티형 앰프 29

        리시버형 앰프 29

    1.10 음의 조절 마법사 프리앰프 29

        1.10.1 프리앰프 29

        1.10.2 프리앰프의 구성 30

프리앰프의 일반구성   30

  1.10.3   현대 프리앰프의 구성   32

  라인 프리앰프   32

  포노 앰프   32

  프리–프리앰프   32

  1.10.4   진공관 프리앰프와 트랜지스터 프리앰프 중에
      어떤 것을 선택할 것인가?   33

 1.11   일본의 어느 시기에 발매된 기기가 명기로 이름이 있는가?   34

CHAPTER 2   명기로 불리는 일본 제품들   37

 서론   38

 2.1   마란츠(Marantz) 사에서 만든 기기들   39

  2.1.1   소울 마란츠는 어떤 사람인가?   39

  2.1.2   마란츠 인티앰프   45

  마란츠 1250 인티앰프   45

  마란츠 PM-5, PM-8MK2 인티앰프   48

  2.1.3   마란츠의 프리, 파워 분리형 앰프   51

  마란츠 250M 파워앰프   51

  마란츠 3600 프리앰프   54

  마란츠 140 파워앰프와 3200 프리앰프   57

  2.1.4   마란츠 리시버   58

  마란츠 2265B 리시버앰프   60

  마란츠 2285B 리시버앰프   63

  마란츠 2330B 리시버앰프   64

  마란츠 2500 리시버앰프   66

  마란츠 2600 리시버앰프   68

2.1.5	마란츠의 프리, 파워 분리형	70
	마란츠 SM-9 파워앰프	70
	마란츠 SC-9 프리앰프	72
	마란츠 SM-11 파워앰프	74
	마란츠 SC-11 프리앰프	75
2.2	럭스만(Luxman)에서 만든 기기들	77
2.2.1	럭스만 인티앰프	79
	럭스만 SQ-38D 인티앰프	79
	럭스만 SQ38FD 인티앰프	81
	럭스만 LX38 인티앰프	84
	럭스만 LX-33 인티앰프	86
2.2.2	럭스만 프리 파워 분리형앰프	88
	럭스만 진공관 파워앰프	88
	럭스만 MQ-60 파워앰프	89
	럭스만 A-3500 파워앰프	92
	럭스만 A-3600 파워앰프	94
	럭스만 A-3000, A-3045(MB-3045) 모노 모노 파워앰프	96
	럭스만 프리앰프	99
	럭스만 CL35 프리앰프	99
	럭스만 CL36 프리앰프	102
	럭스만 CL40 프리앰프	106
	럭스만 M-300 파워앰프	109
	럭스만 C-300 프리앰프	113
	럭스만 M-06 파워앰프 C-06 프리앰프	114
	럭스만 C-06 프리앰프	117
2.3	산스이(Sansui)에서 만든 기기들	120
2.3.1	산스이 연혁	120
2.3.2	산스이 프리, 파워 분리형 앰프	122
	산스이 Q-15 모노 진공관식 파워앰프	122
	산스이 Q-55 모노 파워앰프	124

산스이 BA-202 스테레오 파워앰프	125
산스이 BA-303 스테레오 파워앰프	128
산스이 BA-5000 파워앰프	130
2.3.3　산스이 인티앰프	133
산스이 AU-70 진공관 인티앰프	133
산스이 AU-111	136
산스이 AU-777 인티앰프	139
산스이 AU-9500 인티앰프	141
산스이 AU-11000 인티앰프	143
산스이 AU-20000 인티앰프	144
산스이 AU-X1 인티앰프	146
산스이 C-2301 Vintage 프리앰프	149
산스이 B-2301 Vintage 파워앰프	151
2.3.4　산스이 리시버 앰프	153
산스이 SAX-300 리시버 앰프	153
산스이 SAX-1000 리시버 앰프	155
산스이 SAX-2000 리시버	156
2.4　데논(Denon)에서 만든 기기들	160
2.4.1　데논의 역사	160
2.4.2　데논의 파워앰프와 프리앰프	161
데논 POA-1000B 파워앰프	161
데논 PRA-1000B 프리앰프	163
데논 POA-1001 파워앰프	166
데논 PRA-1001 프리앰프	169
데논 POA-3000 파워앰프	172
데논 PRA-2000 프리앰프	174
데논 POA-8000 모노 파워앰프	176
데논 PRA-6000 프리앰프	179

2.5 아큐페이즈(Accuphase)에서 만든 기기들 — 182

    2.5.1 아큐페이즈사의 연혁 — 182

    2.5.2 아큐페이즈 프리 파워앰프 — 183

    아큐페이즈 C-200 프리앰프 — 183

    아큐페이즈 C-240 프리앰프 — 186

    아큐페이즈 C-280 프리앰프 — 188

    아큐페이즈 P-300 파워앰프 — 191

    아큐페이즈 M-60 파워앰프 — 193

    아큐페이즈 M-100 파워앰프 — 195

    아큐페이즈 P-600파워앰프 — 198

    아큐페이즈 E-202 인티앰프 — 201

    아큐페이즈 E-202 인티앰프의 정격 — 202

    Accuphase E-302 인티앰프 — 203

2.6 온쿄(Onkyo)에서 만든 기기들 — 205

    온쿄 Integra A-819RX 인티앰프 — 205

    온쿄 Integra M-509 파워앰프 — 207

    온쿄 Integra P-309 — 209

    온쿄 Grand Integra M-510 파워앰프 — 210

2.7 파이오니아(Pioneer)에서 만든 기기들 — 214

    파이오니아 연혁 — 214

    파이오니아 A-0012 인티앰프 — 214

    파이오니아 Exclusive C3a 프리앰프 — 217

    파이오니아 Exclusive M3a 파워앰프 — 219

    파이오니아 Exclusive C5 프리앰프 — 221

    파이오니아 Exclusive M5 파워앰프 — 223

2.8 트리오/켄우드(TRIO/KENWOOD) 에서 만든 기기들 — 226

    트리오 WX-700 리시버앰프 — 226

    트리오 KA-9900 인티앰프 — 227

    켄우드 KA-1100SD 인티앰프 — 230

    트리오 700C 프리앰프 — 232

TRIO 700M 파워앰프	234
2.9 테크닉스(Technics)에서 만든 기기들	237
테크닉스 SE-A1 파워앰프	237
테크닉스 SU-A2 프리앰프	238
2.10 소스 기기류	241
2.10.1 튜너	241
마란츠 튜너	241
럭스만 튜너	244
트리오/켄우드 튜너	245
켄우드 L-01T 튜너	247
켄우드 L-02T 튜너	248
아큐페이즈 T-100 튜너	250
데논 TU-850 튜너	252
데논 EXCLUSIVE F-3 튜너	253
온쿄 Integra T-419 튜너	255
파이오니아 TX-9900 튜너	257
산스이 TU-X1 튜너	259
산스이 TU-9900 튜너	260
2.10.2 레코드 플레이어(턴테이블)	262
마란츠 Tt1000 턴테이블	264
데논 DP-100 턴테이블	267
켄우드 L-07D 턴테이블	270
테크닉스 SL-1000mk3 턴테이블	274
나카미치로 tx-1000 턴테이블	276

APPENDIX — 279

- A.1 진공관 — 280
  - A.1.1 진공관의 용어 — 280
  - A.1.2 오디오의 대표적인 출력관 — 282
    - (1) 3극관 — 282
    - 300B관 — 283
    - 211, 845관 — 284
    - 6C33C-B관 — 285
    - (2) 5극관, MT관, 빔관 — 286
    - 6BM8관(ECL82) — 286
    - 6V6관(6V6G, 6V6GT, 7408) — 286
    - 6BQ5(EL84, 7189, 7320)관 — 287
    - EL34(6CA7)관 — 287
    - KT66관 — 288
    - 6L6관(1614,1622, EL37)/5932(6L6WGA)/5881(6L6WGR)/7581(6L6GC) — 288
    - 7591관 — 289
    - KT88관 — 289
    - 6550관 — 290
  - A.1.3 일본에서 개발한 관들 — 290
    - 50CA10/ 6C-A10 — 290
    - 도시바 6G-A4 — 291
    - NEC 6R-A8 — 291
    - 8045G — 291
  - A.1.4 도시바 6GB8 5극관 — 292
  - A.1.5 3극 출력관 비교표 — 293
  - A.1.6 KT150관 — 294
- A.2 일본의 주요 메이커 연보 — 295
  - A.2.1 마란츠 연보 — 295
  - A.2.2 럭스만 연보 — 304

- A.2.3 산스이 연보 · · · 310
- A.2.4 데논의 주요 연혁 · · · 313
- A.2.5 아큐페이즈 주요 연혁 · · · 314
- A.2.6 온쿄 그룹의 주요 연혁 · · · 321
- A.2.7 파이오니아 주요 연혁 · · · 322
- A.2.8 트리오의 주요 연혁 · · · 323
- A.3 일본 오디오 명기 100선 책자의 기기 · · · 325
  - A.3.1 프리메인앰프 · · · 325
  - A.3.2 프리앰프 · · · 325
  - A.3.3 파워앰프 · · · 326
  - A.3.4 세퍼레이트 앰프 · · · 326
- A.4 빈티지 아날로그 수리 전문점 소개 · · · 327
- A.5 진공관 파워앰프 RATTI-50 · · · 329
- A.6 일본 오디오 기기 사용을 위한 복권 다운 트랜스 · · · 330

잠깐의 목차

- 잠깐 일본 메이커에서 만든 앰프의 소리는 어떤가? 47
- 잠깐 출력석의 기능은? 51
- 잠깐 노칭 왜곡(歪曲 : 일그러짐)이 뭔가? 53
- 잠깐 트랜지스터란? 56
- 잠깐 출력석이 망가지는 이유는? 58
- 잠깐 출력석이 바뀌었다? 무엇이 문제인가? 61
- 잠깐 다링톤 회로란 무엇인가? 64
- 잠깐 크로스오버 일그러짐이 뭘까? 65
- 잠깐 오디오를 사랑하다 보면 마누라의 눈치가…. 67
- 잠깐 일본 제품을 사용할 때 전압은 몇 볼트로 해야 하나? 69
- 잠깐 오디오는 매칭의 예술이다. 71
- 잠깐 오디오 기기에서 A급과 AB급 구동은 어떻게 다른가? 73
- 잠깐 쿼터 A 시스템을 사용한 파워앰프란? 76
- 잠깐 진공관 앰프에서 출력 트랜스의 중요성은? 81
- 잠깐 신공관 앰프를 처음 접하는 분에게 적당한 앰프는? 83
- 잠깐 진공관 앰프에서 험(HUM)은? 86
- 잠깐 볼륨을 돌리거나 스위치를 움직일 때 찌직거리면 어떻게 하나요? 87
- 잠깐 진공관 앰프를 처음 사용하려는 분들이 생각하는 의문 91
- 잠깐 오디오 기기를 음색으로 표현하는 말들은 어떤 것이 있을까? 95
- 잠깐 럭스만의 MC카트리지용 승압트랜스는 어떤 것이 있나? 106
- 잠깐 복권 트랜스와 단권 트랜스는 어떻게 다른가? 108
- 잠깐 볼륨의 역할은? 112
- 잠깐 앰프의 브리지(bridge) 방식이란? 117
- 잠깐 S/N비(신호대 잡음비)는 무엇을 말하는가? 125
- 잠깐 컨덴서의 역할은? 126
- 잠깐 전원용 컨덴서와 커플링 컨덴서의 수명은? 129
- 잠깐 댐핑 팩터란 무엇일까? 132
- 잠깐 다이나믹 레인지란? 135
- 잠깐 대전력용 출력 트랜스 메이커로서 산스이 139
- 잠깐 주파수 스펙트럼이란? 142

- 잠깐 스피커의 공칭임피던스는 뭔가? 145
- 잠깐 RIAA편차 보정이 뭔가? 148
- 잠깐 D급 앰프란? 158
- 잠깐 잠깐 톤 컨트롤이 없는 프리앰프 161
- 잠깐 앰프의 특성표에서 볼수 있는 입력 감도란? 172
- 잠깐 부귀환방식(NFB)과 무귀환방식의 차이점은? 178
- 잠깐 dB/oct 란? 193
- 잠깐 파워앰프의 브리지 연결 200
- 잠깐 오디오 기기의 정격표에서 출력 전력은? 204
- 잠깐 자작을 하는 분들에게 드리는 조언 213
- 잠깐 두 귀의 효과와 기능 225
- 잠깐 NF-CR형이란? 231
- 잠깐 일본 어느 가정의 리스닝 룸 엿보기 236
- 잠깐 앰프의 특성표에서 볼수 있는 주파수 응답이란? 240
- 잠깐 빈티지 오디오의 튜닝 256
- 잠깐 레코드 플레이어를 구동할 때…… 264
- 잠깐 LP 레코드 판과 바늘의 마모 266
- 잠깐 MM형과 MC형 카트리지는 어떻게 다른가? 269
- 잠깐 밸런스 접속과 언밸런스 접속 273

1

CHAPTER

일본의 오디오

1.1 일본 오디오의 역사
1.2 일본의 오디오 메이커
1.3 일본 오디오 제품들이 우리나라에 많이 소개되지 않았던 이유
1.4 일본의 오디오 기기를 잘 구매하는 요령
1.5 빈티지 기기의 값은 얼마가 적당할까?
1.6 요즈음 생산되는 기기들을 놔두고 왜 빈티지 기기 상점을 기웃거리나?
1.7 일본의 기기를 사면 좋은 다른 이유
1.8 어떤 오디오 기기를 구매할 것인가?
1.9 어떤 형의 앰프를 구매할 것인가?
1.10 음의 조절 마법사 프리앰프
1.11 일본의 어느 시기에 발매된 기기가 명기로 이름이 있는가?

1.1 일본 오디오의 역사[1]

1948년 6월에 미국 CBS에서 발매한 모노럴 LP레코드가 하이파이 오디오의 발달을 촉진하는 도화선이 되었다. 이 LP 레코드의 출현은 미국의 오디오 회사인 제네럴 일렉트릭, 피커링, 페어차일드 등의 레코드 바늘을 생산하는 3대 회사의 출현을 이끌어 오디오 경쟁 시대가 도래되었다.

1950년대에 들어서자 좌우에 각각 음원을 기록하는 스테레오 방식의 LP레코드 개발이 진행되다가 1958년에는 스테레오 녹음의 레코드가 시판되었다.

스테레오 레코드는 그때까지 개발되어 사용되던 모노랄 레코드에 비해 극적인 임장감[2]이 있는 재생이 가능해져 오디오 산업은 더욱 발전되었다. 그 시대의 녹음미디어는 오픈 릴 방식의 테이프 레코더가 등장하고 있었는데 크기도 크지만 취급이 불편해서 널리 보급되지는 않았다.

일본에서는 1960년대에서 70년대에 걸쳐 제1차 오디오 붐이 일었다. 기기를 가구 풍의 목제 캐비닛에 담은 오디오 시스템이 유행했는데 당시 스테레오라고 하면 이것을 가리킬 정도였다. 한편으로 레코드 플레이어, 앰프, 스피커 등의 각 기기를 선호하는 제조업체의 제품들로 조합하는 컴포넌트 스테레오의 개념과 제품이 생겨났고, 이것이 나중에 오디오 취미의 주류가 되었다.

앰프는 이후 진공관에서 트랜지스터로 바뀌었다. 또한, 4개의 스피커를 사용하여 음장을 재생하는 4채널 스테레오 방식도 출현했다. 이것은 나중에 서라운드 방식을 포함하는 멀티 채널로 이어졌지만, 표준이 통일되지 않아 상업적으로는 실패로 마무리되었다.

1970년대에는 콤팩트 카세트가 등장했는데 간편해서 급속히 보급되었다. 이에 1969년에 NHK-FM이 스테레오 방송을 시작했고, 여기에서 송출하는 FM 방송의 음악을 카세트에 녹음하는 에어 체크가 붐을 이루었다.

---

1 평론가 세가와 휴유키시瀬川冬樹의 오디오의 계보 참조
2 임장감(臨場感)은 재생된 음을 들을 때 녹음한 장소의 현장에 있는 느낌

1980년대에 들어서면서 오디오 업계는 기존의 아날로그 방식에서 디지털 오디오로 전환해갔다. 1980년~1982년경에는 비디오테이프 레코더의 부상으로 오디오 제품의 매출이 극도로 저조했지만 1982년에 등장한 CD[3]는 레코드 대신 CD를 중심으로 한 컴포넌트 스테레오가 불티나게 팔렸다. 이것을 제2차 오디오 붐이라고 한다. 이 시대는 하이파이 비디오와 레이저 디스크가 등장하면서 오디오와 비주얼이 융합하는 여명기였다.

1990년대에는 기기의 디지털화, 소형화, 간이화가 진행됐다. 1992년에 등장한 MD는 간단한 작업으로 CD 복제가 가능했고 CD와 MD의 재생과 복제가 가능한 레코더들이 나왔다. 이 시기에는 렌트 CD의 법적 정비도 진행돼 CD를 빌려 MD에 복제하는 일이 널리 이뤄지게 됐다. 이 때문에 컴팩트 카세트 시장은 급속히 축소됐고 FM방송은 음악 입수 경로의 역할을 마쳤다. 이 무렵부터 일본에서는 미니컴포넌트나 CD 라디오카세트 같은 저렴하고 간편한 기기가 주류가 되어, 전용 오디오 기기는 매출이 빠르게 떨어졌다. 이에 따라 종합가전 업체 대부분이 오디오 사업에서 철수했고, 오디오 전문업체들은 도산·폐업·사업 전환이 잇따랐다.

2000년대가 되어서는 Super Audio CD(SACD)[4]와 디지털 앰프(D급 앰프)등의 등장으로 예전의 명성을 되돌리려 했지만, 오디오 시장 축소를 멈추지는 못했다.

---

3   Compact Disc : 레이저로 CD 표면에 홈을 새겨 정보를 기록하고, 저장된 정보는 홈이 새겨진 표면에 레이저를 비춰서 읽어 낸다. 이때 레이저가 홈의 형태에 따라 다른 세기로 반사되는 원리를 이용한다.

4   슈퍼 오디오 CD(Super Audio Compact Disc, SACD)는 필립스와 소니가 공동 개발하고 1999년부터 도입된 콤팩트 디스크로, 일반 음악 CD에 비해 월등히 좋은 음질을 자랑한다. 기술적으로는 샘플링 방식을 기존 CD의 PCM방식에서 PCM의 64배에 이르는 새로운 DSD(Direct Stream Digital) 방식으로 바꾸어, 2.8224 MHz의 샘플링이 가능하다. 또한, DSD 기술을 사용하기 때문에 100kHz이상의 주파수를 재생할 수 있을 뿐만 아니라 음성의 높낮이 폭이 매우 크고, 저장 용량도 기존 CD보다 4배 이상 크다. 두께는 0.6㎜의 디스크를 2장 붙인 1.2㎜이며 DVD와 같은 4.7GB의 용량을 가지고 있다. SACD는 2층 방식으로 상단에는 CD음향을, 하단에는 DSD-CD음향을 기록하여 전용 플레이어에 놓았을 때 초고충실도의 사운드를 재생한다. SACD 디스크 표면에  의 마크가 있다.

한편으론 DVD와 평면 TV 매출이 빠르게 늘면서 소리와 영상을 함께 즐기는 오디오비주얼이 일대 붐을 이뤘다.

그 후 하이비전 방송의 보급, 블루레이 Disc와 하드디스크 레코더가 등장해 현재에 이르고 있다.

1.2 일본의 오디오 메이커

일본은 한마디로 오디오 강국이다. 마란츠, 럭스만, 데논, 아큐페이즈, 파나소닉, 파이오니아, 온쿄, 야마하, 에소테릭, JVC, 켄우드, 소니, 티악 등 일본의 오디오 메이커는 현재 75여 개에 달하는데 이 회사 중에서 눈여겨볼 메이커로 창사한 지 오래되고 지금까지 명기로 불리는 기기를 많이 출시한 회사는 마란츠, 럭스만, 데논, 산스이, 온쿄, 트리오, 파이오니아, 아큐페이즈 등으로 필자는 이 회사를 위주로 소개한다.

일본의 오디오 제조 회사들

A	Accuphase/Kensonic AIR TIGHT/Acoustic Masterpiece AWIA/EXELIA AKAI/A&D ART AUDIO ASHIDA VOX AUDIOCRAFT AUDIO Devices Audio Technica AUREX/TOSHIBA
B	BALLAD BELTEK
C	CEC CONCLUSION CORAL CROWN(JAPAN) CRYSLER
D	DIKEN DELCATEC DENON/COLOMBIA DIATONE DOKORDOR Dynavector/ONLIFE Research
E	EROICA ETONE
F	Fidelity Research FOSTER/FOSTEX
G	GOTO UNIT
H	HAL HANIWA/KUBOTEK HINO AUDIO
I	INAX
J	JUPITER
K	KYOCERA
L	LEBEN Lo-D/HITACHI LUXMAN/ALPHINE LUXMAN L&B
M	MACTONE MARANTZ MAXONIC MICRO MIRROR PHONE MURATA MUSIC BIRD

N	NAKAOKA/JEWELTONE NAKAMICHI NEC/AUTHENTIC NIKKA NIKKO NS
O	ONKYO OTARY
P	Phasemation/Phase Tech PIONEER/EXCULUSIVE TAD
R	ROTEL
S	SAEC SANSUI SANYO/OTTO SASAKI ACOUSTICS SEIKO/EPSON SHARP/OPTONICA SONICS
T	TAOC TEAC/ESOTERIC/TASCAM TECNICS/PANSONIC TOKYO SOUND TRIO/KENWOOD TRIODE
U	UESUKI
V	VESTEX VICTOR
Y	YAMAHA 산본음향공예 YL음향

1.3 일본 오디오 제품들이 우리나라에 많이 소개되지 않았던 이유

일본은 세계 제2차 대전 때 이미 제로센이란 비행기를 만들어서 진주만을 폭격할 정도로 여러 산업기술이 축적된 나라다. 또 장인정신으로 잘 무장된 국민이다. 전쟁 전에도 자신들이 만든 진공관으로 라디오를 만들어 일반 국민에게 배급할 정도의 기술이 있었다. 그리고 일본은 현재도 오디오의 마니아들이 많고 자작하는 저변 인구도 많다. 지리적으로 우리나라와 매우 가까운 일본이 70년대에 상당히 성능이 좋은 오디오를 많이 생산해서 전 세계를 석권하였지만, 우리나라에 그렇게 많이 소개되지 못했던 여러 이유중에서 몇 가지 들어본다. 첫째로, 우리나라가 일제 36년의 압제하에서 벗어난 후 극심한 빈곤에 시달렸다. 둘째로, 일본이 억압하고 수탈했던 과거를 생각하며 치를 떠는 국민이 많았다. 셋째로, 당시 이승만대통령도 일본의 공산품 수입을 여러 형태로 막았던 영향도 있다. 박정희 대통령이 들어선 후 한일 청구권이 타결되면서 일본과의 관계가 정상화되기는 했지만, 그 후로도 한참 동안 일본의 공산품이 들어오지 못했다. 이런 여러 상황과 이유 중에서 가장 크게 느껴지는 것은 우리의 경제가 워낙 안 좋아 먹고 살기 바빴기 때문에 일본이나 미국의 고급 오디오 기기를 살만한 여력을 가진 사람들이 거의 없었다.

1960년대 후반에서 70년대 후반까지 미국, 영국, 독일, 일본 등에서 상당히 좋은 오디오 기기들이 생산되었는데 이들 기기 중에서 음질과 성능 면에서 우리나라의 소비자들이 좋아하고 명기로 알려진 마란츠 1250의 예를 들어본다. 이 오디오 기기는 스피커나 소스 기기가 없는 단순한 인티앰프인데도 1976년 발매 당시 가격은 195,000엔이었다. 만약 이 오디오 기기를 세금을 붙여 국내에 들여왔다면 거의 300만 원이 넘는 가격인데 이 가격이면 당시 서울의 웬만한 일반주택을 사고도 남는 커다란 금액이었다.

당시 우리나라의 경제 사정은 국내 가전제품을 만드는 금성, 삼성, 대우 등에서 생산하는 지금에서 보면 매우 작은 크기인 180리터짜리 냉장고나 브라운관 텔레비전 1대를 현금을 주고 살만한 돈들이 없었다. 그래서 가전제품을 구매하고자 할 때는 은행으로부터 팩토링 금융이라는 장기 할부로 구매하였는데 이는 소비자가 회사로부터 제품을 받고자 계약한 서류를 가지고 회사가 제품의 대금을 미리 은행으로부터 받고 매달 고객에게 받은 돈을 은행에 입금해주는 방식이었다. 그런 시절에 이런 고가의 오디오 제품의 구매한다는 것은 꿈에 불과했다.[5]

1.4 일본의 오디오 기기를 잘 구매하는 요령

일본은 섬나라로서 주요 도시들이 모두 바닷가에 있다. 이들 도시에서 사용하던 기기들은 세월이 수십 년 흐르다 보면 공기 중의 염분이 기기에 많은 영향을 미치게 된다. 겉의 철판은 물론 심지어는 알루미늄으로 된 전면 패널까지 녹이 슬기도 한다. 같은 시기에 발매되어 미국의 내륙지역에서 사용되었던 기기들과는 많이 비교되는데 이런 해안가에서 사용되던 기기들은 내부의 부품도 당연히

---

5   국가기록원 : 1965년 눈표 냉장고(GR-120)라는 이름으로 국산 냉장고가 출시되었을 때, 가격은 8만 6백 원. 당시 대졸자 초임이 1만 천 원이었던 것을 고려할 때, 쉽게 엄두를 낼 수 없는 가격이었다. 그런데 1980년대에 들어서면서 제품 개발을 위해 뛰어든 회사들간의 가전제품 점유율 경쟁으로 냉장고는 국민 가전이 되어 1965년 채 1%도 되지 않던 냉장고 보급률이 1986년 95%가 되었다.

좋지 않은 상태가 많다. 가끔 이런 좋지 않은 상태의 기기를 수입해서 적당히 고친 다음 온라인 장터에 싸게 내놓는 분들 때문에 장터 가격에 많은 혼란을 가져오는 것을 본다.

빈티지 기기는 대부분 겉이 깨끗해야 속도 깨끗하며, 겉면 어디든 녹이 슬지 않는 것을 고른다. 또, 조금 비싸더라도 유지보수가 잘 된 것을 고르는 것이 좋은 방법이다.

일본 현지에서 유지보수가 잘된 기기 즉 일본말로 '멘테'[6]가 잘된 기기는 국내 가격보다 훨씬 비싸다.

1.5 빈티지 기기의 값은 얼마가 적당할까?

아래 그림은 일본의 어떤 수리 전문점의 럭스만 CL-35의 수리 내역과 수리비를 계산해 놓은 표이다. 수리 내역에는 B전원 회로의 기판에 문제가 있으며, 프로텍터가 작동하지 않아서 필름 컨덴서, 전해컨덴서, 진공관 소켓, RCA 단자, 헤드폰잭, 반고정 보정, 전원 소켓 등을 교환했다고 되어있다. 이런 수리 내역표는 일본의 온라인상에서 많이 볼 수 있는 것으로 수리비가 12만 5천 엔인데 진공관 가격은 별도이다. 수리비가 우리나라 돈으로 환산하면 무려 130만 원이다. 이 금액에 진공관 가격을 추가하면 국내에서는 같은 모델의 구입 가능한 가격이다. 우리나라의 사용자들이 볼 때 수리가 너무 과한 것 아닌가 생각할 수도 있지만 오래된 기기를 골동품으로 그냥 진열장에 모셔두지 않고 신품의 성능을 유지하면서 현역기로 사용하려면 어쩌면 당연한 일인지 모른다.

---

[6] 메인터넌스(maintenance) : 유지, 보수, 관리, 정비

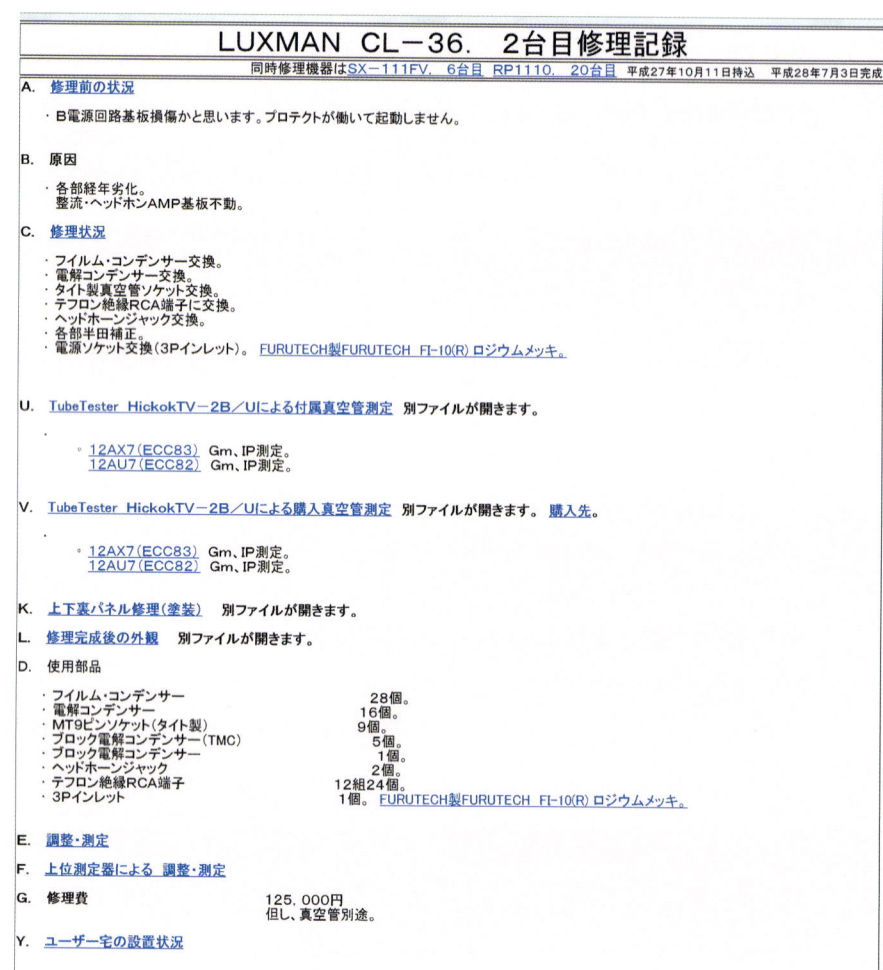

다른 예로 40년 된 낡은 벤츠 600의 고급 승용차가 있다고 할 때, 출시 당시에는 비싸서 감히 타볼 엄두도 못 냈던 차이다. 그런 차를 세월이 지나서 중고차 시장에서 싼값에 구입했다고 할 때 그 차의 성능과 소음이 처음 출시했을 때처럼 제대로 발휘하지 못할 것은 당연한 이치이다.

중고로 산 벤츠 자동차의 덜덜거리는 범퍼를 비스로 박아서 끼우고, 조향장치의 고무들이 삭아서 조그만 돌부리의 진동에도 삐걱거리며 소리나는 등 도저히 정상적으로는 타고 다닐 수 없는 것임에도 우선 굴러다니게만 고쳐서 예전의 명차라며 자랑하면서 타고다닌다면 매우 우스운 일이다. 설령 차의 겉이 잘 도색되어 새 차처럼 보인다고 하더라도 속 내부가 얼마나 상했는지는 전문 정

비사가 측정기를 대어 보고 때로는 분해해보아야 알 수 있는 것처럼 마찬가지로 빈티지 오디오의 상태와 가격도 천차만별이다. 그런데도 오로지 싸고, 좋고, 오리지널 부품이고, 한사람만이 사용했고, 장터에 돌아다니지 않은 것을 원한다는 것은 모순이다. 이 자동차의 예와 마찬가지로 국내에 돌아다니는 오디오 기기가 유지보수가 잘되어 제대로 된 소리가 나는 기기인지, 내외부 외관이 좋은지 등은 오디오 기기 구입할 때 매우 중요한 요소이다.

1.6 요즈음 생산되는 기기들을 놔두고 왜 빈티지 기기 상점을 기웃거리나?

나이가 좀 지긋하신 분들이 빈티지 기기에 관심을 두고 구매하려고 오디오 숍이나 인터넷 쇼핑몰들을 기웃거리는 경우가 상당히 많다. 그 이유는 여러 가지가 있겠지만 필자는 첫째로 향수를 꼽는다. 우리나라에 그런 좋은 기기들이 거의 없었을 때 여러 경로를 통하여 들어온 오디오 기기가 전시된 충무로 상가나 청계천의 상가를 지나가다 보고 들었거나 아니면 당시 유행하던 음악다방에서 들었던 매혹적인 소리를 기억하기 때문이다.

둘째로 가격이다. 매킨토시, 마란츠 등 메이커 이름만 들어도 가슴이 설레던 시대에 살았던 분들이 당시에는 기기의 값이 감히 꿈도 꾸지 못할 큰돈이었기 때문에 가난뱅이였던 우리네 사정에서는 '이런 제품은 대체 어떤 사람이 사는 걸까…….' 하고 한숨 섞인 로망으로만 있었다. 그러나 지금은 우리나라가 그때보다 훨씬 잘살게 되어 상대적으로 가격이 낮게 보이고, 더구나 오래된 기기이다 보니 감가상각이 되어 적은 돈으로 구매할 수 있기 때문이다. 나이 든 분들이 자동차든 카메라든, 옛날에 동경하던 물품을 경제적으로 여유가 생긴 후 중고로 손에 넣는 경우는 이런 이유일 것이다.

요즘에도 쓸만한 오디오 기기 한 세트를 들여놓으려면 1억 원은 훌쩍 넘어버린다. 2019년 1월 현재 시중에 팔리는 매킨토시 MT10 턴테이블이 1,620만 원, JBL EVEREST DD67000의 스피커가 7,900만 원 정도이니까 여기에 프리앰프와 파워앰프 값을 더하면 2억원에 가까운 큰 금액이 된다. 여유가 있다고 하더라도 이런 거금을 들여 오디오 기기를 들여놓기는 쉬운 일이 아니다.

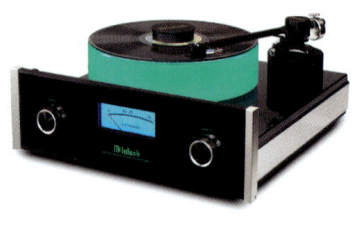

매킨토시 턴테이블 MT10

JBL EVEREST DD67000 스피커

셋째로, 바꿈질이다. 좋은 기기를 들여놓고 오디오 생활을 하고 있더라도 좀 오래 듣다 보면 다른 기기의 소리는 어떤지 궁금해서 견딜 수 없는 것이 오디오 파일[7]들의 심리 상태이다. 이 궁금증은 여유가 있는 분들에게는 자꾸 바꿈질로 다가온다.

넷째로, 청감상의 문제이다. 음의 해상도[8]가 높은 현대적인 기기의 소리를 들으면 처음에는 참 좋게 들리다가도 30여 분쯤 지나면 자연스럽고 평온하게 느껴지는 것이 아니라 무언가 부담스럽고 힘들게 느껴진다고 하는 분들이 꽤 있다. 이것은 과학적으로 증명된 것이다. 그 원인을 찾다가 보면 해상도는 약간 떨어지지만, 오랫동안 들어도 평온하게 느껴지는 빈티지 고급기기로 자연스럽게 눈이 옮겨가는 것을 볼 수 있다.

7   오디오파일(audiophile) 고음질의 오디오 재생에 특별한 관심이 있는 사람을 일컫는 말로 오디오광이나 오디오 애호가 정도로 번역

8   아주 크거나 작은 소리 또는 깊은 저음이나 고음을 잘 재생할 수 있는 능력이다. 오디오 기기의 해상도가 높다는 것은 바로 여러 소리 파동을 잘 구분할 수 있도록 원래의 소리 신호의 진폭을 그대로 재현하는 것이다. 오디오 기기의 주파수특성, 노이즈 레벨, 신호대 잡음비, 다이내믹 레인지, 총배음 왜곡율, 상호변조 왜곡율, 스테레오 분리도 등에서 그 오디오 기기의 해상도를 살펴볼 수 있다.

1.7 일본의 기기를 사면 좋은 다른 이유

첫째로, 유지보수가 잘된 기기는 오랫동안 문제없이 잘 구동한다. 둘째로, 음색과 디자인 등이 우리의 정서와 상당히 잘 맞는다. 셋째로, 미국이나 유럽의 오래된 기기들을 사용하다가 고장이 나서 수리하려면 부품을 구하기가 여간 어려울 때가 많다. 대체품을 사용하면 모양이 달라서 보기에 좋지 않지만, 이에 비해 일본 제품의 부품은 구하기가 훨씬 쉽다.

1.8 어떤 오디오 기기를 구매할 것인가?

① 빈티지 기기는 대체적으로 무거운 것이 좋다.

효율이 좋은 요즈음의 디지털식 D급 앰프는 아날로그 A급이나 AB급 앰프보다는 비교되지 않을 만큼 가볍다. 그러나 아날로그 앰프는 중요한 부품인 전원 트랜스, 방열판, 출력 트랜스, 전원 컨덴서가 클수록 왜곡 없이 대출력을 내줄 수 있기 때문에 이들이 클수록 무게가 무겁다.

② 트랜지스터 앰프와 진공관 앰프 중 어떤 것을 구매할 것인가?

진공관 앰프는 음악적으로 받아들여 지기 좋은 짝수 차 하모닉을 발생시키기 때문에 소리에 따뜻한 느낌을 주고, 트랜지스터 앰프는 주파수 특징에서 한계를 넘기면 음성신호를 클리핑시켜 깨진 소리가 들리는 홀수 차 하모닉을 발생시켜 상당히 거슬리게 들린다. 고급기기에서는 이러한 하모닉을 많이 제거했기 때문에 좋은 음질을 내준다. 트랜지스터 앰프와 진공관 앰프 중에 어떤 것을 구매할 것인가는 선택의 문제이다. 그러나 대체로 최대출력 이하에서 작동시키면 트랜지스터 앰프 쪽이 더 중성적으로 들린다.

③ 앰프에서 중요한 특성인 THD가 낮을수록 좋다.

앰프는 가청주파수인 16~20,000[Hz]에서 평평한 주파수 응답특성이 있어야 한다. THD(Total Harmonic Distortion) 특성이 0.5% 이하로 낮을수록 좋다. 전원장치가 좋아 충분한 출력이 나올 수 있어야 한다. 진공관 앰프는 고전적인 음압이 높은 스피커를 연결하여 듣지 않는 한 채널당 30[W], 트랜지스터 앰프는 채널당 100[W] 정도는 되어야만 웬만한 스피커를 운용할 수 있다.

④ 실제 원음 재생을 위해서는 파워앰프의 파워는 클수록 좋다.

우리나라와 같은 아파트 문화에서는 원음의 크기만큼 음악을 재생하면서 듣기에는 무리지만 작은 음량으로 재생하더라도 대체로 여유 있는 파워앰프의 소리가 더 좋다.

1.9 어떤 형의 앰프9를 구매할 것인가?

일반적으로 오디오 기기는 크게 리시버형, 인티앰프형, 프리 파워 분리형으로 나뉜다. 이들 구성은 각기 장단점을 가지고 있고 가격 또한 리시버형보다는 인티앰프형이, 인티앰프형보다는 프리 파워 분리형이 더 고가인 경우가 많다.

(1) 프리 파워 분리형 앰프

- 프리앰프 : CD, 테이프, 턴테이블, 마이크 등 각종 소스 기기에서 나오는 신호를 조절하고 적당한 크기로 증폭해주는 파워앰프 앞에 있는 앰프이다.
- 파워앰프 : 프리앰프에서 온 신호를 우리가 청취하는 현장에서 필요한 만큼의 음량으로 스피커를 울릴 수 있도록 전력 증폭을 해주는 앰프이다.

---

9 본서에서는 앰프리파이어를 앰프로, 트랜스포머를 트랜스로, 마이크로폰을 마이크 등으로 우리가 이미 일상적으로 사용하는 표현들은 그대로 기술한다.

(2) 인티형 앰프

프리앰프와 파워앰프를 합쳐놓은 것인데 프리앰프와 파워앰프 분리형에서는 어떤 다른 프리앰프와 파워앰프를 서로 매칭하여 구동할 때 입력 임피던스나 감도를 맞추기 위한 증폭 단이나 볼륨 등이 장착되어 있다. 그러나 인티앰프에서는 이미 기계적으로 내부에서 맞춰졌기 때문에 이들 부분이 생략된 경우가 많다.

(3) 리시버형 앰프

프리앰프와 파워앰프를 합쳐놓은 인티앰프에 AM이나 FM을 들을 수 있는 튜너까지 붙인 일체형으로 된 기기이다.

가격은 대체로 프리 파워 분리형 앰프보다는 인티앰프가 좀 저렴하고, 인티앰프 보다는 리시버형의 앰프가 더 저렴하다. 기능면으로는 대부분 프리 파워 분리형보다는 인티앰프가, 인티앰프보다는 리시버형의 앰프가 더 못하다.

1.10 음의 조절 마법사 프리앰프

1.10.1 프리앰프

프리앰프는 파워앰프를 잘 구동하기 위해서 파워앰프 앞에서 증폭해주는 앰프이다. 오디오 시스템 전체를 컨트롤 하는 기능이 있다. 파워앰프는 입력에 1~2[V]의 입력 전압을 넣어 주어야만 제대로 출력을 낼 수 있는데 이 전압을 프리앰프에서 맞추어 보내준다.

아날로그 시절 LP 레코드를 들으려면 턴테이블의 카트리지에서 나오는 미세한 전압을 증폭하여야 한다. 게다가 특정 주파수에서 크기의 변화를 준(RIAA와 관련) 녹음 특성을 평탄하게 재생하기 위한 포노 이퀄라이저 회로의 내장이 필수였다.

그러나 CD의 출현과 함께 카트리지보다 훨씬 고출력인 CD플레이어가 나오고, DA컨버터가 나오면서 이들 기기의 출력은 이미 라인 레벨인 1~2[V]이므로 프리앰프가 필요 없다고 생각하는 때도 있었다. 그래서 CD플레이어와 파워앰프를 직접연결하여 사용하기도 했다. 이런 시도는 음의 순도만 생각하면 그럴 듯하게 느껴졌고 프리앰프의 자리가 점점 없어지는 것으로 보였다. 그러나 오디오의 재생음에 있어서 순도가 높으면 높을수록 차갑고 무표정한 음이 된다는 것을 간과한 것이다. 다시 LP를 듣기 시작하고, 모든 프로그램의 소스가 최적 주파수와 에너지 밸런스가 충분하지 않아 어떤 음이든지 음을 매력적으로 만들고 조절해 주어야 하므로 좋은 프리앰프의 필요성은 지속되었다.

프리앰프는 개성적인 음, 조작감, 디자인, 음악 연주장치로서의 컨트롤로서 꼭 필요하다. 프리앰프는 연주가 신호로 기록된 미디어를 스피커에서 음으로 재생되어 나오는 과정에서 그 음악적 표현성과 생명감을 불어 넣는 일을 손끝으로 제어하는 앰프이다. 그런 의미에서 프리앰프를 컨트롤 앰프라고도 부른다. 컨트롤 기능이 많으면 그만큼 기기가 복잡하게 되는데 프리앰프의 전면이 복잡한 이유이다.

1.10.2 프리앰프의 구성

(1) 프리앰프의 일반구성

아래 그림은 프리앰프의 일반적인 구성을 나타낸 것으로 프리앰프내의 앰프 구성은 이퀄라이저 앰프, 톤 앰프, 플랫 앰프의 3가지이다.

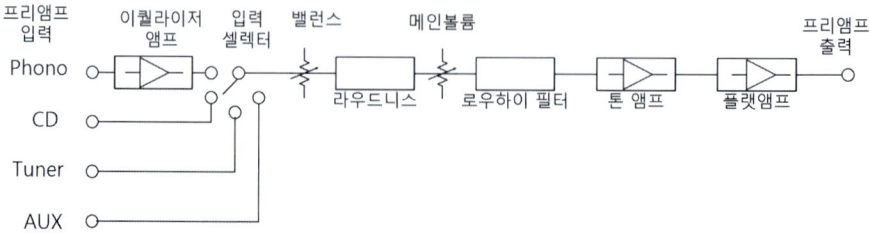

프리앰프의 일반적인 구성

① 이퀄라이저(Equalizer) 앰프

LP레코드는 레코드에 음구를 새기는 녹음 커터와 음반 재질의 특성상 16[Hz]~20[kHz]의 가청주파수대에서 1[kHz]를 기준으로 저음은 점차 낮게, 고음은 점차 크게 녹음하는 방식을 택하는데 이를 RIAA커브라고 하고 아래 그림과 같이 나타난다. 이 녹음을 그대로 재생하면 저음이 약하고 고음이 매우 강한 부자연스러운 음이 된다. 이를 정상적으로 재생하기 위해서는 녹음할 때와 반대로 1[kHz]를 중심으로 저음은 크게 증폭하고 고음은 적게 증폭하는 역 RIAA특성으로 증폭해야 한다. 이 증폭단을 포노 이퀄라이저 앰프라고 하며 CD출력과 같은 레벨로 맞추려면 32dB(40배)~40dB(100배)정도의 증폭도가 필요하다. 따라서 RIAA편차는 ±1% 이내이어야 하고, 왜율 특성이 좋으며 S/N비가 높은 것이 좋다.

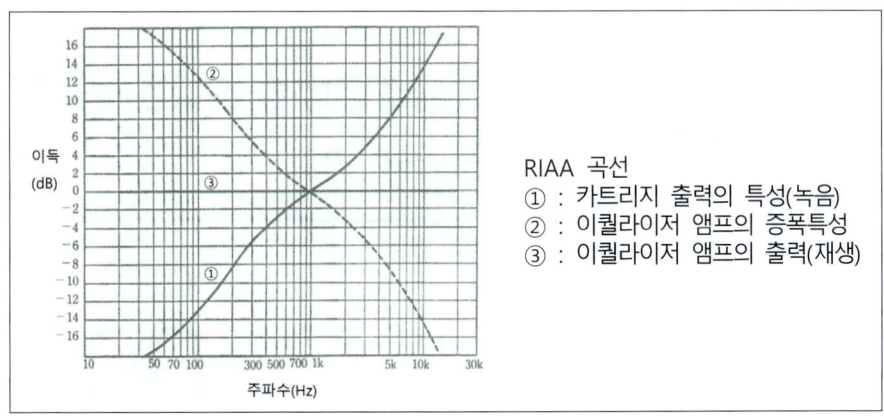

RIAA 곡선
① : 카트리지 출력의 특성(녹음)
② : 이퀄라이저 앰프의 증폭특성
③ : 이퀄라이저 앰프의 출력(재생)

② 톤 콘트롤(Tone Control) 앰프

톤 콘트롤 앰프는 스피커 설치장소의 제약 등 음향특성을 보완하도록 앰프의 주파수특성을 변화시키는 앰프이다. 개인의 취향에 따라 저음을 높이거나 반대로 고음을 높이는 앰프인데 시스템의 완성도가 높으면 사용하지 않아도 된다. 톤 컨트롤 앰프에서는 저음이나 고음을 증감시켰을 때 중음역의 레벨 변화가 적어야 좋다.

③ 플랫(Flat) 앰프

신호가 톤 콘트롤을 지나면서 손실이 생긴다. 이 손실을 보완하기 위해서 주파수특성이 평탄한 증폭단이 필요하다. 이 증폭단은 프리앰프의 S/N비를 악화시키지 않도록 손실회로의 앞에 놓는다. 그러나 CR형 톤 컨트롤 회로 같은 손실이 큰 회로를 삽입하는 경우 충분한 출력전압을 꺼내지 못하면 왜곡이 발생하고 CR형 톤 컨트롤 회로 뒤에 놓으면 손실회로의 잡음 신호가 증폭되어 S/N비 면에서 바람직하지 못하다.

1.10.3 현대 프리앰프의 구성

(1) 라인 프리앰프

라인 스테이지 프리앰프를 단순하게 라인 앰프라고 하기도 하는데 포노 앰프 즉 LP를 들을 수 있는 턴테이블을 제외한 모든 소스 기기를 연결하여 사용할 수 있는 프리앰프를 말한다. LP음을 들으려면 포노 앰프가 있어야 하는데 요즈음 판매되는 대부분의 프리앰프는 포노 앰프가 붙어 있지 않다. 요즈음 사용자들이 LP보다는 CD나 DAC, 넷트웍을 많이 사용하기 때문에 포노앰프를 생략한 프리앰프가 출시되고 있다.

(2) 포노 앰프

포노 앰프는 LP판에서 신호를 읽어 내는 카트리지의 미세한 신호를 라인 앰프가 증폭할 수 있는 레벨까지 올려주는 앰프로 카트리지에서 가져온 신호의 RIAA편차를 보정할 수 있는 회로가 추가된다. 이 RIAA(Recoding Industry Association of America)는 미국녹음 산업협회에서 녹음과 재생의 규격을 정한 것으로 저역을 강화하고 고역을 감쇠하는 회로로 RIAA이퀄라이저 회로의 좌우 편차가 적어야만 좋은 음질을 기대할 수 있다.

(3) 프리-프리앰프

LP판에서 신호를 가져오는 방법으로 MM형 카트리지와 MC형 카트리지를 사용하게 되는 데 이 MM형과 MC형은 서로 다른 방식으로 MM형은 Moving Magnet 방식이고 MC형은 Moving coil 방식이다. MC형이 MM형보다 카트리지의 출력이 매우 낮은 대신 음질이 좋다. MC형의 카트리지를 사용하려면 MM형을 사용하는 앰프의 앞에 앰프가 하나 더 있어야 한다. 대개 앰프 대신 같은 기능을 하는 스텝 업 트랜스(step up transformer)를 사용한다. 이 스텝 업 트랜스는 크기가 작고 가격은 꽤 비싸다.

1.10.4 진공관 프리앰프와 트랜지스터 프리앰프 중에 어떤 것을 선택할 것인가?

프리앰프를 구입할 때 맨 먼저 생각해보는 것이 진공관 프리앰프를 구입할 것인가 아니면 트랜지스터 프리앰프를 구입할 것인가를 생각하게 된다.

진공관 프리앰프는 사용하다 보면 트랜지스터 프리앰프보다 유지비용이 더 들 수 있지만 음색면에서 사랑을 받기 때문에 애용자가 더 많다. 그것은 진공관 프리앰프가 따스하고 자연스러운 고역이 나오는 반면 트랜지스터 프리앰프는 고역이 딱딱하고 날카롭게 들린다는 데 있다. 이렇게 진공관 프리앰프를 선호하는 것은 다분히 음질과 관련이 있다.

진공관 프리앰프의 특징 중 장점으로는 회로가 트랜지스터의 회로보다 단순하고 증폭시 발생하는 왜곡이 트랜지스터로 증폭할 때 발생하는 왜곡보다 단순하다. 증폭시 발생하는 왜곡 중에서 고조파의 문제가 있는데 고조파는 원래 신호가 여러 이유로 인해서 2배인 짝수 고조파와 3배인 홀수 고조파가 생긴다. 이 고조파 중에서 낮은 고조파보다 높은 고조파가 더 귀에 거슬린다. 진공관에서는 낮은 고조파가 발생하고 트랜지스터에서는 높은 고조파의 왜곡이 더 발생한다. 디테일과 해상도가 높은 트랜지스터 앰프는 이러한 왜곡으로 인하여 음악 감상시에 빠른 피로도를 느끼게 된다.

1.11 일본의 어느 시기에 발매된 기기가 명기로 이름이 있는가?

일본에서 생산된 오디오의 명기는 일본의 현대 역사와 관련이 있다. 일본은 세계 제2차대전을 일으킨 전범 국가이다. 그런 일본이 히로시마와 나가사키에 원자 폭탄의 세례를 받은 후 무조건 항복을 선언했다. 그러나 이것은 사실 무조건 항복이 아니라 조건부 항복[10]이었다.

1943년 1월 루스벨트와 처칠은 카사브랑카 회담에서 독일과 일본의 '무조건 항복'을 받아 내어 2차 세계대전을 종식시킬 것을 정책 목표로 삼기로 합의하게 된다. 이에 따라 그해 12월 미, 영, 중 3국의 카이로 회담에서 일본의 '무조건 항복'을 촉구한다. 한편, 일본에서는 1943년 초부터 일본의 패전을 예감하고 소위 '화평공작'을 전개하는데 화평파인 고노예(近衛) 그룹의 비밀결사 이쓰유까이(乙酉會)는 일본의 항복조건으로 대만과 조선(한국)을 일본이 보유할 것을 제시한다. 이것은 전후 일본의 파멸을 방지하기 위하여 내세운 조건이지만, 내심으로는 무엇인가를 정해 놓고 겉으로 내세운 협상용이었다. 그 후 협상이 진척되어 천황제만 유지될 수 있다면 '무조건 항복'하겠다고 하기에 이른다. 이 '천황제 유지'는 일본을 연합군이 분할 점령하지 않는다는 의미이기도 했다. 독일처럼 일본을 연합군이 분할 점령하지 않고 미군이 점령하여 천황제 독립국으로 인정해 주고 대신 한국을 분할 점령하는 조건으로 종전에 합의한 것이다. 이것은 태평양 전쟁을 주도적으로 치른 미국이 일본과 남한을, 종전 1주일 전에 참전한 소련이 북한을 점령한 것이다. 종전을 서두르는 미국의 약점을 교묘히 파고 든 일본이 일본 대신 한국을 분할하도록 한 것은 통탄할 일이다.

미국은 2차 세계대전에서 패배한 일본에 군정(軍政)을 실시했다. 맥아더 장군이 이끈 일본점령군사령부(GHQ)는 애초 일본 경제를 완전히 분해하여 재조립함으로써 다시는 미국을 넘보지 못하게 만들려 했다. 그러나 국제 정세가 묘하게 전개되기 시작했다. 2차대전의 연합국이었던 소련의 공산주의가 팽창 정

---

10 창원대 도진순 교수의 논문(1994 김기조, 1996 정병준 논문 참조) 〈38선의 확정과정 및 의미 분석〉

책을 펼치면서 미국에 위기감이 고조된 것이다.

미국 정부는 일본 통치 전략을 바꾸어 일본을 동아시아 자유민주주의 진영의 전초기지로 삼을 포석을 했다. 이를 위해서는 일본 경제를 하루빨리 부흥시킬 필요가 있었다. GHQ는 그 실행 방안으로 수출 확대를 통한 일본 제조업을 성장시키기 위한 환율 조정을 택했다.

GHQ의 현장 조사에 따르면 일본 엔화 환율이 달러당 300엔일 경우 수출품의 약 90%에서 가격 경쟁력 유지가 가능했다. 일부 품목은 200엔 선에서도 이윤을 확보할 수 있었다. 하지만 만의 하나라도 있을 수 있는 실책을 예방하기 위해 아예 달러당 360엔으로 올렸다. 그 후 일본의 부흥은 눈부실 정도였다.

게다가 종전된 지 5년이 지난 1950년에 인접국인 한국에서 6.25동란이 일어났다. 350만 명이 희생된 현대사의 최대 비극인 한국전쟁은 결국 일본의 잔머리 덕분에 발생한 남북의 분단 때문에 일어났다. 한국동란 발발로 태평양을 건너 미국에서 군수물자를 가지고 오는 것보다는 자신들이 도와주고 있는 일본에서 군수물자를 생산하여 수출하도록 함으로써 일본은 엄청난 돈을 벌어 패망후 10년이 채 안 되어 원상복구에 성공하였다.

1980년대로 접어들면서 일본의 제조업 경쟁력은 마침내 세계 최강에 올라섰다. 그에 반해 미국의 산업 경쟁력은 계속 추락하였다. 이는 미국이 1985년 플라자 합의11를 통해 일본과 독일 통화의 평가절상을 유도하게 한 직접적인 배

---

11 현 미국 트럼프대통령이 한때 소유했던 뉴욕의 플라자호텔에서 합의가 이루어졌다 하여 '플라자 합의'라고 불린다. 프랑스 · 독일 · 일본 · 미국 · 영국으로 이루어진 G5 재무부장관과 중앙은행 총재가 미국의 무역수지 개선을 위해 엔화와 마르크화를 평가절상하며, 이 조치가 통하지 않을 경우 각국 정부의 외환시장 개입을 통해서라도 미국의 무역수지를 개선시킨다는 내용의 합의다. 플라자 합의가 이루어진 배경에는 1980년대 초에 실시된 개인의 소득세 감세 조치와 재정지출 유지를 주요 내용으로 하는 레이건 행정부의 경제정책이 있었다. 이른바 '레이거노믹스'로 불렸던 이 경제정책으로 인해 미국 정부는 대규모 재정적자를 기록하였고, 이와 함께 높아진 달러화의 가치 때문에 무역적자까지 심각해지자 주요 선진국으로 이루어진 G5가 플라자 합의를 이끌어 내게 되었다. 플라자 합의에 따라 독일의 마르크화는 1주일 만에 약 7%, 일본의 엔화는 약 8% 정도 평가절상되었고, 달러 가치는 계속 떨어져 2년 후에는 약 30% 이상 평가절하되었다.

경이 되었다. 당시 엔화 환율은 달러당 240엔대였는데 1988년까지 120엔대로 절상됐다. 그 후로도 엔화 가치는 상승세를 지속하여 지금은 80엔선을 넘나들고 있다. 엔화 가치가 무려 4.5배 상승한 것이다. 인플레이션 등 다른 인자를 생각하지 않고 단순한 계산으로, 가령 일본에서 생산한 어떤 오디오 기기를 미국인이 100달러에 사야 했다면 엔화가치가 오른 후에는 450달러에 사게 되는 경우여서 가격 경쟁력을 잃게 되었다. 이 플라자 합의로 인해 미국의 무역적자와 경제 상황은 개선되었지만, 독일과 일본은 오랫동안 경제불황을 겪었다. 이렇게 일본의 경제불황과 일본의 오디오 왕국의 역사는 궤도를 같이 한다.

수출이 많았던 산스이의 예를 들어본다. 본서 부록의 산스이 연보를 보면 국제 버전의 발매는 일본 국내 버전의 약 3분의 1 정도 밖에 되지 않는데 그것도 1985년 이후에는 국제 버전의 발매가 거의 없다. 그것은 환율이 많이 올라간 산스이로서는 외국에 물건을 팔면 팔수록 손해 보는 구조이기 때문이다. 산스이 등 일본의 많은 오디오 기기 업체가 이런 어려움을 타개하기 위해서 구조조정을 하려고 했지만, 노조의 강력한 반발에 부딪혔다. 구조조정을 하지 못한 산스이는 내수용만을 생산하다가 결국 도산을 하게 되었다. 따라서 일본의 명기는 60년대 후반부터 70년대의 호황을 거쳐 프라자 합의에 이르는 1985년 이전까지에 탄생할 수밖에 없는 구조이다. 따라서 본서도 이 시기에 탄생한 기기 위주로 기술하는 것이다.

2
CHAPTER

명기로 불리는 일본 제품들

2.1 마란츠사에서 만든 기기들
2.2 럭스만에서 만든 기기들
2.3 산스이에서 만든 기기들
2.4 DENON이 만든 기기들
2.5 아큐페이즈사에서 만든 기기들
2.6 온쿄사에서 만든 기기들
2.7 파이오니아에서 만든 기기들
2.8 TRIO/KENWOOD에서 만든 기기들
2.9 테크닉스에서 만든 기기들
2.10 소스 기기류

서론

일본 오디오 명기 100선의 책자 서론에는 다음과 같은 내용이 있다. '1970~80 년대 오디오 잡지인 무선과 실험지에 게재한 일본제 앰프 소개기사 80기종과 광고 100기종을 엄선[1]해 재구성했으며 이 시기는 아큐페이즈, 온쿄, 산스이, 소니, 트리오, 파이오니아, 빅터, 야마하, 럭스만 등의 쟁쟁한 일본의 메이커가 세계의 시장을 석권한 오디오의 황금시대이다. 그 시대에 개발된 명기는 오늘날에는 생각할 수 없을 정도의 물량과 개발 시간이 소요되어 아날로그 오디오의 걸작이라고도 할 수 있는 명기가 생겨났다. 시대를 거치더라도 가치가 변하지 않는 진실 강건한 디자인, 아날로그 레코드와의 베스트 매칭, 본격 오디오의 재미와 재발견을 위한 결정판이다.'라고 하면서 여러 제품의 목록을 올렸다. 그 제품 목록에는 수긍이 가는 기종도 있지만, 필자의 성향과는 맞지 않은 것도 있었다. 음질이 제법 좋아도 디자인이 나쁘다면 별 의미가 없게 느껴지고, 또 잡지에 소개된 기기가 다 좋아서만 소개되었다고 보지는 않는다. 그런데다 마란츠에 대해서는 전혀 언급이 없다. 아마 마란츠의 태생이 미국이어서 그런 것 같지만 약간 치우쳐 진 느낌이다.

일본이 오디오의 강국을 이루게 하는 시대적 상황에서 만들어진 웬만한 상급기들은 다 명기 반열에 오를 정도로 음질과 만듦새가 좋은 것을 부인할 수 없다. 본서에서는 그중에서도 일본이 제2차세계대전 후에 오디오 기기에 괄목한 만한 발전을 가져와 미국이나 영국 등의 내로라하는 기업을 물리친 회사 중에서 설립된 지 오래되고 지속적으로 우수한 기기를 발매한 회사들 중에서 눈여겨 볼만한 기기를 선별하여 기술한다.

---

1 기기명은 부록을 참조

2.1 마란츠사에서 만든 기기들

2.1.1 소울 마란츠(Marantz)는 어떤 사람인가?

일본 마란츠를 말하려면 먼저 미국 마란츠를 언급해야 하고 이는 미국 태생인 소울 마란츠를 언급하지 않을 수 없다. 마란츠란 인물이 회사를 설립하여 운영하다가 일본에 매각하기까지의 연혁을 간단히 살펴보고 마란츠가 회사를 일본에 매각하는 도중에 발매된 기기들과 매각 후에 발매된 기기 중에서 괄목할 만한 것들을 소개한다.

Marantz사 창립자 Saul B. Marantz

100년 오디오 역사상 전설적으로 커다란 업적을 이룬 인물 중의 한 사람을 들라면 소울 마란츠(Saul B. Marantz)라는데 오디오파일들의 이견은 없다. 소울 마란츠는 유태인으로 1911년에 태어나서 상업미술을 전공한 인더스트리얼 그래픽 디자이너였다.

2차 세계대전 중에 해안경비대에서 복무하던 중 육군에서 경비행기나 소형 보트를 조종할 줄 아는 사람을 공모하는 것을 보고 흥미를 느껴 지원했고 그 결과 그는 남태평양에 배치되었다. 비행기 조종사가 추락하여 바다에 떨어지면 '크래쉬 보트'라는 엔진이 세 개 달린 강력한 파워의 스피드 보트를 타고 적보다 먼저 그곳으로 달려가서 조종사를 구출하여 병원에 후송하는 것이 그의 임무였다. 그는 항해법, 별자리, 관측술, 조종술, 인명구조 등의 기술이 있으므로 상황실의 부지휘관으로 발탁되었다. 그 상황실에는 송수신기가 있었고, 그

기기들을 운용하는 법을 습득한 것이 후일 오디오에 입문하는 계기가 되었다.

마란츠는 클래식 기타나 첼로 연주를 즐기는 아마추어 음악가였고 레코드 수집가이기도 했는데, 당시 시중에 나오는 오디오의 음질에 도저히 만족할 수 없었기 때문에 자신이 아끼던 LP 음반을 재생할 앰프를 제작하느라 지하실에서 몇 시간씩 보내곤 했다. 그러다 1951년 모노랄 프리앰프(Audio Consolette)를 자작하였다. 소리를 들어 본 친구들의 호평이 좋아 친구들에게 만들어주게 되었다. 처음엔 그의 아내의 격려와 지원으로 100대만 만들기로 했지만 일 년도 안 되어 400대의 주문을 받게 되었다. 그런 연유로 1953년에 뉴욕에 회사를 설립하게 되었다. 마란츠는 돈을 벌겠다는 것보다는 자신이 추구하는 오디오를 만드는 것을 목표로 직접 설계, 제작, 디자인 등 오디오가 갖추어야 할 거의 모든 것을 갖춘 기기를 생산했다. 마란츠는 상업미술을 전공했기 때문에 자신의 목표에 더 쉽게 접근할 수 있었다. 회사를 설립한 후 최초로 만든 앰프는 취미로 자작한 프리앰프를 기반으로 한 Model-1이라는 진공관식 모노 프리앰프였다. 이 프리앰프는 168달러 내외에 팔렸는데 2단 P-K귀환형으로 쌍 3극관인 12AX7 진공관 3개를 사용했다.

마란츠 Model-1(마란츠사 홈페이지)

이 앰프는 출시 년도와 같은 연도에 도입된 RIAA[2] 이퀄라이저 표준을 거뜬히 충족시킬만한 매우 정교한 포노 이퀄라이저가 장착되어 있었다. 또한, 테이프

---

2   RIAA(Recording Industry Association of America, RIAA, 미국 음반 산업 협회)는 주로 제조 및 재생 중의 레코드에 적용되는 주파수 반응의 기술 표준인 RIAA 평준화 곡선을 관리할 목적으로 1952년에 세워졌다.

모니터 스위치, 로터리 볼륨, 분리식 전원 공급 장치와 같은 기능을 갖추어 타 회사의 추종을 불허했다. TV 오디오용 입력 1개를 포함하여 총 7개의 입력을 두어 여러 소스를 연결할 수 있었기 때문에 음질이 좋고 기능이 많은 프리앰프로서의 자리를 오랫동안 유지할 수 있었다.

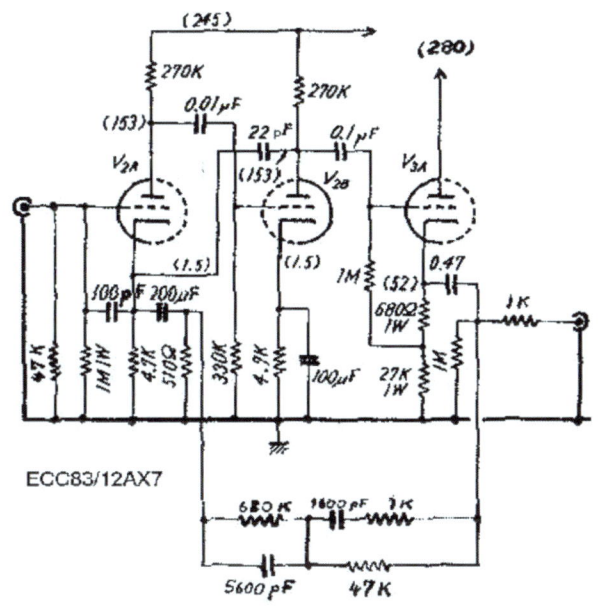

마란츠 Model-7 프리의 포노단 회로

Model-1의 가격이 당시에는 상당히 고가였지만 음악 애호가와 비평가를 매료시키는 다이내믹한 음을 재생했기 때문에 인기가 있었다.

이후 제품이 다양화되었고 1956년에는 Model-2 파워앰프가 출시되었다. 이 파워앰프는 동시대의 경쟁업체보다 몇 년 앞선 제품이었으며 6CA7(EL34)의 진공관을 사용하였다. 스위치 전환만으로 40W 출력의 5극 진공관 모드와 25W 출력의 3극 진공관 모드로 전환할 수 있도록 제작되었다.

1958년에 스테레오(Stereo)[3]가 등장하자 스테레오 프리앰프인 마란츠 Model-7

---

3 음향 재생을 두 계통의 회로로 좌우를 분리하여 입체감 있는 음향을 만들어내는 것. 원래는 스테레오포닉(stereophonic)이지만 대개 스테레오라 줄여 쓴다. 이와 반대로 음향 재생을 한

을 발표했다. Model-7은 오늘날까지 오디오를 좀 했다는 분들이 주력기로 사용할 정도이며 모든 진공관 프리앰프의 레퍼런스가 되는 기기이다. 사용한 진공관은 쌍 3극관인 12AX7(ECC83) 6개가 사용되었는데 전단의 3개는 포노단, 후단의 3개는 라인단이다.

마란츠사에서 나온 모든 제품을 마란츠가 직접 설계한 것은 아니다. 초기의 프리앰프들은 자신이 직접 설계하였지만, 회사가 커지면서 운영할 사람이 필요하였고, 그것을 마란츠 자신이 담당하였다. 뒤에는 수석 엔지니어인 시드니 스미스가 설계를 담당하였다. 이렇게 역할 분담을 하다가 완제품이 되어가면 모든 기술자들이 모여 의견을 종합하여 결론을 내리곤 했다.

마란츠 7을 만들 때의 비화이다. 시드니 스미스가 설계를 마쳐야 하는데 회사에서 다른 할 일이 너무 많아서 설계의 마감을 진전시키지 못하고 있었다. 보다 못해서 마란츠가 즉석에서 부품들을 모아 스테레오의 한 채널을 만들어 그 앞에서 보여주고 나머지 한 채널을 만들라고 하였다. 시드니 스미스는 약간의 보완을 거친 뒤, 마란츠 7을 완성시켰다. 마란츠의 앰프들은 모두 이렇게 합동 작업을 거쳐 만들어졌지만, 기본적인 개념과 설계는 모두 소울 마란츠 자신이 하였다.

1960년에는 Model-9 파워앰프를 발표했다. 모노 파워앰프로 6CA7(EL34) 진공관을 사용하여 무려 70W의 커다란 출력을 내는 당시로선 놀라운 성과를 이루었다. Model-9는 고출력 이외에도 전면 패널 가운데의 편향 측정기, 조절 장치, 연결부를 덮는 드롭다운 전면 패널 도어 덕분에 매우 아름다운 외관이 돋보인다. 이 편향 측정기는 사용자가 다양한 튜브 특성을 간편하게 보완할 수 있게 할 뿐 아니라 미학적으로도 뛰어나서 기능성과 세련된 스타일을 결합한 마란츠의 전통을 만들었다. 이 스타일은 60년이 지난 현재도 마란츠의 제품 설계에 사용하고 있다. 이렇게 Model-7과 Model-9의 프리 파워 모델은 아직도 하이파이 역사의 절정으로 인정받고 있다.

계통의 회로만 음향을 만드는 것을 모노(mono)라고 한다. 스테레오와 모노의 가장 큰 차이는 스테레오에서는 음향의 정위(定位)를 얻을 수 있다.

그 이후 1961년에 FM 전용 튜너인 마란츠 10B를 발표하게 된다. 이 튜너의 개발비가 너무 많이 들어가서 자금난에 빠지게 되었다. 이 튜너는 튜닝 미터를 오실로스코프로 대체한 당시 어떤 기기도 따를 수 없는 완벽한 기기였다. Model-10은 총 93대가 제작되었다. 처음 5대는 550불에 판매되었지만, 곧 650불, 750불로 가격이 올랐다. 당시 마란츠 앰프의 가격이 200달러 정도였는데 비해 튜너 가격이 상대적으로 너무 비쌌다. 이윤도 별로 없는 데다가 때마침 텔레비전이 등장하면서 튜너는 많이 팔리지 않았고 결국 극심한 경영난에 시달리게 되었다. 어쩔 수 없이 1964년 일본의 슈퍼스코프(Superscope)사에 회사를 매각하였다. 회사를 넘기면서 마란츠는 같은 직종에 20년 동안 종사할 수 없다는 계약을 하였고, 그로 인해서 마란츠는 회사의 경영에 관여하지 않았기 때문에 그의 앰프는 더 이상 나오지 않게 되었다.

소울 마란츠는 회사를 떠날 때 그와 같이 일하던 기술자들과 같이 떠나왔는데, 그중 몇 명과 전자 관련 용역회사를 차렸다. 그는 주로 설계만 하여 다른 회사에 넘겨주었다. 뉴욕 지하철 방송 시스템에 사용되는 사운드 시스템을 설계해서 넘겨주기도 했다. 당시의 지하철 방송 시스템은 많은 문제가 있었는데 이를 해결하여 뉴욕의 모든 지하철에서 마란츠가 설계한 시스템을 사용했다.

그는 보작 스피커의 대표인 보작의 연락을 받기도 해서 그 회사의 상업용 앰프 부문 부사장으로 6개월간 근무하기도 하였고, 또 존 달퀴스트가 만든 스피커의 판매를 위해 동업을 하기도 하였다. 그러다 1973년에는 아예 스피커회사를 창립하기도 할 정도로 마란츠는 오디오에 대한 미련을 버리지 못했다. 1997년 1월 뉴욕 자택에서 86세 나이로 타계하기 며칠 전까지도 오디오를 설계할 정도로 오디오에 대한 열정은 대단했다.

마란츠는 오디오계 뿐만 아니라 상업예술과 사진계에도 지대한 공헌을 하였고, 클래식 기타 연주 실력도 상당하여 뉴욕을 중심으로 한 클래식 기타협회 회장을 역임하기도 했다. 기타 음악의 거장인 앙드레 세고비아와도 절친한 사이로 알려져 있다.

마란츠는 비록 기업가로서는 실패했지만, 예술가, 장인으로서는 성공한 사람이었다. 그가 타계하기 직전까지 오디오의 열정이 식지 않은 것과 기업이 망해

가는 줄도 모르고 오디오 만드는 데만 집중한 순수한 장인정신은 오디오 계의 전설로서 오디오라는 음악을 듣는 도구를 예술의 경지에까지 이끌어 올려놓은 사람이라는 데 이견이 없다.

마란츠는 초기 Model-1부터 Model-10B에 이르기까지 약 10종류의 기기를 생산했는데, 회로는 물론 외관의 디자인까지 완벽에 가깝게 설계되어 이 기기들은 오늘날 모두 명기로 평가받고 있으며 매우 고가로 거래되고 있다.

마란츠가 제작한 기기 중에 오늘날까지도 극찬을 받는 기기는 3가지로 Model-7 프리앰프, Model-9 모노 파워앰프, Model-10B 튜너이다.

Model-7 프리앰프와 Model-9 모노 파워앰프의 일본 내 당시 출시가격이 76만5천 엔이었기 때문에 당시 우리나라의 경제 사정으로는 감히 꿈도 꾸지 못할 고가의 기기였다.

마란츠 Model-9 파워앰프와 Model-7 프리앰프

마란츠 회사가 일본에 넘어간 후 70년대 중후반까지도 뛰어난 최고급 및 중간급 하이파이 제품을 생산했다. 그러나 70년대 말 경쟁이 심화되면서, 1980년 슈퍼스코프는 결국 브랜드와 판매권 및 모든 해외 자산(미국과 캐나다 제외)을 네덜란드의 전자제품 거대 기업인 Royal Philips Electronics에 매각했다. 이로써 미국에서 탄생한 기업이 일본 기술과 접목되고 유럽의 정교함이 가미되다가 2002년에는 일본의 데논이 마란츠를 합병하여 현재 D&M Holdings가 되었다.

2.1.2 마란츠 인티앰프

■ **마란츠 1250 인티앰프**

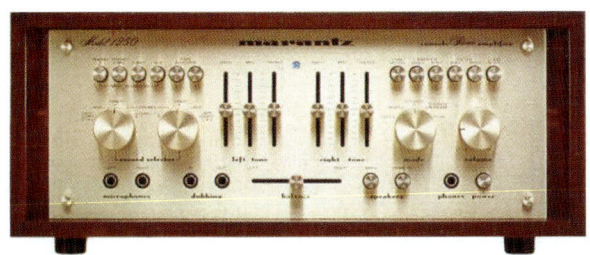

마란츠 1250 인티앰프

명기로 알려진 마란츠 1250 인티앰프는 1976년 195,000엔에 발매하여 일본 마란츠가 명성을 얻은 기기다.

마란츠 1250 앰프는 미국에서 제조한 마란츠 3600 프리앰프와 250M 파워앰프를 하나로 결합한 인티앰프다. 마란츠 250M 파워앰프에는 전면에 파워 미터가 있지만 마란츠 1250은 전면에 파워 미터가 없는 모델로 구성되었다. 이 마란츠 1250은 미국 마란츠 회사에서 디자인하고 일본 마란츠 구마모토 키쿠치 공장에서 제조하였다. 당시로써는 상당한 물량을 투입하고 출력석[4]에는 마란츠 로고가 프린트된 캔 트랜지스터를 사용하였다. 볼륨은 3련 방식의 밸런스와 슬라이드 방식의 이퀄라이저를 채용했다.

지금도 중고시장에서 구하기 힘든 제품이고 전면 패널이 금색으로 된 것은 매우 귀하여 애호가들의 수집대상이다. 이 마란츠 1250이 당시 일본의 산스이, 파이오니아, 온쿄, 데논, 야마하 등 경쟁업체들의 기기를 능가하는 명기로 알려진 데에는 미국의 설계기술을 일본에 들여와 많은 물량을 투입하여 당시의 일본 기기들보다 한 차원 높은 기기를 생산할 수 있었기 때문이었다. 이 마란츠 1250은 저역이 풍부하고 고역은 날카롭지 않으나 섬세하게 들리며 포노단

---

[4] 출력트랜지스터를 일컫는다. 본서에서는 트랜스포머도 일반 대중이 일반적으로 많이 사용하는 트랜스로, 모노럴을 모노로 기술하는등 국내의 오디오 파일들이 일반적으로 사용하는 용어를 사용했다.

의 음질이 매우 좋다. 출력은 좌우 각각 8[Ω]일 때 130[W]로 넉넉하여 웬만한 스피커는 다 구동한다. 과거에는 JBL L166, JBL L65, JBL L300 등과 매칭해서 많이 들었다. 오래된 기기이므로 프리단과 파워단을 연결하는 곳, 릴레이와 볼륨 등에서 접점 불량이 많아 유지보수가 잘된 것을 구매해야 한다.

마란츠 1250의 정격

형 식	프리메인 앰프
정격출력(20Hz~20kHz)	130W+130W(8Ω)
주파수특성	20Hz~20kHz ±0.25dB
전고조파 왜율	0.1%이하 (20Hz~20kHz)
혼변조 왜율	0.1%이하 (20Hz~20kHz)
파워 밴드 폭	5Hz~50kHz
댐핑 팩터	65이상(8Ω부하)
이 득	Phono → 프리앰프출력 : 58dB Phono → 녹음출력 : 40dB High level → 프리앰프출력 : 18dB
입력 임피던스	Phono : 47kΩ High Level : 60kΩ
입력감도	Phono : 1.8mV Aux : 180mV
Phono입력등가 잡음	0.85μV(입력환산치)
필 터	High:9kHz Low:30Hz
전 원	AC100V, 50Hz/60Hz
소비전력	450W
크 기	가로390 x 세로146 x 앞뒤 316 mm
무 게	18.5kg
부 속	마호가니 캐비넷
별 매	아답터 RA-2(¥5,900)

> **잠깐** 일본 메이커에서 만든 앰프의 소리는 어떤가?

오디오를 좀 한다고 하시는 분 중에서 일본 기기의 음질에 대해서 폄하하는 말을 하는 것을 가끔 본다. 그런데 일본 기기들이 과연 폄하할 정도의 음질일까? 필자는 한마디로 그렇지 않다고 말한다.

필자가 어떤 분에게 일본의 기기를 왜 싫어하느냐고 물었더니 소리가 착색되어 있어서라는 대답을 해서 의아하게 생각한 적이 있다. 왜 그런 말이 나왔을까 생각해보았지만, 그저 선입견이 있거나 일본 제품에 대해서 잘 모르기 때문에 하는 말뿐이라고 생각되었다. 실제로 그런 대답을 하는 분들의 대부분은 전자공학에 문외한이 대부분이었다. 일본에서 만든 기기들이 미국 영국 등 큰 유명업체를 넘어뜨릴 정도로 전 세계에 많이 판매되었는데 구매한 그 많은 사람이 착색된 이상한 소리를 듣고 좋아하지는 않았을 것이다.

오디오 앰프는 소스에서 오는 소리를 스피커까지 잡음이 없이 원음 그대로 증폭하여 보낼 수 있으면 좋은 앰프이다. 다시 말하면 듣는 사람이 연주장에서 연주하는 것을 최대한 원음 그대로 재생하여 들을 수 있다면 그 앰프가 좋은 앰프라는 말이다. 그러나 그러한 앰프를 만드는 것은 매우 어렵다. 회로는 물론 부품의 선정, 부품의 배치, 온도, 스피커매칭, 다른 기기들과의 매칭, 리스닝 공간 등의 많은 제약이 있기 때문이다.

다음 아큐페이스의 파워앰프 회로의 다이어그램을 보면 설계자들은 회로에 많은 증폭 단, 보정 회로, 보호회로를 넣어 재생 음질을 원음에 가깝게 만들려고 노력한다. 또한, 설계에서만이 아니니 실제 제작하면서도 저주파의 험이나 어스 문제 등 설계상에서는 나타나지 않은 많은 문제점을 수정하면서 프로토타입[5]의 앰프가 만들어지는 것이다. 이 프로토타입의 앰프도 전문가가 여러 번의 튜닝을 거친 다음 본격적인 생산에 이르게 된다.

이런 많은 노력의 결과로 출시된 이름난 기기들은 일반 저렴한 앰프에서 들어보지 못한 소리를 낼 수 있는 것은 당연한 것임에도 고급진 소리를 착색되었다고 폄하하는 것은 옳은 일이 아니다.

---

5 프로토타입(prototype) : 본격적인 상품으로 나오기 전 성능을 검증, 개선하기 위해 제작하는 시제품.

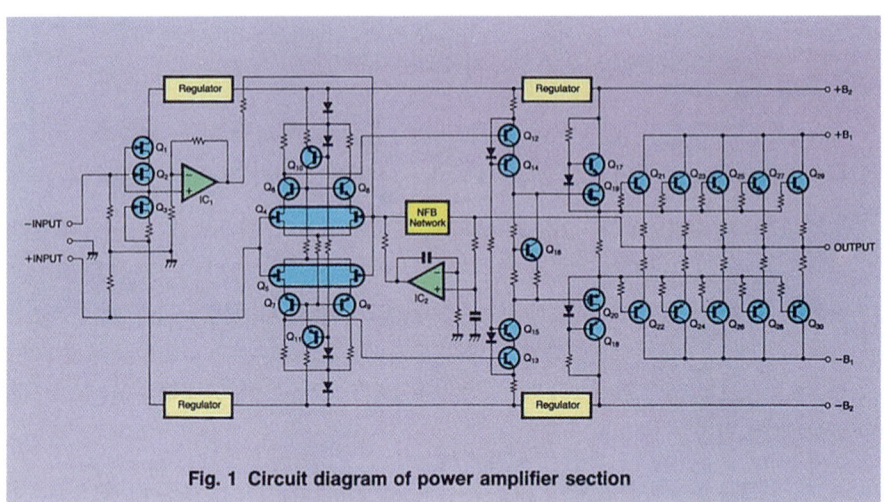

Fig. 1 Circuit diagram of power amplifier section

아큐페이스의 파워앰프 회로의 다이어그램

■ 마란츠 PM-5, PM-8MK2 인티앰프

70년대 일본의 파이오니아, 산스이, 켄우드, 소니 등의 리시버들이 출시되자 미국이나 영국의 이름난 오디오 회사들이 견딜 수 없어 파산하거나 다른 회사에 흡수되었는데 일본의 어떤 메이커도 음질과 디자인 면에서 마란츠의 벽은 넘지 못했다. 가끔은 어떤 회사에서 눈에 띨만한 기기를 발표하기도 했지만, 그 해당 기기일 뿐 전체적으로 마란츠 앰프는 일본에서 발매된 다른 리시버들에 비교해 매우 비쌌지만 수려한 디자인, 감칠맛 나는 음질과 성능으로 타 회사의 추종을 불허했다.

마란츠 PM-5, PM-6, PM-8MK2은 70년대 후반에서 80년대 초반까지 마란츠에서 발매된 인티앰프 PM시리즈 중에서 눈여겨 볼만한 것들이다. 출시가격은 각각 10만엔, 15만엔, 25만 엔이었다. 이 PM시리즈는 외관의 수려함은 물론 내부도 충실하고, 음질도 상당히 좋다. 특히 마란츠 PM-5는 순 A급과 AB급으로 절환이 가능한 프리 메인 앰프이다. 순 A급 구동으로 채널당 20W이고 AB급 구동으로는 80W로 가정에서 사용하기는 좋으나 그림과 같이 방열판이 작아서 A급 구동시 열이 좀 많이 난다.

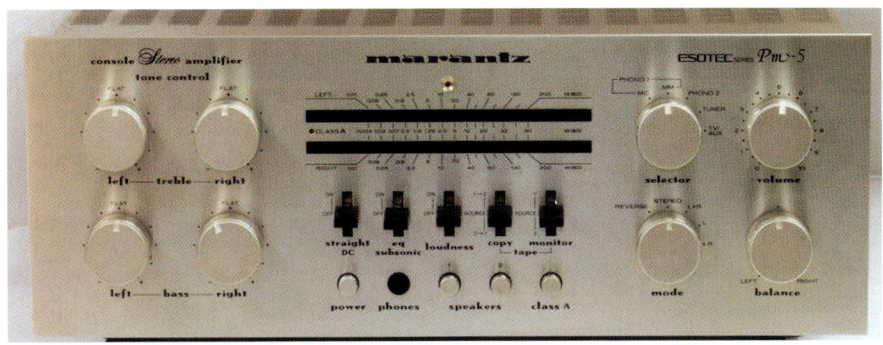

마란츠 PM-5 외관

마란츠 PM-5 내부

마란츠 PM-8MK2는 마란츠가 발매한 최정상급의 분리형 SC-9 프리앰프와 SM-9 파워앰프를 기본으로 만든 일체형 인티앰프로 1980년 25만 엔에 출시하였다. 채널당 150W의 높은 출력으로 당시로써는 완성도가 상당히 높은 고급 앰프이다. 외관은 물론 음질도 상당히 좋다.

마란츠 PM-8MK2는 파워 트랜지스터를 병렬로 사용한 3단 다알링톤 방식으로 과도현상에 의한 왜곡이나 스위칭 왜곡을 최소하면서 AB급 증폭으로 채널당 150W를 낼 수 있게 설계했다. 포노단에는 MC헤드 앰프와 다알링톤 접속 SEPP 출력단을 가지는 이퀄라이저 앰프가 장착되었다. 이 포노 입력 계통은 MC와 MM카트리지 선택 셀렉터로 여러 종류의 카트리지를 최적으로 매칭할 수 있어 아날로그 디스크의 음질을 충실하게 재생해준다. 전원부도 프리와 파워앰프의 전원트랜스를 각각 분리했고, 특히 파워앰프의 전원은 대용량 전원트랜스와 콘덴서를 좌우 독립으로 구성하여 채널 간의 간섭을 배제하도록 설계하였다.

PM-8MK2

마란츠 PM-8MK2 정격

형 식	프리 메인 앰프
정격출력	190W+190W(4Ω) 150W+150W(8Ω) (20Hz~20kHz)
주파수특성	5Hz~100kHz (+0, -1dB)
전고조파 왜율	±0.01%이하 (20Hz~20kHz)
혼변조 왜율	0.01%이하 (20Hz~20kHz)
파워 밴드 폭	5Hz~50kHz
댐핑 팩터	100이상(8Ω부하)
정격 출력	Pre Out:1.5V/100Ω, Tape Out:150mV/250Ω
입력 임피던스	Phono : 47kΩ High Level : 60kΩ
입력감도	Phono1,2 MM : 2mV/1, 10, 27, 47, 100kΩ Phono1 MC : 200μV/10, 47, 100, 220Ω High Level:150mV/40kΩ
톤 콘트롤	저역 : ±10dB(100Hz), 중역 : ±6dB(800Hz) 고역 : ±10dB(10kHz)
필 터	High:9kHz 18dB/oct, Low:15Hz 18dB/oct
RIAA 편차	20Hz~20kHz ±0.2dB
SN비(IHF-A)	Phono MM:88dB, Phono MC:70dB Tape, Tuner, AUX:110dB
소비전력	400W
크 기	474x172x450mm
무 게	27.5kg

> **잠깐** 출력석의 기능은?
>
> 오디오의 음질을 대부분 결정해주는 것은 프리앰프이다. 프리앰프에서 음질을 조정해주기 때문에 일본 사람들은 프리앰프를 일명 컨트롤앰프라고도 한다. 파워앰프는 프리앰프에서 보내온 신호를 그대로 커다랗게 증폭을 해주는 앰프이다. 파워앰프의 최종단에 붙어 있는 출력석은 전단인 드라이버 단에서 올라온 신호를 커다란 전력6(전력은 전압과 전류의 곱)으로 증폭해주는 소자이다. 따라서 출력석7은 원칙적으로 높은 전압과 대전류 그리고 높은 온도에 견딜 수 있을수록 성능이 더 좋은 것이다.
>
> 따라서 1970년대 만들어진 캔 트랜지스터보다 요즈음 만들어진 캔 트랜지스터의 성능이 더 좋은 것이 많다. 만약 출력석에 어떤 문제가 생겨서 교환하려고 한다면 트랜지스터의 규격만 잘 맞추면 음질과는 별 관계가 없는 것이다.

2.1.3 마란츠의 프리, 파워 분리형 앰프

■ 마란츠 250M 파워앰프

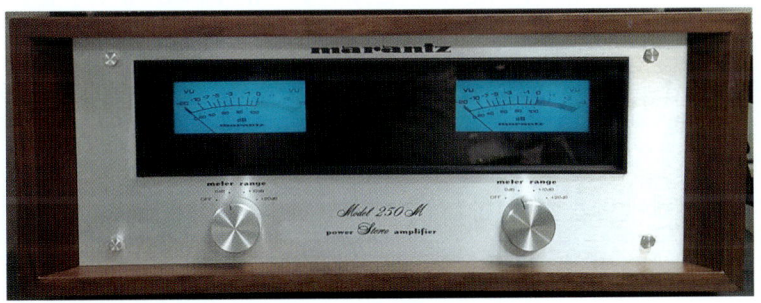

마란츠 250M 파워앰프

마란츠가 설계한 회로와 디자인은 회사가 일본으로 매각된 이후에 발표되는 오디오 기기들에 많은 영향을 주었는데 마란츠 250M 파워와 마란츠 3600 프리앰프는 미국에서 마지막으로 설계하고 만든 앰프이다. 마란츠 앰프의 제조국이 일본으로 옮겨가는 해가 1976년이라서 일본이 수입하여 일본 내에 출

---

6 출력=전압×전류, P=V×I
7 출력석은 출력트랜지스터를 말하며 일본의 영향을 받아 국내에서 많이 사용하는 표현이다.

시했던 앰프이다. 일본에서 발매한 마란츠 1250을 만들 때 마란츠 250M 파워와 3600 프리를 합쳐 만들었기 때문에 미국제조이지만 그 사양을 간단히 알아본다.

마란츠 250M 파워앰프의 일본 출시가격은 245,000엔 이라는 매우 고가로 팔린 앰프다. 채널당 출력이 125W로 넉넉하여 웬만한 요즈음의 스피커도 충분히 구동하고 남는다. 음질은 시원하고 깔끔하며 힘이 있는 미국적인 파워앰프이다.

마란츠 250M의 특징은 저 출력시의 음질을 개선하였다. 그동안 출시된 앰프들이 가정에서 보통의 음량으로 들을 때는 몰랐는데 볼륨을 조그맣게 낮춰서 들을 때는 음질에 뭔가 불만이 있었다. 그것은 소음량으로 들을 때는 반도체 특유의 특성 때문에 왜곡이 생긴다. 마란츠는 이 소음량일 때의 음질을 개선하기 위해 회로 구성을 차동 증폭 순컴플리멘터리 전단직결 OCL회로[8]를 채용했다. 종래의 고출력 앰프는 볼륨을 낮추었을 때 B급 증폭[9]에 가까운 상태에서 동작시키고 있었기 때문에 트랜지스터 특유의 노칭 왜곡이 발생했다. 이 노칭 왜곡을 없애기 위해 Model 250M 파워는 충분한 아이들링 전류를 흘리는 방식인 AB급 동작을 시켜 소음량에서도 좋은 음질이 나오도록 설계하였다. 또한, 스테레오 분리도를 높이기 위해 좌우기판을 독립시켜 제작했다. 마란츠 250과 약간 뒤에 나온 250M이 있는데 회로는 거의 같으나 전면의 출력 메터가 250M이 조금 더 크고 시원하다.

---

8   반도체 앰프에서 앰프와 스피커를 접속하는 방법은 트랜스결합, 컨덴서결합(반대개념은 OCL; Output Capacitor Less), DC결합 방법 등이 있다. 스피커에는 DC전압이 제거된 신호만 공급되어야 하는데 만약 오프셋 전압이 발생하여 DC전압이 공급된다면 스피커의 보이스 코일에 직류전류가 흐르면서 음질에 영향을 주고, 전원이 인가될 때 '퍽' 하는 팝 노이즈가 생기며 심하면 발열에 의해서 보이스 코일이 손상된다. 컨덴서 결합 방법은 앰프회로의 출력단에 위치한 컨덴서에 의해서 직류적으로 분리되어 있기 때문에 오프셋 전압이 없어 부하에 직류가 흐를 염려가 없으나 음질의 개선을 위해 컨덴서를 제거하는 기술인 OCL방법을 사용한다.

9   트랜지스터 앰프의 증폭 방식의 하나로 뒤의 p.73 잠깐에서 설명

마란츠 250M의 정격

형 식	스테레오 파워앰프
정격출력 (20Hz~20kHz 양ch구동)	4Ω : 300W (150W+150W) 8Ω : 250W (125W+125W) 16Ω : 128W (64W+64W)
전고조파 왜율	0.1%이하 (20Hz~20kHz)
혼변조 왜율	0.1%이하 (20Hz~20kHz)
파워 밴드 폭(IHF)	5Hz~45000Hz
주파수 특성	2Hz~100kHz +0 −1.5dB 20Hz~20kHz ±0.1dB
댐핑 팩터	100이상(8Ω부하)
입력감도/임피던스	1.5V/100kΩ
토탈 노이즈	8Ω 일 때 106dB 이하
전 원	AC100V, 50Hz/60Hz
소비전력	500W
크 기	가로362 x 높이156 x 앞뒤 241mm
무 게	18.5kg

> **잠깐 노칭 왜곡(歪曲 : 일그러짐)이 뭔가?**

노칭 왜곡(notching distortion)은 트랜지스터가 스위칭 동작을 할 때 발생하는데 파워앰프에서는 B급 앰프에서 발생한다. 이것은 음질과 직결된다.

오디오 앰프에서 트랜지스터로 증폭을 하는 방식은 A급, B급, AB급, C급, D급 등 여러 가지 방법이 있다. 이 증폭 방식에 대해서는 뒤에서 설명하기로 한다.

NPN 트랜지스터에서 베이스와 이미터 간에 신호를 가하면 이미터 쪽의 N채널은 시간과 더불어 전자가 증가했다 감소했다 한다. 그 증감에 따라서 이미터 쪽의 N채널로부터 컬렉터 쪽의 N채널로 흘러 들어가는 전자의 양도 증가한다. 이렇게 전자 또는 정공이 증감하는 상황에서 신호가 갑자기 없어지면 전자나 정공의 변화가 이를 따라가지 못하고 신호가 감쇠하는 시간보다 늦어서 마치 신호가 있는 것처럼 작용하기 때문에 이 부분에 일그러짐이 생긴다. 그림의 오실로스코프 상의 파형에서 보듯이 중심부를 기준으로 위의 파형에서 아래의 파형으로 바뀌는 곳에서 선이 매끄럽지 않고 찌그러짐이 있다.

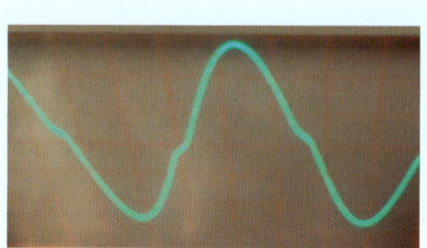

이것은 꼭지점 근처에서는 전류의 변화가 적기 때문에 일그러짐이 발생하지 않지만, 상하가 바뀌는 중간지점에서는 곡선의 기울기가 가팔라서 즉 전류변화가 빨라 왜곡이 증가한다. 이것이 노칭 왜곡이다.

■ 마란츠 3600 프리앰프

마란츠 3600 프리앰프는 1975년 당시 정가 25만엔 상당의 고가에 발매된 프리앰프로 균형 잡힌 선명한 음을 내어주는 고급 프리앰프이다. 비슷한 프리앰프로 녹음 보정 회로가 탑재된 마란츠 3800이 있다. 이 녹음 보정 회로는 요즈음 프리앰프에서는 녹음할 일이 거의 없으므로 사용할 일이 별로 없지만, 당시에는 상당히 유용하게 사용되었다. 상태가 좋은 기기가 가끔 시중에서 보이는데 그 수량이 많지 않아 중고가격은 비싼 편이다.

마란츠 3600 프리앰프

marantz 3600 프리앰프의 정격

형식	프리앰프
출시가격	499.95
출시 첫해 / 마지막 해	1975/1979
매칭 앰프	140, 250, 250m, 510, 510m,
랙 마운트	Optional
우드 케이스	WC-2 or WC-2U
스피커 연결 단자	Two sets (+ inputs)
Special Option 1	RA2 Rack Adaptor
크기	가로15 3/8, 높이5 3/4, 깊이9 1/4
무게	16.1 lbs, 19 packed
THD(Total harmonic distortion)	〈 0.02%
험과 잡음	〈 0.78 uV equivalent input noise
신호대 잡음비	〉82dB below 10mV input
채널 분리도	〉40 dB, 20Hz to 20kHz
주파수 응답	+/- 0.25 dB, 20Hz to 20 kHz
정격출력 레벨	3.0V RMS
최대출력 레벨	10V RMS

마란츠 250M 파워앰프는 3600 프리앰프와 겉모양과 내부 회로가 거의 비슷하고, 음질도 비슷한 마란츠 250 파워앰프와 3300 프리앰프 또한 눈여겨 볼만한 프리앰프와 파워앰프다. 마란츠 240 파워앰프는 마란츠 250 파워앰프와 회로는 같은 데 전면의 미터만 없앤 모델로 음색은 같다.

전면 패널에 파워 메타가 부착된 형식은 마란츠 250, 250M, 510, 510M의 모델로 마란츠사가 일본 슈퍼스코프사로 넘어가는 와중에 출시된 것으로 미국산 마지막 파워앰프들에 장착된 것들이다. 미국산으로서는 마란츠 510이 최고출력의 앰프로 마란츠가 경영과 토탈디자인을 맡았고, 마란츠사 최초의 트랜지스터 파워앰프인 마란츠 15, 마란츠 16을 개발한 본조르노(James Bongiorno)[10]

---

10 마란츠, 다이나코, SAE, 수모, GAS(Great American Sound)의 공통점은 가성비가 좋은 앰프 메이커라는 점이다. 이들 회사에서 출시한 제품 설계의 정점에는 모두 제임스 본조르노(James

가 설계했다. 트랜지스터 앰프에 사상 최초로 탑재한 인버티드 달링톤 회로는 현재까지 고급 앰프에 채용되는 뛰어난 회로다. 또한, 출력을 채널당 265W로 높인 마란츠 510과 510M 파워앰프 역시 소리는 전형적인 미국적인 소리로 맑고 강력하며 시원한 느낌이다. 그러나 앰프 뒤편에 냉각 팬이 달려있어서 좁은 방에서 적은 음량으로 들을 때 노이즈에 민감한 사람의 귀에는 좀 거슬린다. 매칭되는 프리앰프로는 마란츠 3600과 녹음 보정 회로가 탑재된 마란츠 3800 프리앰프이다.

> ▶ 잠깐 **트랜지스터란?**
>
> 1951년에 쇼클리(Shockley)가 처음으로 접합트랜지스터를 발명하였는데 그것은 모든 법칙을 변화시키는 커다란 돌파구가 되었다. 이후 전자공학에 끼친 영향이 대단히 컸으며 반도체산업 외에도 집적회로(I.C), 광전 장치 그리고 마이크로프로세서와 같은 여러 종류의 발명품을 가져왔다.
>
> 바이폴러 접합 트랜지스터(bipolar junction transistor : BJT)는 폭이 좁은 저농도의 n형 반도체와 p형 반도체를 그림(a)과 같이 접합한 pnp 구조이고, 또 하나는 폭이 좁은 저농도의 p형 반도체와 n형 반도체를 그림(b)와 같이 접합해서 만든 npn 구조다.
>
> bipolar란 트랜지스터의 전류를 형성하는데 캐리어가 정공과 전자 2가지인 양극성의 뜻으로 붙여져 2개의 극이나 극성 또는 방향을 갖는 것으로 그것을 증폭기나 전원에 이용하는 경우 출력이 0에서 어느 쪽의 극성으로든 변화할 수 있는 것을 의미한다. 다시 말하면 특성상 플러스와 마이너스 전하를 두 개 모두 이용하는 반도체 소자이다.
>
> 트랜지스터는 그림 (a), (b)의 구조의 트랜지스터를 각각 pnp 트랜지스터, npn 트랜지스터라고 한다.
>
>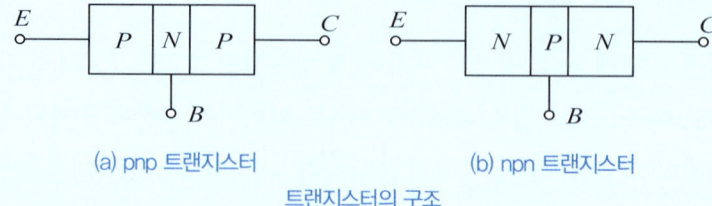
>
> (a) pnp 트랜지스터   (b) npn 트랜지스터
>
> 트랜지스터의 구조

Bongiorno)와 관계가 있다.

트랜지스터는 3단자의 소자로서 E로 표시되는 이미터(emitter), B로 표시되는 베이스(base), C로 표시되는 컬렉터(collector)의 3개의 단자를 갖고 있다.

아래 그림은 트랜지스터의 기호를 나타낸다. 이미터에 나타낸 화살표로 pnp형과 npn형을 구분하는데 (a)는 pnp형의 트랜지스터 기호이고 (b)는 npn형의 트랜지스터 기호이다. 화살표의 방향이 서로 반대로 되어있는데, 이것은 이미터-베이스 사이에 순방향 전압이 인가되었을 때 흐르는 전류의 방향을 나타낸다.

트랜지스터의 기호

■ 마란츠 140 파워앰프와 3200 프리앰프

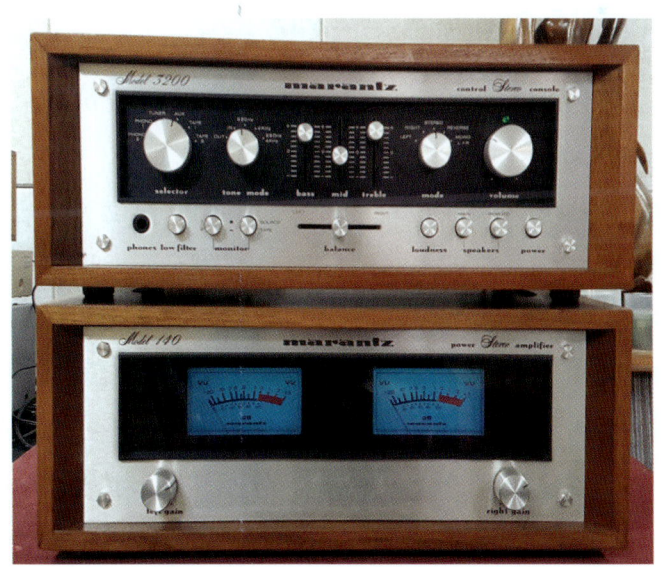

마란츠 140 파워앰프와 3200 프리앰프

마란츠 140 파워앰프와 3200 프리앰프는 마란츠 250M 파워앰프와 3600 프리앰프의 아우뻘 정도의 분리형 앰프로 꼭 필요한 기능만을 넣어서 컴팩트하게 만든 프리메인 앰프이다. 소리 성향은 마란츠 250M 파워앰프와 3600 프리앰프와 비슷하다. 마란츠 250M 파워앰프와 3600 프리앰프에 비해 저렴하고 입문자들이 음악을 듣기에 무난한 분리형 앰프이다. 출력은 채널당 70와트로 댐핑이 좋아 웬만한 스피커는 모두 커버한다.

> **잠깐** **출력석이 망가지는 이유는?**
>
> ① 스피커로 가는 출력선의 단락(합선)에서 많이 발생한다.
> ② 가끔 바어어스 조정용 반고정 저항(포텐셔미터)이 불량이어서 발생한다.
> ③ 오랜 시간 사용으로 열에 견디지 못하고 파괴되기도 하지만 가정에서는 이런 경우가 좀 드물다.
> ④ 내부 회로의 열화로 일어나기도 하는데 이것 또한 드문 이유는 앰프의 내부 어느 부분에서 고장이 나면 보호회로가 있는 경우 릴레이가 작동하여 출력 트랜지스터를 보호한다.

2.1.4 마란츠 리시버

마란츠 리시버로는 특히 유명한 것이 22시리즈이다. 마란츠 22시리즈는 리시버 형태의 앰프로 마란츠가 일본의 슈퍼스코프사에서 5년 동안 기술고문을 지낸 후 1968년에 퇴사하게 되는데, 퇴사 즈음에 마란츠 인티앰프[11]에 튜너를 부착한 마란츠 최초의 리시버인 Model-18을 생산하였다. 튜너부에 스코프가 달린 이 모델은 출력이 작지만 댐핑이 좋아 웬만한 빈티지 스피커를 구동하기에는 부족함이 없다. 그런데 이 제품에 사용된 트랜지스터가 일명 '베트콩 티알'이라고 불리는 동그랗고 검정색의 조그만 트랜지스터가 오래되어 잡음이 나서 고치려고 해도 규격을 알 수 없는 경우가 많다. 오랜 경험을 바탕으로 대치품을 끼우게 되는데 좀 신통치 않다. 그 후 Model-19에서 Model-30 인티앰프까

---

11 마란츠 인티앰프는 여러 종류가 있으나 주목할 만한 것은 Model-30, Model-1200, Model-1200B인데 미국에서 만들어진 앰프들로 소리가 상당히 좋고 저역의 구동력도 좋다. 이 중에서 Model-30은 마란츠 인티앰프 중 최고의 명기로 치며 매우 좋은 소리를 내준다. 귀해서 가격도 꾸준히 오른다.

지 발매되었다. 이들 중 저가의 제품들은 일본에서 생산하였다.

Model-30은 구동력과 소리가 상당히 좋은데 귀하다. 이런 미국제조의 제품은 본서에서는 다루지 않고 일본에서 생산된 제품만을 다룬다.

마란츠는 1970년대 초중반에 모델의 다양화와 녹턴형의 22시리즈의 이미지를 완성하였다. 22시리즈의 B가 붙은 것은 일본에서 생산하였지만 일본 내에서는 판매되지 않았다.

마란츠 22시리즈의 전면 패널, 검은 튜닝 창의 레터링, 노브의 배치 등의 디자인은 40년이 지난 지금 보아도 아주 세련되게 보인다.

마란츠 22시리즈의 모델명은 각 자리의 글자와 숫자가 의미 있는데 모델명이 22**의 경우 첫째 2의 숫자는 2채널 리시버, **는 출력을 나타낸다.

예를 들어 2265는 2채널 리시버로 채널당 65W를 나타낸다. 2325는 채널당 125W, 2330은 채널당 130W, 2385는 채널당 185W이다.

22시리즈 중에서 미군 PX를 통해서 국내에 상당히 보급되었던 기종은 2270, 2275 등이다. 2270초기 제품은 미국에서 만들어졌는데 구동력이 좋고 음질 또한 좋아서 잘 정비된 기기를 지금도 사용하는 유저들이 꽤 있다.

그러나 2325나 2330등은 조그만 다방 등에서 DJ들이 사용하기도 해서 제품의 열화가 많이 되어있는 경우가 있다. 구매할 때 신중해야 한다. 이 22시리즈의 리시버 앰프는 가정에서 큰 무리 없이 사용하던 것이라면 조금의 유지보수만으로도 좋은 음질을 내어준다. 이들 앰프와 동시대에 발매된 AR2-AX, JBL-166, JBL-L65등의 스피커와 매칭을 하면 팝이나 재즈에 매우 좋은 소리를 내어준다.

70년대 후반에 발매된 마란츠 리시버 앰프들은 성능이 매우 좋은데 스피커의 핸들링 능력이나 튜너의 성능도 상당히 좋다. 이때의 앰프는 캔티알이 사용된 마지막 리시버로 튜닝 창이 검은색 녹턴형이 아닌 은색 금속판으로 교체되어 전원이 들어오지 않은 상태에서도 보기에 좋다. 이 리시버들은 미국의 JBL 스피커들과 매칭이 좋아 찰랑찰랑한 음을 선물한다.

이 시기에 발매된 리시버는 2216B, 2218B, 2226B, 2238B, 2252B, 2265B,

2285B, 2330B, 2385B, 2500, 2600으로서 이 중에서 2252B, 2265B, 2285B, 2330B, 2500, 2600등이 주목할 만하다. 마란츠 2500은 채널당 250W, 2600은 채널당 300W의 대출력을 내주는데 마란츠 2600은 마란츠 2500과 출시가에서 차이가 별로 나지 않지만, 판매량이 적어 희소가치로 인한 애호가들의 수집대상이 되어서 만만치 않은 가격대가 형성되어 있다.

■ 마란츠 2265B 리시버 앰프

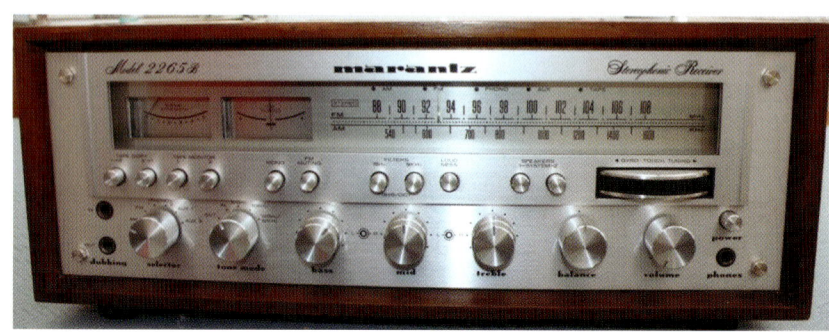

마란츠 2265B는 가정에서 사용하기 좋은 출력으로 많은 사람으로부터 사랑을 받았으며 지금도 현역기로 사용하는 분들이 많다. 이렇게 사람들이 선호하게 된 이유로 음질과 디자인이 뛰어난 점도 있겠지만, 오디오를 좋아하던 어떤 분이 자신이 듣기에 소리가 좋은 순서를 매겨 놓은 것이 있었는데 그 영향을 받았기 때문으로 판단된다. 잘 정비되어있는 앰프는 JBL스피커와 매치하면 팝이나 재즈 등에서 상당히 좋게 들린다.

마란츠 2265B 정격

형식	리시버 앰프
Tuning range	FM, MW
출력	채널 당 65 W 8Ω (stereo)
주파수 응답	20Hz ~ 20kHz
THD	(Total harmonic distortion) 0.05%
댐핑 팩터	55
입력감도	1.8mV (MM), 180mV (line)

형식	리시버 앰프
신호 대 잡음비	78dB (MM), 90dB (line)
출력	775mV (line), 1.5V (Pre out)
크기	440 x 137 x 362mm
무게	14.5kg

> **잠깐** 출력석이 바뀌었다? 무엇이 문제인가?

출력석은 출력 트랜지스터를 지칭하는 말이다. 마란츠 앰프는 미국의 소울 마란츠가 설립하여 운영하다가 경영이 나빠지자 일본의 한 회사로 넘어간 회사라는 것은 앞서 기술한 바 있다. 그런데 이 마란츠 앰프에서 출력석이 바뀌었다는 말이 나오는 앰프는 주로 일본에서 만든 마란츠 앰프에서만 이다.

일본이 마란츠 회사를 넘겨받은 후 기기들을 일본에서 생산하게 될 때 일본인 특유의 국민성과 미국에서 생산하던 기기들과 차별화를 두기 위해 도시바에서 생산하는 출력 트랜지스터에 마란츠 로고를 찍어 장착했다. 그래서 일본에서 생산된 마란츠부터는 마란츠 로고가 찍혔다. 이 로고도 주로 캔 타입의 TO-3형의 모양에서만 볼 수 있다.

캔타입 TO-3 트랜지스터

미국에서 마지막에 제조한 마란츠 250M 파워앰프의 서비스 매뉴얼의 회로나 앰프의 커버를 열어보면 출력석이 어떤 것은 461-1031로, 어떤 것은 SJ2520 등으로 표시된 것을 볼 수 있다. 미국 마란츠사에서 홍콩의 페어차일드, 모토로라의 해외공장 등의 여러 회사에 규격만 주고 납품을 받아서 장착했기 때문이다. 그러다 보니 미국에서 제조된 마란츠 기기도 마란츠 마크가 찍히지 않았다고 오해를 받기도 한다. 다른 앰프에서는 그렇게 따지지 않는데도 유독 마란츠 22**시리즈에서만 교환 여부를 따진다. 오디오 샵의 주인들이 돈을 더 받기 위해서 일본 제조 마란츠 앰프인 22**시리즈를 팔면서 출력석이 바뀌지 않았다고 강조했던 게 그렇게 된 것이다.

다른 예로, 중고차를 살 때 사고의 유무 및 약간의 사고가 있었더라도 심한 충격 흔적이나 엔진과 문짝이 바뀌었는지 정도를 확인하고 구매한다. 머플러, 플러그, 카뷰레터, 인젝터가 바뀌었나를 보지는 않는다. 카뷰레터와 인젝터는 내연기관의 자동차에서 매우 중요한 부분이다. 그러나 중고차를 살 때 카뷰레터가 바뀌었냐고 물어보지 않은 이상 차대가 바뀌지 않고 큰 사고가 없다면 아무런 문제가 되지 않는다. 이와 마찬가지로 오디오 앰프를 사면서 출력석이 바뀌었냐고 묻는 것은 카뷰레터나 인젝터의 제조번호를 보면서 "제 부품이 맞느냐"라고 묻는 것과 같은 이치다.

내부의 부품이 아무것도 바뀌지 않고 새것 같은 기기를 구할 수 있다면 더 말할 나위 없이 좋겠지만 출시한 지 40~50년 넘은 기기를 사면서 신품과 같기를 바라는 것은 큰 모순이다.

얼마 전 많은 관심을 받고 상영되었던 영화 택시운전사를 찍으면서 국내의 현대자동차에서 40여 년 전 생산된 포니1을 지금의 동급 새 차보다 훨씬 비싼 3천만 원 정도에 구매해서 촬영했다고 한다. 이 촬영을 위해 구매한 차는 도색은 물론 속이 바뀌지 않은 것이 없다. 만약 포니1 새 차가 지금까지 있다면 10억 원에 판매되어도 수집가들은 싸다고 할 것이다. 그런데도 50년이 넘은 오디오를 구매하면서 신품과 같은 것, 오리지널 부품이 들어있는 것 등을 원하면서도 가격은 싸길 바란다는 것은 커다란 모순이지 않을 수 없다. 특히 마란츠 오디오를 구매하면서 유독 출력석의 교환만을 따진다면 그것은 상식에 어긋나는 일이다.

마란츠 1250, 마란츠 2285(녹턴형), 마란츠 2325의 출력석에는 2SA747A, 2SC1116A의 마란츠 마크가 마란츠 2265B, 마란츠 2330B 등의 출력석에는 2SB645, 2SD665의 마란츠 마크가 찍혀있다. 한 기기 안에 출력석의 번호가 다른 것은 상보 대칭 회로(complementary symmetry)이기 때문이다. 아래 그림과 같이 트랜지스터의 규격이 같지만, 컬렉터에서 이미터로 흐르는 전류의 방향이 서로 반대인 PNP 트랜지스터와 NPN 트랜지스터로 회로를 구성하면 입력 신호의 위상에 따라 서로 밀어주고 끌어주는 효과가 있어 출력, 왜율 등 여러 면에서 좋으므로 상보대칭회로를 사용한다.

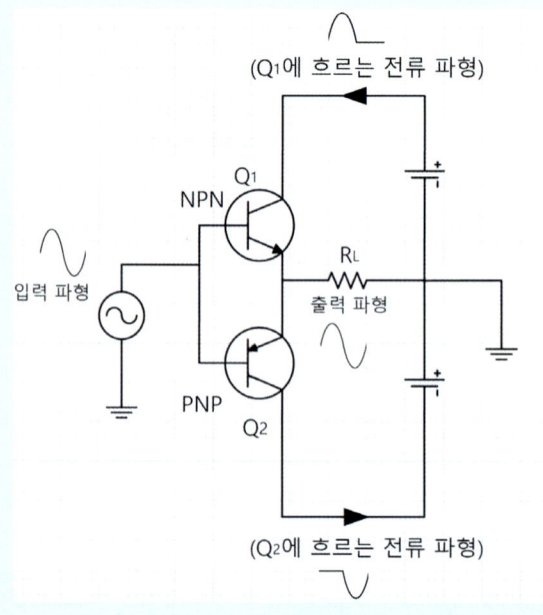

상보대칭회로

■ 마란츠 2285B 리시버앰프

마란츠 2285B는 가정에서 사용하기 좋은 채널당 85와트의 출력으로, 전면에 균일하게 배열된 기능 스위치와 깨끗한 주파수 창, 주파수를 맞추는 마란츠만의 독특한 다이얼 때문에 지금까지도 많은 사람이 현역기로 사용한다. 잘 정비되어있는 앰프는 음질이 상당히 좋고 당시에 출시된 JBL스피커인 L166이나 L65 등과 매치하면 팝이나 재즈 등에서 발군의 소리를 내준다.

마란츠 2285B 정격

형식	리시버 앰프
Tuning range	FM, MW
출력	채널 당 93W 8Ω (stereo)
주파수 응답	10Hz ~ 40kHz
THD	(Total harmonic distortion) 0.1%
댐핑 팩터	40
입력감도	1.8mV (MM), 180mV (line)
신호 대 잡음비	50dB (MM), 50dB (line)
출력	180mV (line), 1.5V (Pre out)
크기	440 x 137 x 362mm
무게	17kg

> **잠깐** 다링톤 회로란 무엇인가?
>
> 두 개의 트랜지스터를 그림과 같이 복합 접속하면 Q_2의 입력 저항은 Q_1의 이미터 직렬귀환저항이 되며 Q_1의 출력 저항은 Q_2 병렬귀환저항으로 작용하므로 귀환(歸還) 증폭회로로 생각할 수 있도록 만들어졌는데 Q_2의 베이스에는 Q_1이 미터 전류가 흘러 들어가므로 Q_2는 Q_1보다 전류 용량이 커질 필요가 있다. 이와 같은 접속을 다링톤 접속이라고 한다. Q_1, Q_2의 전류증폭률을 β_1, β_2라고 하면 종합 전류 증폭률 β는 거의 $\beta ≒ \beta_1 \times \beta_2$가 되어 β가 큰 트랜지스터가 얻어진다.
>
> 다링톤 접속을 하면 첫째로, 전류증폭률이 대단히 커지고 둘째로, 입력 임피던스가 많이 높아지며 셋째로, 복합 트랜지스터의 최대정격이 Q_2로 결정되는 특징이 있다.

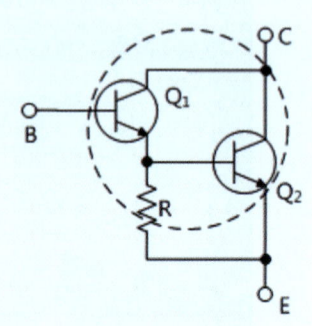

다링톤 회로

■ 마란츠 2330B 리시버 앰프

마란츠 22시리즈가 가정에서 사용하기 좋은 출력으로 만들어진 반면 마란츠 2330B는 가정용이었지만 우리나라에서는 당시 소규모 다방 등에서 많이 사용하였던 관계로 상태가 좋은 기기는 별로 없다. 내부 부품은 22시리즈보다 약간 좋은 것을 사용했다. 이 리시버도 잘 정비되어있는 앰프는 음질이 상당히 좋고 당시에 출시된 JBL스피커인 L166이나 L65 등과 매치하면 팝이나 재즈 등에서 발군의 소리를 내준다. 이와 비슷하고 출력이 조금 더 큰 마란츠 2385도 있다.

마란츠 2330B 정격

형식	리시버 앰프
Tuning range	FM, MW
출력	채널 당 143W 8Ω (stereo)
주파수 응답	10Hz ~ 40kHz
THD	0.1%
댐핑 팩터	45
입력감도	1.8mV (MM), 180mV (line)
신호대 잡음비	80dB (MM), 90dB (line)
출력	180mV (line), 1.5V (Pre out)
사용반도체	4 x IC, 82 x transistors, 62 x diodes, 3 x FET
크기	490 x 146 x 386mm
무게	22kg

▶ 잠깐 크로스오버 일그러짐이 뭘까?

파워앰프의 크로스오버 일그러짐은 그림의 $I_{B1} - V_{BE}$의 특성에서 보듯이 증폭 소자의 비직선에서 온다. 크로스오버 일그러짐은 특히 낮은 전류의 증폭시에 일그러짐이 더 큰 이유는 그림(a)와 같이 신호의 진폭 전류가 작은 부분에서 트랜지스터의 입력특성의 구부러짐이 크기 때문에 전류 파형도 원형 부분과 같이 일그러진다. 이 찌그러짐을 개선하려면 B급 앰프라도 그림(b)의 일점쇄선의 위치를 아래에서 약간 올려 즉 A급에 해당하는 약간의 순방향 바이어스를 가해 크로스 일그러짐을 방지해주는데 이렇게 되면 B급이 아니라 AB급의 앰프가 된다.

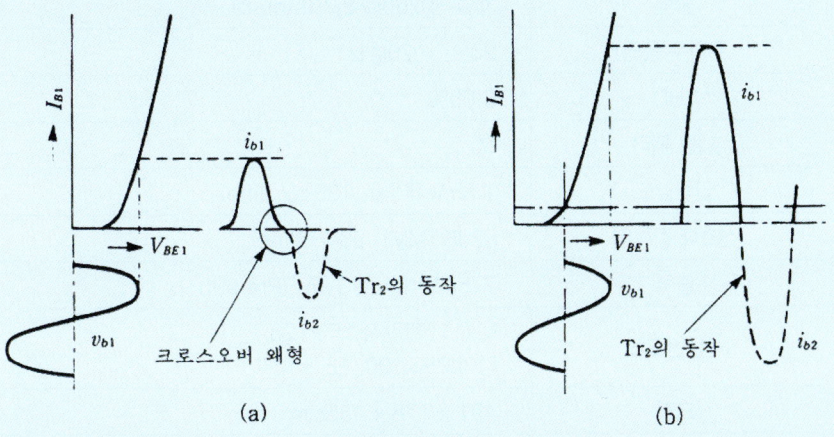

순방향 바이어스를 가함

■ 마란츠 2500 리시버앰프

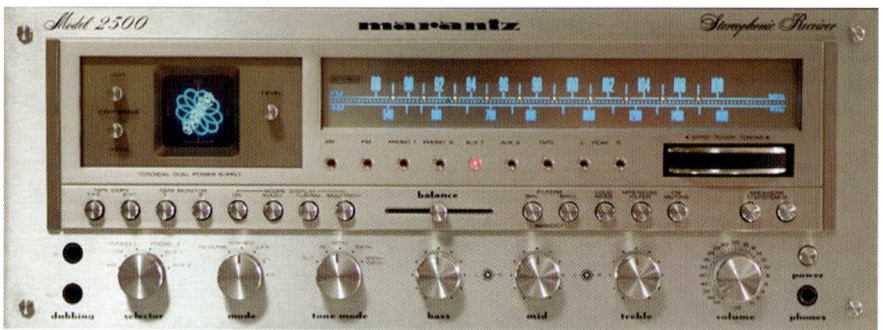

채널당 250W의 대출력 앰프로 가정용보다는 프로용으로 만들었던 것으로 보인다. 그것은 가정에서 사용하는 것보다는 큰 출력을 내기 위한 출력트랜지스터를 식히려고 후면에 달아놓은 강제 공랭식 팬모터로 인한 소음이 있기 때문이다. 톤 콘트롤 회로에는 트랜지스터가 사용되지 않고 4개의 IC로 구성되어 있다. 튜닝은 스코프로 나타나는데 사선으로 동작하다가 스테레오가 되면 퍼지는 상태이다. 이런 모습을 처음 보는 사람들은 신기하게 느낀다.

마란츠 2500 정격

형식	리시버 앰프
출시해	1977
Tuning range	FM, MW
출력	채널 당 250W 8Ω (stereo)
주파수 응답	20Hz ~ 20kHz
THD	0.05%
댐핑 팩터	60
입력감도	1.8mV (MM), 180mV (line)
신호대 잡음비	83dB (MM), 98dB (line)
출력	775mV (line), 1.5V (Pre out)
사용반도체	ICx11, 트랜지스터x123, 다이오드x100, FETx12
크기	491 x 178 x 435mm
무게	27.4kg

> ▶ **잠깐**   오디오를 사랑하다 보면 마누라의 눈치가....

얼마전 목포에 출장을 갔다가 목포 근대역사박물관 앞의 한 카페에 들렸다. 거기에는 B&W의 스피커와 크렐 앰프가 자리 잡고 있었다.

"와! 여기에 이런 물건이 있습니까?"

나의 질문에 좀 있어 보이는 인상의 아주머니가 건조한 대답을 했다.

"여기 사장님이 음악을 좋아합니다."

친구와 나는 분위기 좋은 자리에 앉아서 한담하는 데 조금 있다가 서비스라면서 표고버섯 맛탕을 대접에 수북이 담아 우리 테이블 위에 내놓았다. 맛이나 양이나 커피값의 몇 배는 됨직했다. 아주머니의 손이 보통 큰 것이 아니었다. 커피 한 잔 마시러 들어왔다가 맛탕까지 먹고 나오면서 나는 다시 물었다.

"이거 굉장히 비싼 오디오인데 새것을 사셨습니까?"

아주머니는 한숨 섞인 대답을 한다.

"그 돈으로 땅을 샀었으면…."

상황으로 보면 오디오를 산 사장님은 그 아주머니의 남편이고, 음악과 오디오 사랑이 극심한 남편이 비싼 오디오 기기를 산다는 것을 말리지 못했지만, 세월이 지나서 보니 투자처를 잘못 선택한 것 같은 남편에 대한 원망스러움이 마음속 밑바닥에 깔려있는 대답이었다. 그러나 내가 자신들의 기기를 알아준다는 것 하나로 서비스까지 듬뿍 내어주는 것을 보니 좋았나 보다. 융숭한 대접을 받은 고마움에 다시 목포에 출장을 갈 일이 있다면 그 카페에 들리려고 한다. 듣기 좋은 노래를 녹음한 CD 한 장 가지고…….

이렇게 큰돈을 주고 신품 오디오를 사는 분이나, 세월이 오래된 중고 명기를 적당한 금액에 구매하여 사용하다가 고장이 나면 낑낑거리며 들고 고치러 가는 수고도 마다하지 않는 오디오파일(audiophile)[12]들과 새로 입문하려고 하는 분들을 위해 오디오에 관련된 책을 하나 써서 조금이나 도움이 되도록 해야겠다고 마음먹었던 기억이 새롭다.

---

[12] 오디오파일(audiophile) 고음질의 오디오 재생에 특별한 관심이 있는 사람을 일컫는 말로 오디오광이나 오디오 애호가 정도로 번역

■ 마란츠 2600 리시버앰프

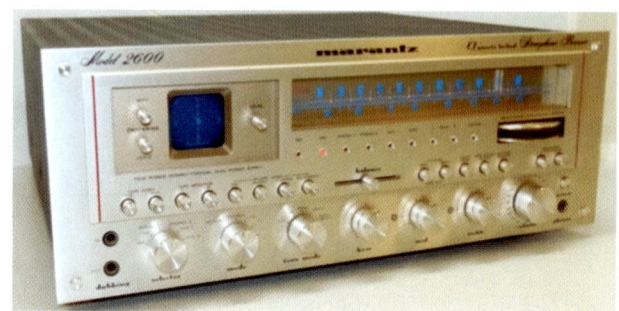

마란츠 2600 리시버 앰프

마란츠 2600 리시버 앰프는 채널당 300[W]의 대출력 앰프로, 앞서 마란츠 2500 앰프와 마찬가지로 가정용보다는 프로용으로 만들었던 것이다. 출시가격이 마란츠 2500과 별 차이 없었지만 팔린 갯수가 많지 않아 상당히 귀한 모델이며 중고 가격도 꽤 비싸게 거래된다.

정격은 대체적으로 마란츠 2500과 비슷한데 당시 소량만 판매되어 그 희귀성이 높고 마란츠 모델에서 최상위 기종이었다는 점에서 높은 대접을 받는다.

마란츠 2600 정격

형식	리시버 앰프
출시 년도	1978
Tuning range	FM, MW
출력	채널 당 300W 8Ω
주파수 응답	20Hz ~ 20kHz
THD	0.03%
댐핑 팩터	60
입력감도	1.8mV(MM), 180mV(line)
신호대 잡음비	83dB (MM), 98dB (line)
출력	775mV (line), 1.5V (Pre)
채널분리도	50dB
크기	491 x 178 x 435mm
무게	27.4kg

> **잠깐** 일본 제품을 사용할 때 전압은 몇 볼트로 해야 하나?
>
> 일본의 상용전압(商用電壓)[13]은 100[V]이고 주파수는 50~60[Hz]이다. 일본의 기기는 이 상용전압에 맞추어 100[V] 50~60[Hz]로 사용하도록 되어있다. 그런데 60~70년대에 나온 일본의 오디오 기기들은 정전압 회로가 들어가지 않은 기기들이 대부분이다. 이들 기기 중에서 특히 진공관 앰프인 경우에 문제가 된다. 예를 들어 럭스만 MQ-60의 경우 출력진공관의 히터 전압이 50[V]로 2개 직렬로 연결되어있다. 진공관의 히터 전압 100[V]에 상용전압이 직접 걸리게 되어있는데 이때 다운트랜스의 전압이 110[V]인 경우 전압이 높아서 진공관에 무리가 된다. 또, 진공관 앰프의 내부 플레이트 전압인 B전압이 430[V]이면 내압이 450[V]인 평활 컨덴서가 붙어 있는데 이 컨덴서도 전압이 높게 걸린 만큼 시간이 지나면 문제가 된다.
>
> 국내는 지역에 따라서는 1차 전압이 220[V]가 아닌 230[V]인 곳도 있어서 다운트랜스의 2차 출력 전압이 110[V]짜리인 경우 110[V]가 넘어 115[V]인 경우도 있다. 이 115[V]의 전압은 일본 오디오 기기 사용전압 100[V]보다 15%가 높은 전압이다. 이 높은 입력 전압은 내부의 B전압 430[V]보다 15% 높은 전압인 495[V]가 걸리게 된다. 이 높은 전압은 컨덴서의 내압 450[V]를 훨씬 넘어 컨덴서에 무리가 된다. 이렇게 높은 전압이 컨덴서에 걸리면 머지않아 컨덴서가 망가지는데 필자는 그동안 전원 전압이 높아서 앰프의 전원부가 망가진 앰프를 많이 보아왔다. 일본의 오래된 빈티지 오디오를 사용할 때는 꼭 다운트랜스의 2차 전압이 100[V]인 복권트랜스를 사용해야 한다. 미국 제품은 117[V]에 사용하게 되어있어서 110[V] 다운트랜스를 사용해도 아무런 문제가 없다.

---

13 일본에서는 일반으로 사용하는 전기를 상용전압(常用電壓)이 아닌 상용전압(商用電壓)이라고 함. 일본은 메이지유신 이후 전기를 생산할 발전소를 지을 때 도쿄를 중심으로 한 관동지방은 독일에서 기술과 장비를 제공받아 50[Hz], 오사카를 중심으로 한 간사이 지방은 미국에서 기술과 장비를 제공받아 60[Hz]가 되어 지금까지 사용하고 있어 지역에 따라 주파수가 다름. 모터를 사용할 때는 주파수가 다르면 회전수가 다르므로 문제가 됨.

2.1.5 마란츠의 프리, 파워 분리형

마란츠의 분리형으로 눈여겨볼 만한 기기는 SC-7 프리와 SM-7 파워, SC-9 프리와 SM-9 파워, SC-11 프리와 SM-11 파워 등이다.

■ 마란츠 SM-9 파워앰프

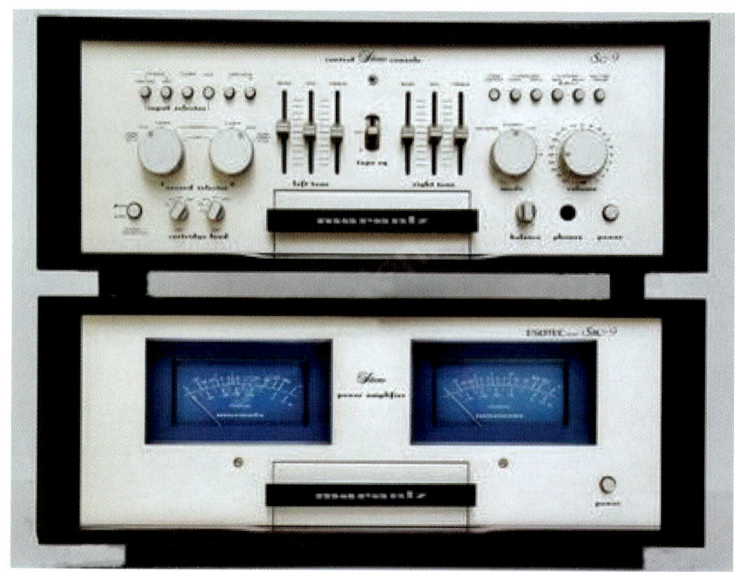

마란츠 SC-9 프리앰프와 SM-9 파워앰프

마란츠 SM-9 스테레오 파워앰프는 전단 푸시풀 DC구성의 회로와 슈퍼 하이파이(90MHz) 파워 트랜지스터를 결합하여 나특성[14]을 대폭 개선하고 NFB량을 줄이는 마란츠 특유의 설계로 낮은 레벨에서부터 최대 출력까지 순도 높은 음질의 AB급 증폭으로 채널당 150W를 낸다. 특히 대용량급 전원 트랜스를 전력 증폭부에 사용하고 증폭 단에는 전용의 다른 트랜스를 사용하여 각 스테이지 사이와 채널 사이의 간섭을 배제하였다.

고주파 특성이 뛰어난 15,000[μF] 대용량 컨덴서를 4개 사용해서 연속 최대 출력 시에도 안정되고 여유있는 전류를 공급하도록 설계했고, 전원 트랜스에

---

14 나특성(裸特性)은 앰프에서 NFB를 걸기 전의 특성(잠깐의 나특성, NFB등을 참고)

서 나오는 선을 포함한 리드선 일체를 무산소 동선을 사용하여 고음질화한 앰프이다.

마란츠 SM-9 파워앰프 정격

형 식	스테레오 파워앰프
정격출력	150W+150W(8Ω) (20Hz~20kHz)
주파수특성	DC ~20kHz +0 -1dB
전고조파 왜율	0.01%이하 (20Hz~20kHz)
혼변조 왜율	0.01%이하 (20Hz~20kHz)
파워 밴드 폭	5Hz~50kHz
댐핑 팩터	100이상(1KHZ, 8Ω부하)
입력감도/임피던스	1.5V/30KΩ
SN비(IHF-A)	120dB
소비전력	400W
크기와 무게	474x172x345mm, 23.5kg

> **잠깐** 오디오는 매칭의 예술이다.
>
> 좋은 음질로 음악을 즐기기 위해서는 첫째로 좋은 음질을 내주는 오디오 기기를 선택해야 한다는 것은 당연한 일이다. 음악을 좋은 상태로 잘 들으려면 LP, CD, 테이프 등의 소스, 소스 기기, 프리앰프와 파워앰프, 스피커 등 모든 오디오 기기가 좋아야 한다. 어느 한 종류 기기만 좋아서는 목적을 달성할 수 없다. 그런데 좋은 기기만 가지고 있다고 해서 해결되는 것이 아니다. 그 기기들의 매칭(정합 : matching)이 잘되어야 한다. 매칭을 좀 한국적으로 표현하면 궁합이라고 하면 이해가 쉬울 것 같다. 아무리 좋은 기기도 매칭이 잘 되어 있지 않으면 뭔가 풀린 소리나, 어떤 특정 영역의 저음이나 고음만 강조하여 들리는 등 좋지 않은 소리가 난다. 또 다른 중요한 요소는 소스 즉 LP, CD, 테이프 등에 녹음된 내용과 녹음 상태가 좋아야만 좋은 소리가 난다. 예를 들어서 재즈를 잘 부르는 나윤선의 CD중에서 프랑스에서 녹음했다는 1집과 국내에서 녹음해서 발매되었다는 것과는 음질에서 많은 차이가 난다. 이렇게 기기의 매칭과 소스의 녹음에 따라 음질의 차이가 나며 같은 기기도 어디에 설치했느냐 하는 리스닝 룸의 영향도 상당히 크다.

■ 마란츠 SC-9 프리앰프

마란츠 SC-9 프리앰프는 고음질과 다채롭고 다양한 기능을 갖춘 고급 프리앰프이다. 초 저잡음 듀얼 FET 입력의 초단과 순 A급 SEPP 출력단을 가지는 포노 EQ앰프를 비롯해 저잡음 FET 입력의 MC헤드 앰프를 포함한 전 회로를 DC앰프로 구성하여 NFB[15]를 걸기 전의 특성인 나특성(裸特性)을 최대한으로 높이고 있다. 더욱이 피드백 회로의 임피던스를 내리고 신호 대 잡음비(SN비)를 개선함으로써 최소한의 NFB로도 저 왜율[16]화와 저 잡음화가 가능하도록 하였다.

이는 많은 NFB에 의한 혼변조의 발생을 없애는 마란츠 특유의 Low TIM[17]설계로 재생 음의 투명도를 향상하고 있다. 포노는 MM과 MC 전환 스위치가 있어 MC는 4가지, MM은 5가지의 부하 저항값을 선택할 수 있다. 톤 조절도 저역에서는 500[Hz]와 100[Hz], 고역에서는 2[KHz]와 10[KHz]로 턴오버 주파수를 전환할 수 있는데 각각 ±10dB의 변화를 줄 수 있다.

마란츠 SC-9 프리앰프 정격

형 식	스테레오 콘트롤 앰프
입력감도/임피던스	Phono1,2,MM:2mV/1kΩ,10kΩ,27kΩ,47kΩ,100kΩ Phono1, MC:0.2mV/10Ω,47Ω,100Ω,220Ω High Level:150mV/40kΩ
정격출력/임피던스	1.5V/100Ω
전고조파 왜율	0.004%이하
혼변조 왜율	0.004%이하
주파수 특성	20Hz~20kHz ±0.2dB(RIAA)
SN비(IHF-A)	Phono MM:88dB, Phono MC:70dB High Level:104dB
크기와 무게	474x172x266mm, 11.5kg

---

15 앰프를 설계할 때 출력의 일부를 입력단으로 보내서 찌그러짐을 개선하도록 설계하는데 이를 NFB(negative feedback)라고 함

16 왜율(歪率, Distortion) 찌그러진 정도를 말하며 의율이라고도 하는데, 이 책에서는 왜율이라고 함

17 TIM(Transient inter modulation distortion : 과도 혼변조 왜율)

> **잠깐** 오디오 기기에서 A급과 AB급 구동은 어떻게 다른가?

오디오 앰프를 설계하는 데 있어 가장 중요한 것은 재생 음이 찌그러짐이 없도록 설계하고 제작하는 일인데 증폭에서 찌그러짐이 전혀 없도록 설계하는 것은 매우 어려운 일이다. 다만 이 찌그러짐을 적도록 하는 것이 관건이다. 오디오의 증폭 방식은 A급, B급, AB급, C급, D급 등 여러 가지 방식이 있다.

이 방식의 분류는 베이스 바이어스 전류와 입력 신호가 가해졌을 때의 컬렉터 전류의 유통각[18]으로 규정한다. 유통각의 크기에 따라 A급과 B급으로 나뉘는데 대부분 A급과 B급 푸시풀 방식이며, 오디오 신호를 펄스 신호로 변환해서 증폭하는 D급 앰프도 있다.

이들 방식 중에서 찌그러짐이 없이 동작시키려면 파워 트랜지스터를 쉬지 않고 동작시키는 A급 동작 방법이 좋다. 그림에서 보듯이 출력 전류 파형은 온전하게 나오지만, 동작점이 교류부하선의 가운데에 있어서 항상 출력 전류의 절반에 해당하는 전류를 공급하여야 하므로 효율이 낮고 열이 많이 나는 단점이 있다.

예를 들어 A급 동작인 경우 ±30V의 전원으로 8[Ω]부하에 50[W]의 출력이 되려면 최대전류는 약 3.3[A]가 흐르고 무신호시에는 이의 절반인 1.65[A]가 흘러야만 가능하다. 켜놓기만 해도 즉 무신호시에도 기본적으로 출력의 절반에 해당하는 전류만큼 열로 발산되고, 앰프에 신호가 들어와 동작하면 그에 해당하는 전류만큼 더해져 열로 방출된다.

일반적으로 A급 동작 증폭 방식이 이상적이라고 알고 있지만 실제로는 효율이 나쁘고 발열이 많아 실용적인 면에서는 문제가 있다. 효율을 높이기 위해서는 상보대칭인 B급 회로를 사용하면 되는데 이 경우 노칭 일그러짐이나 크로스오버 일그러짐이 생긴다. 이런 일그러짐은 A급 앰프에서 없는 일그러짐이다. 이 일그러짐을 방지하기 위해 무신호시에도 약간의 바이어스 전류를 흘려주는 방식인 AB급 증폭을 사용한다.

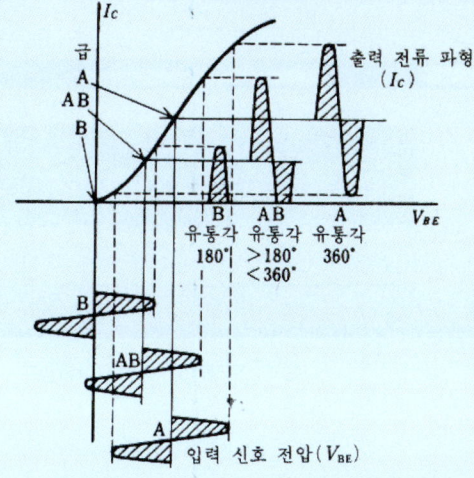

A, B, AB급의 동작점과 유통각의 비교

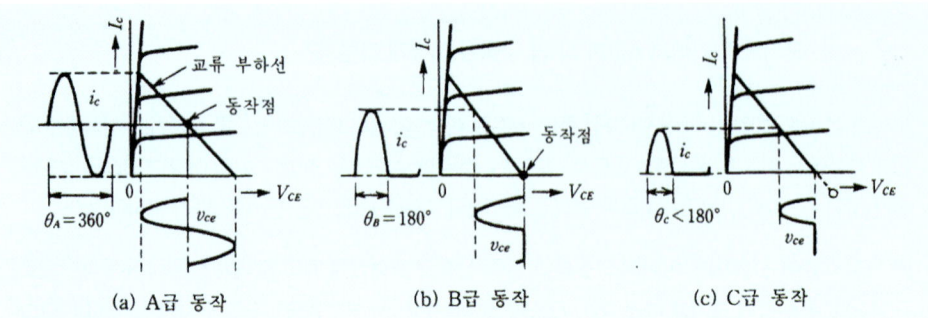

(a) A급 동작　　(b) B급 동작　　(c) C급 동작

이처럼 여러 가지 기술로 B급 앰프의 파형 합성 찌그러짐인 스위칭 찌그러짐이나 크로스오버 찌그러짐을 개선하여 보다 이상적인 파형이 나오도록 한다.

A급 앰프의 효율을 개선하기 위해 일본 럭스만과 데논사가 내놓은 고효율 A급 앰프가 있다. 이 방식은 종래의 A급 앰프가 최대 출력 시 1/2에 해당하는 전류를 항시 흐르게 해놓은 고정 바이어스 방식인 데 비하여 바이어스 전류를 입력의 크기에 비례하도록 변화시키는 방식이다. 이러한 방식의 효율은 B급 앰프의 60% 정도로 지금까지의 A급 앰프보다는 고효율을 실현하고 있다.

■ 마란츠 SM-11 파워앰프

SC-11 프리, SM-11 파워는 최정상급 앰프로 섬세하고 해상도 있는 음질에다 전면의 대형 파워 미터가 시원하게 장착된 실물이 매우 예뻐 장식으로도 한몫 한다.

SC-11 프리앰프, SM-11 파워앰프

18　입력 신호의 한 주기중 컬렉터 전류가 흐른 비율을 각도로 표시한 것으로 한 주기 전체가 흐를 때는 360°이고 반주기만 흐를 때는 180°이다.

마란츠가 SC-7프리와 SM-7파워, SC-9프리와 SM-9파워 등에서 그동안 축적된 파워앰프의 설계기술을 집약하여 3단 다알링톤 회로 구성과 강력한 전원부 등을 갖췄다. 채널당 265[W]의 스테레오 방식 파워앰프로 완성도 높은 설계에다 전면 패널은 금장으로 고급스럽다.

전원부에는 대형의 파워트랜스와 특별히 오디오용으로 개발된 대용량 컨덴서를 사용하여 고음질이 재생되도록 전원을 공급하고 있는데, 최적의 NFB에 의하여 얻어지는 음질은 매우 깔끔하고 좋다. 전면 패널에는 출력 레벨을 볼 수 있는 대형 파워 미터를 채용하여 조그만 출력에서부터 최대 출력까지 레인지 전환 없이 모니터하도록 설계되어 있다. 프리앰프에서 파워앰프의 전원을 켜고 끌 수 있는 원격 AC 코드가 있고 완성도와 음질, 출력 면에서 최정상급 수준의 시스템이다.

마란츠 SM-11 파워앰프 정격

형 식	스테레오 파워앰프
정격출력(20Hz~20kHz 양ch구동)	300W+300W(4Ω) 265W+265W(8Ω)
주파수특성	DC~100kHz +0 -1dB
전고조파 왜율	0.008%이하(20Hz~20kHz)
댐핑 팩터	100이상(1KHZ, 8Ω부하)
입력감도/임피던스	1.5V/30KΩ
SN비(IHF-A)	120dB
소비전력	400W
크 기	474x200x476mm
무 게	30kg

■ 마란츠 SC-11 프리앰프

마란츠 SM-11 프리앰프는 마란츠 SC-9 프리앰프의 고음질에 다채롭고 다양한 기능을 한층 높여 설계된 고급 프리앰프이다. 2단계 SEPP 회로의 출력단으로 충분한 아이들링 전류를 보내어 A급 동작이 되도록 하였고, 신호 라인의 단순화로 SN비를 향상했다. MC카트리지의 재생을 할 수 있도록 MC헤드 업을 탑재한 프리앰프이다.

마란츠 SC-11 프리앰프의 정격

형 식	스테레오 콘트롤 앰프
입력감도/임피던스	Phono MC: 125μV/100Ω Phono MM: 2.5mV/47kΩ High Level: 150mV/47kΩ
정격출력/임피던스	1.5V/50Ω
전고조파 왜율	0.002%이하
혼변조 왜율	0.004%이하
주파수 특성(RIAA)	20Hz~100kHz +0 -0.25dB
SN비(IHF-A)	Phono MM: 92dB Phono MC: 93dB High Level: 115dB
크 기	454x121x386mm
무 게	11.5kg

잠깐 쿼터 A 시스템을 사용한 파워앰프란?

많은 앰프 제조사들이 A급, B급, AB급 중에서 고음질과 효율을 높게 설계하기 위해 여러 방식의 A급 증폭 방식으로 제품을 출시했었다.

다시 말해 스위칭 찌그러짐에서 부귀환 회로인 NFB만으로는 음질을 완벽하게 개선할 수 없기 때문에 좋은 음질을 구현하기 위해서는 A급 동작이 필요하다는 것은 앞서도 설명했다. A급 앰프가 파워 소자에 항상 일정 전류를 흐르게 하여 소자의 직선성이 가장 좋은 점에서 사용할 수가 있다. 그것은 아날로그 소스 뿐만 아니라 극히 넓은 다이내믹 레인지를 갖는 디지털 소스에서 낮은 레벨 재생 시에도 좋은 표현으로 나타난다. 순 A급 동작의 낮은 레벨에서 직선성이 좋은 점이야말로 디지털 오디오 시대에도 요구되는 특성이다. 그런데 수백 와트의 대출력이 필요할 때 A급만으로는 대응하기 어렵다. 그래서 마란츠사가 개발한 쿼터(Quarter) A 방식이 있다.

이 방식은 마란츠 sm-8, pm-6a에 처음 채용되었는데 최대 출력 120W에 대하여 쿼터(1/4)인 30W까지 A급 동작을 하고 이 그 이상의 출력에서는 자동으로 AB급으로 바뀌어 동작하도록 설계한 것이다.

이와 비슷한 경우로 진공관 파워앰프에서도 고음질과 다이내믹한 출력을 위해 A급에서 AB급으로 자동 전환해 주도록 만든 제품들이 있다. 이는 낮은 출력에서는 노칭왜곡과 크로스토크 왜곡이 없는 순 A급으로 동작하다가 큰 출력에서는 자동으로 AB급으로 이어지는 방법이다. 다만 이런 방식을 사용할 때 전환을 담당하는 다이오드는 고속 스위칭용을 사용해야 한다.

2.2 럭스만(Luxman)에서 만든 기기들

일본의 오디오 메이커 중에서 설립연도가 오래되고 제품의 질과 디자인이 평균적으로 수준급 이상의 제품을 출시하는 회사를 꼽으라면 필자는 첫 번째로 럭스만(LUXMAN)을 꼽는다.

Luxman Corporation은 1925년 NHK라디오 방송개시와 같은 시기에 일본의 오사카에서 창업하여 앰프 등 순수 오디오 제품을 생산하여 지금까지 좋은 반응을 이어 오고 있다.

럭스만 회사 연혁에서 두드러진 것들만 간추려 보면 다음 표와 같다.

연도	주요 연혁
1925	오사카에 금수당액연점(錦水堂額緣店)을 설립
1952	OY-15형 출력 트랜스 개발
1958	MA-7A 모노 진공관 앰프, 6CA7과 고압을 채용하여 60W 대출력 실현
1961	회사명을 럭스만으로 바꿈 SQ-5A, SQ-5B 최초 프리메인앰프 6BQ5PP
1962	SQ-65 프리메인앰프
1962	PZ-11 포노앰프, 게르마늄 트랜지스터를 채용
1963	SQ38 프리메인 앰프 (55,000엔) 6RA8PP, 3극관을 탑재한 최초 모델
1964	SQ38D 프리매인 앰프 (58,500엔) 6RA8PP
1965	SQ38Ds 프리메인 앰프 (54,500엔) 6RA8PP
1968	SQ38F 프리메인 앰프 (78,000엔) 50CA10PP
1970	SQ38FD 프리메인 앰프 (98,000엔) 50CA10PP
1971~1980	Luxkit 계측기 시리즈, 진공관 앰프, 트랜지스터 앰프, 턴테이블 등 70키트 모델을 발매

연도	주요 연혁
1974	SQ38FDII 프리메인앰프 (168,000엔) 50CA10PP
1975	M-6000/C-1000/T110/PD121 등 50주년 기념모델
1978	LX38 프리메인앰프 (198,000엔) 50CA10PP
1979	L-58A 프리메인앰프
1980	PD-555 PD-300 턴테이블
1981	L-550, L-550X, L-560 A급 프리메인앰프 알파인과 자본제휴
1982	D-05 카세트 덱
1983	LX38u 프리메인앰프(300,000엔) 50CA10PP
1984	MB300 모노 파워앰프 WE300s, 1대 가격 55만엔
1985	C-05 프리앰프 M-05 A급 파워앰프
1987	M-06, M-07 A급 파워앰프
1989	L570 A급 프리 메인앰프 무게 30kg, 가격 35만엔
1994	한국의 삼성전자와 자본제휴
1995	L-580 A급 프리메인앰프
1995	SQ-38signature 프리메인앰프 (50,000엔) EL34PP, 70주년 기념모델
1998	SQ-38D 프리메인앰프 (390,000엔) 6BQ5PP, 복각 모델
2005	B1000 모노 파워앰프, 모노파워 무게 63Kg, 순간 최대 출력 2000W 가격 180만엔, C1000F 프리앰프와 함께 80주년 기념모델로 발매

2.2.1 럭스만 인티앰프

럭스만 진공관 인티앰프로는 럭스만 SQ-38D, 럭스만 SQ-38F, 럭스만 SQ-38FD, LUXMAN LX38, 럭스만 LX-33 등이 눈에 띄는 앰프이다.

■ **럭스만 SQ-38D 인티앰프**

럭스만 SQ-38D 인티앰프

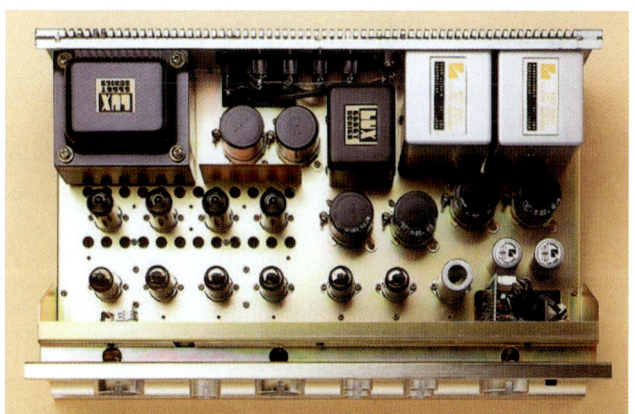

복각된 내부 모습

럭스만 SQ-38D는 럭스만에서 1964년 58,599엔에 출시한 인티앰프이다. 이 기기는 2가지가 있는데 앰프안에 6321S 타입의 MC트랜스가 내장된 SQ-38D와 MC트랜스가 없는 SQ-38Ds가 있다. MC트랜스가 들어있지 않은 SQ-38Ds가 당연히 출시가는 물론 중고 가격도 싸다. 출력관은 3극관인 6RA8인데 이 관은 그 베이스가 유명한 2A3관을 토대로 개발한 관으로서 2A3관보다 gm[19]이 약간 높고 효율이 좋지만 2A3의 본질적인 장점을 그대로 계승했기 때문에 2A3의 MT관으로 보면 된다.

출력 트랜스는 럭스OY로서 오리엔트 코어(방향성 냉간압연 코어)를 사용한 고급 출력 트랜스이다.

NFB는 16dB가 걸려있고, 전원부는 실리콘 다이오드에 의한 배전압 정류이며 초크코일이 추가된 구조이다. 프리앰프부에는 직류 점화방식을 사용해서 근본적으로 험[20]을 없앴다. 출력은 2A3관의 출력이 낮듯이 6RA8을 사용한 이 럭스만 SQ-38D도 10[W]이지만 댐핑이 좋아 웬만한 빈티지 스피커를 울리는데는 부족함이 없으며 깔끔하고 부드러운 음색으로 지금도 일본에서는 마니아 층이 꽤 있다.

럭스만 SQ-38D의 정격

형식	인티앰프
출력	10W+10W(50Hz)
왜율	〉0.5%
주파수 특성	30kHz [20Hz-]-less than 1.5dB
입력감도	Phono1 : 0.15mV Phono2 : 4mV Tape:2mV Aux1 : 100mV Aux2 : 500mV(10W, 1kHz)
신호대 잡음비	Phono1, 2:60.5 dB Tape:58dB Aux1, 2:62dB or more
톤 조절	A±8dB (100Hz, 10kHz)
	Phono1, 2:RIAA
사용 진공관	6RA8×4, 12AU7×2, 12AX7×3, 6267×2
소비전력	135W
크기	470x175x275mm
무게	14kg

---

19 gm은 진공관의 3정수 중의 하나로 상호컨턱턴스를 말한다.

20 험(hum) 교류 잡음으로써 웅하는 소리이다. p.86 잠깐을 참조

> **잠깐** 진공관 앰프에서 출력 트랜스의 중요성은?
>
> 진공관 앰프에서 출력 트랜스의 중요성은 재론할 여지가 없다. 출력 트랜스는 진공관 앰프에서 제일 중요한 부품이다. 부품의 재질, 권선 방법, 코어의 재질 등에서 출력 트랜스 값의 차이가 10배 이상 크게 나기도 한다. 특히 권선 방법은 매우 중요하다. 소울 마란츠가 자신의 앰프에 매킨토시의 출력 트랜스를 사용하도록 매킨토시회사에 제의했지만 거절당했는데 만약 매킨토시의 출력 트랜스를 마란츠 모델 80이나 마란츠 모델 9에 장착하고 개발을 했더라면 이들 마란츠 모델보다 월등히 좋은 제품이 되었을 거라는 마란츠의 회고를 볼 때 출력 트랜스의 권선 방법이 얼마나 중요한 것인지를 말해주는 것이다. 또 코어의 재질도 매우 중요한 요소임은 말할 나위가 없다.

■ 럭스만 SQ38FD 인티앰프

럭스만 SQ38FD

럭스만 SQ-38FD 인티앰프는 럭스만 CL-35 프리앰프와 럭스만 MQ-60파워앰프를 합쳐놓은 것이다.

럭스만 SQ-38FD는 진공관식 인티앰프로 1970년 98,000엔에 출시해 인기가 많아서 1974년까지 발매했다. 1974년의 발매가는 138,000엔이었다. 출력관은 NEC에서 6L6을 베이스로 개발한 3극관인 50CA10이다. 이 진공관은 3극관 12핀으로 되어있으며 음질이 상당히 좋다. 장착된 출력 트랜스는 럭스 OY15 이다. 메인 앰프 부는 뮬러드형 회로를 기본으로 하고 세부 사항을 개량하여 고역의 왜곡 특성을 개선하였다. 위상보정 회로를 삽입함으로써 스피커의 임피던스가 상승하는 고역에서 부하의 감쇠로부터 오는 증폭기의 불안정성을 해소하여 맑고 투명한 음색을 내준다.

프리앰프부에는 2단 NF형 이퀄라이저와 LUX방식 NF형 톤 콘트롤을 채택했다. 톤 콘트롤은 좌우가 독립적이며 하이 필터나 로우 필터를 탑재하였다.

출력관은 3극관 푸시풀로 구성되어 채널당 출력이 30W로 넉넉하여 웬만한 스피커는 모두 커버해주고 음색 또한 안정되고 깔끔한 소리를 내어준다.

프리앰프부에는 SRPP 회로를 적용하였는데 이 회로는 3극관의 플레이트와 캐소드가 바로 결합한 형태로 낮은 출력 임피던스를 만들어낸다. 덕분에 실제 음질에서도 라인 증폭단의 에너지 넘치는 신호 처리와 빠른 반응이 장점이 되어 명료하고 깨끗한 음색과 정확한 음을 표현해준다. SRPP회로는 현대의 진공관 라인 프리앰프에서도 꾸준히 사용되는 회로인 만큼 음질과 안전성, 그리고 효율 좋은 회로로 손꼽히고 있다.

포노 앰프 회로에 MC카트리지용 승압 트랜스를 끼울 수 있도록 후면에 코넥터가 있다.

럭스만 SQ-38FD의 정격

형식	진공관 프리메인앰프
연속 실효출력	30W+30W(4Ω, 8Ω, 16Ω)
전고조파왜율	0.7%이하 (최대 출력시)
주파수특성	20Hz~20kHz -1dB
입력감도	Phono1/2:2.2mV, Aux1/2/3:200mV, Monitor:200mV
입력 임피던스	Phono1/2:50kΩ, Aux1/2/3:200kΩ, Monitor:200mV
신호대 잡음비	Phono:60dB이상, Aux:70dB이상, Monitor:70dB이상
이퀄라이저	RIAA(편차:±0.5dB 이내)
댐핑팩터	약15(1kHz)
잔류잡음	1mV 이하
녹음용출력	200mV/2kΩ
프리부 출력	1V/1kΩ
톤 콘트롤	LUX방식 NF형 만곡점 주파수절환부 고역만곡점 : 3kHz, 6kHz 저역만곡점 : 300Hz, 150Hz　※defeat가능
하이컷, 로우컷 필터	5kHz, 9kHz, 100Hz, 50Hz

형식	진공관 프리메인앰프
사용진공관	50CA10x4, 6DT8/6AQ8x2, 6267x2, 12AX7x4
전원	AC100V, 50Hz/60Hz
소비전력	250W(최대 출력시)
크기	476x190x335mm
무게	18kg

> **잠깐** 진공관 앰프를 처음 접하는 분에게 적당한 앰프는?

진공관 앰프에 사용되는 출력관[21]은 크게 3극관, 5극관이 주종을 이룬다. 3극관은 진공관 시대의 초기에 개발된 것으로 진공관 한 개에 보통 2~8[W] 정도의 출력으로 낮은 편이다. 출력이 약한 대신 소릿결이 고우므로 오랜 경험을 가진 애호가들 사이에서 인기가 높다. 반면에 5극관은 3극관보다 더 큰 출력이 나오기 때문에 현대 진공관 앰프에서는 3극관보다 5극관을 더 많이 사용한다.

진공관 앰프는 출력관을 어떻게 구성하느냐에 따라 싱글 앰프, 또는 푸시풀 앰프로 분류된다. 싱글은 좌우 채널에 출력관을 한 개씩 사용한 것이고, 푸시풀 구성은 두 개씩 사용한다. 싱글 앰프는 회로가 간단하고 부품 수가 적은 만큼 진공관 고유의 음색을 들려주며, 특히 3극관을 싱글 회로에 사용함으로써 가장 단순한 구성이 되고 이 3극관 싱글 앰프의 소리는 매혹적인 부분이 있다. 그런데 대체로 출력이 작아서 현대의 일반적인 스피커를 구동하기에는 적합하지 않은 경우가 많다. 빈티지 풀레인지 스피커를 연결하여 구동하면 대개 예쁜 소리가 난다.

게다가 싱글 구성으로 특유의 매력을 만끽하려면 오래전에 만들어진 구관을 구하여 장착하면 좋은데, 사용하지 않은 구관은 가격이 상당히 비싸다.

3극관을 푸시풀 구동하면 출력은 충분히 커지지만 3극관 특유의 맑고 고운 고음은 기대하기 어렵다.

5극관은 출력이 큰 만큼 싱글 회로로 구성해도 쓸만한 출력을 얻을 수 있지만, 그 정도의 출력으로는 5극관 특유의 스케일 감과 현대 스피커를 구동하는 출력을 얻을 수 없으므로 5극관을 푸시풀 회로로 구동하는 앰프가 가장 널리 사용된다. 새로 진공관 앰프를 구매하고 싶은 분에게는 5극관 푸시풀 앰프를 권한다.

5극관 푸시풀 앰프는 다양한 출력관을 장착한 것들이 발매되는데, 그중에서도 구하기 쉽고, 널리 사용되는 진공관을 출력관으로 사용한 앰프를 권한다. 요즘에도 러시아나 중국, 동구권에서 진공관을 활발하게 생산하고 있다. 이들 제품이 국내에도 많이 유통되면서 특히 KT88의 인기가 있다. KT88은 무엇보다 출력이 크고 구하기도 쉬우며, 시원하고 넉넉한 남성적인 음색이다. 매킨토시의 MC275에 사용되면서 유명해졌다.

마란츠는 파워앰프에 순수오디오용으로 개발된 EL34(6CA7)의 진공관만을 사용했는데 이 진공관은 여성적인 고운 음을 낸다. EL34 푸시풀 앰프는 대개 20~50[W]의 출력을 낸다.

MT관인 EL84(6BQ5)나 빔관인 6V6의 관은 푸시풀로 12~15[W] 정도의 출력이다. 이들은 가정용 오디오를 위해 개발되어서 예쁜 소리를 내지만 출력이 작아서 앰프의 가격은 상대적으로 저렴하다. 음압이 90dB 전후의 높은 음압의 스피커가 있는 분은 이 진공관을 사용한 앰프가 좋은 선택이 될 수 있다.

가끔은 출력관에 송신관을 이용하여 제작한 앰프를 사용하는 분이 있는데 무선 통신 등의 고주파 회로에 사용할 목적으로 개발된 진공관들로 대부분 3극관이다. 송신관은 진공관의 크기가 크고 진공관 하나로도 20[W] 이상의 출력이 나온다. 내부의 플레이트 전압도 보통 1000[V] 이상으로 높고 열이 많이 난다. 필라멘트는 내열성이 좋은 토륨-텅스텐을 사용하는데 토륨 계열이 열을 받으면 독특한 빛을 내므로 송신관들의 불빛은 매우 환하면서 아름답다.

■ 럭스만 LX38 인티앰프

럭스만 LX38 인티앰프는 1978년 198,000엔에 발매된 인티앰프이다. 외부는 럭스만 프리앰프 CL-36과 아주 유사하여 음량 볼륨, 밸런스 컨트롤, 톤 컨트롤 등의 볼륨에 멀티 습동자[22] 타입의 연속 변화식 신형볼륨이 채용되었다. 내부는 럭스만 SQ38과 거의 같은 구조여서 소리결이 럭스만 SQ38과도 비슷하다. 그러나 럭스만 LX38 인티앰프는 럭스만 SQ38이 하드와이어링 방식[23]인데 비해 PCB 기판 방식이다. PCB기판 방식은 하드와이어링 방식에 비해 대량생산과 비용 절감에서 유리하므로 이때부터 생산방식이 바뀌어 생산되었다. 다음의 럭스만 LX38의 내부 사진에서 보면 아래 노란 부분의 PCB기판에 진공관과 저항, 컨덴서 등의 부품을 부착하여 제작하였다.

---

21 부록 참조
22 볼륨 같은 가변저항기의 원리는 내부에 원형의 저항체에 회전축이 붙어 있는 습동자(인청동 또는 벨리늄 등으로 만든다)의 접촉면이 접속되게 한 것으로 축의 회전에 따라 저항값이 변한다. 일반적으로 단자는 3개이며, 그중 2개는 저항의 양단에 나머지 1개는 습동자와 연결된다. 볼륨 같은 회로에서 화살표로 표시되는 부분이다.
23 부품의 연결을 PCB기판을 사용하지 않고 러그판이나 바인딩포스트 등을 이용하여 직접연결하는 방식

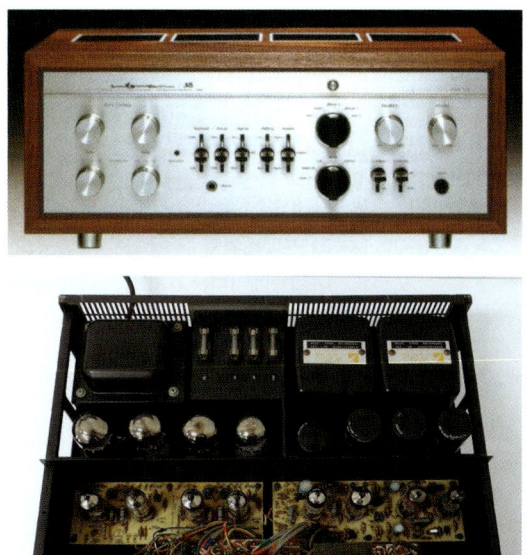

럭스만 LX38의 외부와 내부

럭스만 LX-38의 정격

형식	진공관식 인티앰프
연속 실효출력	30W/30W(8Ω, 4Ω) 25W/25W(16Ω) 25W+25W(8Ω, 양채널 동작, 50Hz~15kHz)
전고조파 왜율(8Ω)	0.1% 이하(10W, 1kHz) 0.4% 이하(정격 출력시, 1kHz) 1%이하(정격 출력시, 50Hz~15kHz)
혼변조 왜율	0.4% 이하(8Ω, 정격 출력시, 60Hz:7kHz=4:1)
주파수 특성	30Hz~40kHz −1dB(8Ω, 1W)
입력 감도	Phono1, 2:2mV Tuner, Aux1, 2, Monitor1, 2:160mV
입력 임피던스	Phono1, 2:50kΩ Tuner, Aux1, 2, Monitor1, 2:100kΩ
SN비 (IHF-A보정, 입력숏트)	Phono1, 2:75dB이상 Tuner, Aux1, 2, Monitor1, 2:95dB이상
댐핑팩터	16이상(8Ω, 1kHz)
톤 콘트롤	LUX방식NF형만곡점주파수 절체부(defeat가능) 저역 만곡점:150Hz, 300Hz, 600Hz 고역 만곡점:1.5kHz, 3kHz, 6kHz

형식	진공관식 인티앰프
부속장치	로우 부스트 스위치(50Hz, off, 100Hz) 로우 컷트 필터(60Hz, off, 20Hz) 하이 커트 휠터(7kHz, off, 12kHz) 모니터 스위치(tape-1, source, tape-2) 테이프 더빙스위치(1to2, source, 2to1) 레코딩 스위치 어테뉴에이터(-20dB)
사용진공관	50CA10×4, 6AQ8×2, 6267×2, 12AX7×3, 12AU7×1
전원과 소비전력	AC100V, 50Hz/60Hz, 150W
크기와 무게	440x162x343mm, 20.1kg

> **잠깐 진공관 앰프에서 험(HUM)은?**
>
> 오디오 기기의 증폭 과정에서 60(Hz)의 교류전압 고유의 전원주파수가 회로에 유입되어 웅하는 잡음이 들리는 것을 험(HUM)이라고 한다. 진공관 앰프에서 볼륨을 최소로 했을 때 스피커에서 험(HUM) 소리가 들리지 않아야 한다. 그렇다고 스피커에 바짝 대고 들을 필요는 없고 귀에 거슬리지 않을 정도면 된다. 험은 컨덴서의 대형화, 신호선과 전원선의 분리와 이격화, 히터의 직류점화 등으로 많이 해소된다. 어떤 분은 험을 줄이기 위해 정류관으로 구성되어 있는 회로에 컨덴서의 크기를 키우다가 낭패를 봤다고 하는데, 정류관을 사용했을 때 평활컨덴서의 크기는 대개 47[μF] 미만이어야 한다. 험을 없애기 위해서는 원활한 평활을 해야 하는데 이때 초크코일이 사용된다. 어떻든 잘 만들어진 앰프는 스피커에 아주 가까이 가야만 험이 조그맣게 들린다. 셀렉터나 톤 콘트롤이 있는 경우 돌리면서 잡음이 약간 들리는 것은 험이 아니다. 이는 접점을 청소하면 해결되는 경우도 많다. 하지만 험이나 잡음이 심하거나, 퍽 하는 소리가 크게 들리는 것은 청소 수준에서 해결되지 않고 대부분 내부의 컨덴서가 불량인 경우이다.

■ 럭스만 LX-33 인티앰프

럭스만 LX-33 인티앰프는 1979년 198,000엔에 발매된 앰프로 전면이 심플한 디자인이 돋보이는 진공관 인티앰프이다. 음질 개선과 각종 왜율 저감을 목표로 설계하였기 때문에 그동안 럭스만에서 보던 일반적인 디자인이 아닌 심플한 디자인이다. 음질도 상당히 좋은데, 매우 부드럽고 따뜻한 성향을 나타내는 출력관인 6CA7 (EL34)을 사용하고 출력 트랜스에는 LX-33용으로 개발한 신형타입의 OY 15형을 채용하였기 때문이다. 럭스만의 일반 앰프들이 우드 케이스인 반면 이 럭스만 LX-33은 철제 케이스로 되어있다.

2.2 럭스만(Luxman)에서 만든 기기들   87

럭스만 LX-33 인티앰프

럭스만 LX-33의 정격

형식	프리메인앰프
실효 출력	30W+30W(4Ω, 8Ω) 25W+25W(16Ω)
전고조파 왜율	0.7%이하(8Ω, 30W, 1kHz)
주파수 특성	30Hz~35kHz
입력감도	Phono:2.5mV Tuner, Aux:180mV
SN비(IHF-A보정)	Phono:75dB Tuner, Aux:95dB
크기	450x158x325mm
무게	19kg

▶ 잠깐 볼륨을 돌리거나 스위치를 움직일 때 찌직거리면 어떻게 하나요?

볼륨은 저항값을 변화시킬 수 있는 저항기로 권선형, 피막형, 솔리드형 등이 있다. 일반적인 볼륨의 내부 구조는 그림과 같이 원형의 저항체에 회전축이 붙어 있는 습동자(sliding contact : 인청동 또는 벨리늄 등으로 만든다)의 접촉면이 축의 회전에 따라 저항값이 변하도록 만들어져 있다.

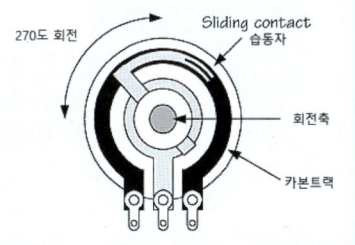

일반적인 볼륨의 외형과 볼륨의 내부 구조

그런데 볼륨을 오래 사용하다 보면 습동자가 닿는 부분이며 탄소피막 저항기인 카본 트랙이 닳아서 접촉면이 고르지 않게 된다. 여기에 습동자와 탄소피막이 닳으면서 생긴 탄소 가루가 습동자와 같이 움직이다 보니 찌직거리는 소리가 난다. 이 소리는 볼륨을 돌릴 때마다 크게 증폭되어 귀에 많이 거슬린다. 일본인들은 이 소리를 가리(ガリ)라고 하는데 우리는 특별하게 지칭하는 말이 없이 그냥 찌직거리는 소리가 난다고 표현한다. 이럴 때 전원을 끄고 볼륨을 좌우로 많이 돌리면 당분간 회복이 되기도 하지만 그리 오래가지는 못한다. 좀 더 근본적인 해결방법은 접점 부활제인 BW-100, Henkel ML-11, CAIG사의 디옥스잇 골드 G5 (DeoxIt gold G5)등을 습동자에 뿌려주면 오랫동안 회복된다.

필자는 초기에 나온 헨켈의 ML-11을 사용하는데 값이 싸고 성능이 괜찮다. 그런데 이 회사 제품도 요사이 나오는 것은 초창기보다 노즐이 굵어지고, 접점 부활의 성능이 조금 못해진 것 같다. 이러한 접점부활제를 사용할 때 비슷한 것 같지만 WD-40 같은 연마제가 섞이고 기름기가 많은 윤활제를 뿌리면 절대로 안 된다. 특히 슬라이드 볼륨에 WD-40을 뿌리면 뻑뻑해지면서 움직이지 않게 되고 먼지가 달라붙어 지저분해진다.

BW-100　　　　　Henkel ML-11　　　　　DeoxIt gold G5

2.2.2 럭스만 프리 파워 분리형앰프

■ 럭스만 진공관 파워앰프

럭스만 파워앰프로는 여러 종류가 있으나 진공관 앰프인 MQ-60, MQ-3500, MQ-3600등이 정상의 음질을 내어준다. 특히 모노 모노인 럭스만 A-3000이나 럭스만 A-3045는 출력이 60W로 넉넉하면서 깔끔하고 매혹적인 음을 내어준다.

이 시절 발매된 파워앰프는 키트로 나온 것도 워낙 부품 하나하나와 배선의 색깔이나 리드의 길이까지 완벽하게 잘 맞추어 제공하였고, 조립설명서도 두꺼운 책자로 내용도 매우 잘 되어있어서 웬만한 오디오파일[24]들이 조립설명서대로 조립한 기기라면 내외관을 보아서는 팩토리 버전인지 키트 버전인지 알 수 없을 정도이다. 음질이 상당히 좋다고 알려진 다이나코의 키트 버전인 ST-70의 디자인이 빈티나는 것에 비하면 럭스만의 키트들은 디자인이나 제품의 완성도에서 상당히 만족도가 높다.

■ 럭스만 MQ-60 파워앰프

MQ-60 진공관 파워앰프

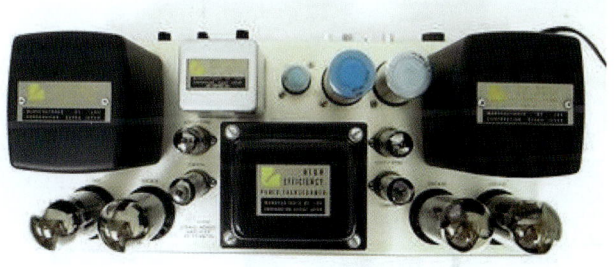

MQ-60 위에서 본 모습

럭스만 MQ-60 파워앰프는 1969년 발매하여 1974년까지 62,000~79,000엔에 발매된 파워앰프이다. 출력관은 NEC의 50CA10을 채용했다. 이 진공관은 12핀인 3극관으로 일본에서 6L6을 베이스로 개발하였는데 6L6이 5극관인데 비

---

24 일본은 우리나라보다 인구가 2.5배나 많은데다, 세계 2차대전 후에 초등학교에서 우리나라 실과에 해당하는 과목에 납땜하면서 만들 수 있는 전자회로의 기초를 가르쳤기 때문에 자작을 하는 많은 저변 인구가 있어 짧은 시간에 자국의 전자공업 발전을 꾀할 수 있었다.

해 이 진공관은 3극관이어서 음질이 상당히 맑다. 출력 트랜스는 럭스만이 개발한 OY15을 채용하여 음질을 높였다. 회로 구성의 특징은 초단의 전압증폭단에서 내부저항이 적은 6267의 진공관을 사용하여 고역의 특성을 개선하였다. 출력 트랜스의 2차 측에 위상보정 회로가 삽입되어 스피커의 임피던스가 상승하는 고역에서 부하의 감소에 의한 앰프의 불안정을 방지하였다.

3극관 푸시풀로 구성된 럭스만 MQ-60은 출력이 채널당 30W로 넉넉하여 웬만한 스피커는 모두 커버해주고 음색 또한 안정되고 깔끔한 소리를 내어준다. 럭스만 CL35 프리앰프와 매칭을 이루며 일본 기기에 잘 몰랐던 분들이 이 파워앰프의 소리를 처음 들으면 매우 놀라면서 호평한다. 출력관인 50CA10 진공관은 12핀이지만 3극관이고 히터 전압이 50[V]로 이 진공관 2개를 직렬로 했을 때 일본내 상용전압 100[V]와 같아 트랜스를 통하지 않고 전원전압에서 히터 전압을 직접 걸 수 있다. 요즈음은 NEC의 50CA10 신품 진공관이 매우 귀해져 구하기 힘들고 수치 좋은 중고 진공관의 값도 만만치 않다. 50CA10 진공관을 중국의 슈광에서 생산한다고 하나 좋은 성능을 기대하기 어렵다.

50CA10 진공관 모습

잠깐 진공관 앰프를 처음 사용하려는 분들이 생각하는 의문

진공관 앰프의 인기가 꾸준히 상승하는 이유 중의 하나가 켜놓았을 때 아련한 불빛이 아름답고 소리가 부드럽기 때문이라는 분이 꽤 있다. 처음 진공관 앰프를 구매하려 하는 분들이 그런 이유를 말하기도 한다.

그러면서 진공관 수명이 유한하다고 하던데 도데체 얼마나 될까? 내 스피커와 잘 맞을까 하는 생각을 하기 마련이다. 그러나 진공관 앰프를 구매하여 즐기는 것은 그리 어려운 일이 아니다.

진공관은 요즈음에 사용되는 IC나 트랜지스터 같은 반도체가 나오기 전에 사용했던 소자이다. 진공관은 모양이 전구처럼 생겼으므로 진공관 내부의 히터가 열전자를 발산할 수 있도록 달구어져야만 증폭 작용이나 정류작용을 하고 소리도 제대로 난다. 따라서 진공관 앰프는 구조적으로 소출력이라도 열이 많이 난다.

진공관의 수명에 궁금해 하는 분들이 의외로 많아서 어떤 분은 진공관 앰프를 사면서 여분의 진공관을 같이 구매하기도 한다. 그런데 필자의 주변에서 앰프에 장착된 진공관의 수명이 다 되어서 여분의 진공관으로 교체하는 경우는 별로 본 적이 없다. 구관이나 다른 회사에서 만든 관을 끼우면 소리가 어떻게 달라지는지 알아보기 위해서 교체하는 경우는 꽤 보아왔다. 진공관 앰프는 수년을 사용하다가 싫증이 나서 바꿈질하는 경우만 보아 올 정도로 진공관의 수명은 길다. 혹시 실수로 진공관을 깨뜨렸다거나 더 좋은 소리를 듣고 싶어서 고급관으로 교체한 경우가 아니라면 대부분 5~10년은 무난하게 사용한다.

진공관의 수명은 메이커에 따른 구조의 차이나 제조사에서 설계할 때 진공관에 얼마나 높은 전압을 걸었는지, 바이어스 전류를 얼마나 많이 흐르도록 했는지, 사용자가 얼마나 자주 오랫동안 음악을 듣기 위해 앰프를 켜놓았는지 등에 따라 변하므로 딱히 얼마라고 이야기할 수 없지만 생각보다는 무척 길다. 진공관의 수명 상태는 진공관 체커인 TV-7 등의 측정기기로 쉽게 알 수 있지만 그러한 계측기를 살 필요는 없다. 진공관의 수명은 내부에 발라진 은회색 게터의 상태로도 대략 짐작한다. 게터는 신품일 때 선명한 은회색으로 보이지만, 시간이 지나면서 투명하게 사라지거나 검은색으로 변색한다. 그런데 이렇게 색깔이 변해 있어도 수년을 사용하기도 한다.

진공관에서 발산되는 열은 위로 올라가므로 진공관 앰프 위에는 아무것도 두지 않고 열린 공간에 두면 좋다. 습기는 모든 전자제품의 적으로 진공관 앰프도 예외는 아니다. 습기가 많은 곳에 두지 않는 것과 가끔 앰프를 켜서 음악을 듣는 것만으로 습기 제거는 충분하다. 어떤 전자제품이든지 오래도록 전원을 켜지 않고 놔두는 것은 고장의 원인이 될 수 있다. 진공관 앰프도 가끔 켜서 음악을 들으면서 셀렉터나 볼륨을 몇 번 돌려주는 것만으로도 좋은 컨디션을 유지한다.

진공관의 수명을 더 길게 유지하기 위해서는 켜고 끄는 것을 자주 하지 않는다. 이말은 잠시 자리를 비운다고 해서 끄지 않는 것이다. 어떤 전자제품이든지 켜고 끌 때 순간 과도현상이 발생하는데, 이 때 부품들은 충격을 받는 경우도 있다.

오래된 진공관 앰프를 사용하다 보면 평생 한두 번은 겪을 수 있는 일로(겪지 않는 분들도 많음) 내부의 컨덴서에 문제가 생기거나 터지는 경우가 있다. 이런 사고가 있다고 해서 스피커가 상하거나 다른 문제가 생기지는 않는다. 진공관 앰프는 대부분 출력 트랜스를 갖고 있어서, 사용 중에 고장이 나더라도 스피커를 파손시킬 우려는 거의 없다. 이런 고장은 전문점에서 어렵지 않게 수리가 가능하지만 무거운 진공관 앰프를 들고 가는 수고는 해야 한다.

푸시풀 앰프인 경우 출력 진공관이 네 개인데 오래 사용하다가 그중 하나가 문제가 생겨 교체할 때는 나머지 세 개도 수명이 다했을 가능성이 커서 함께 바꿔주는 것이 좋다. 진공관을 측정하여 특성이 비슷한 것들을 추려 2개씩 묶어 파는 매치드 페어나 4개씩 묶어 파는 매치드 쿼드로 구입하여 교체한다.

진공관을 교체할 때 진공관의 핀은 가이드가 있어서 같은 형번의 진공관을 구입하여 꼽기만 하면 된다. 요즘 발매되는 대부분의 진공관 앰프는 셀프 바이어스 방식이므로 진공관만 그냥 갈아 끼우면 된다. 다만 고정 바이어스 방식의 진공관 앰프는 진공관을 갈아 끼운 다음에 테스터나 표시창을 보면서 반고정 저항을 돌려 바이어스 전압을 맞춰야 한다. 이것도 테스터만 있다면 어렵지 않은 일이다.

■ 럭스만 A-3500 파워앰프

럭스만에서 1972년 59,500엔에 발매한 대표적인 진공관 메인 앰프 키트로 출력관으로 사용한 6CA7 진공관의 장점인 여성스러운 부드러운 음색의 분명한 매력을 느낄 수 있는 파워앰프이다. 앰프의 앞부분 아래에 LUXKIT A-3500으로 표기되어 있다. 다이나코의 유명한 파워앰프인 DYNACO ST-70이 키트형 제품인 DYNAKIT ST-70로 출시되어 히트한 것과 비슷하다.

LUXKIT A-3500 출력 트랜스는 럭스만 SQ-38FD이나 MQ-60 등에 사용한 OY15형을 채용하였고 출력관은 6CA7(EL34)을 푸시풀로 울트라 리니어(UL)

방식[25]으로 접속하여 40W의 출력을 얻는다. 출력관은 6CA7(EL34)로 입수하기 매우 쉬운 데다가 출력관을 6L6GC나 50CA10 등으로 변경하여 사용하도록 설계되어 있어 키트를 제작하는 즐거움을 더해주었던 모델이다.

럭스만 A-3500 파워앰프는 전반적으로 라특성을 향상시켜 큰 부귀환 회로를 걸지 않아도 우수한 출력특성을 얻도록 설계되었다. 럭스만 A-3500 파워앰프에 럭스만에서 발매한 전원 분리형인 프리앰프인 A-3300과 세트를 이루는데 이 프리앰프를 연결하여 사용할 때에는 프리앰프에서 필요한 전원을 파워앰프에서 코넥터로 인출할 수 있도록 설계되어 있다. 파워앰프의 뒤에 있는 코넥터에 코드를 꼽기만 하면 전원을 공급할 수 있어서 편리하다.

LUXKIT A-3500 정격

형식	진공관 파워앰프 키트
연속 실효 출력	6CA7(5극관 UL접속시) : 40W+40W 6CA7(3극관 접속) : 20W+20W 6L6GC : 40W+40W
전고조파왜율	0.5%이하(1kHz) 1%이하(55Hz, 10kHz)
주파수 특성	20Hz~20kHz −1dB이내
입력감도	750mV(6CA7 · UL접속시)
입력 임피던스	250kΩ
SN비	90dB이상
잔류잡음	1mV이하
댐핑팩터	약10
부속장치	프리앰프(A3300)용 전원코넥터
사용진공관	6CA7x4 6AQ8x3 ※출력관은 6L6GC, 50CA10으로 변경가능
소비전력	250W(최대 출력시)
크기	465x168x206mm
무게	16kg

---

25 UL(ultra linear)방식 : 출력 트랜스의 1차 측의 40% 되는 곳에 탭을 내어서 출력 진공관의 서프레서 그리드를 연결하는 방식으로, 출력관은 빔(Beam)관을 사용하는데 3극관 접속으로 동작하는 것보다 빔관의 출력을 희생하지 않고 왜곡을 많이 감소하는 회로 방식이다.

■ 럭스만 A-3600 파워앰프

럭스만 A-3600 파워앰프는 1975년 79,500엔에 발매한 파워앰프다. 럭스만 모노 파워앰프인 A-3500에 사용한 대출력용 3극 진공관 8045G를 사용한 스테레오 파워앰프이다.

8045G 진공관은 대출력을 염두에 두고 럭스만과 신일본전기가 공동개발한 진공관이다. 플레이트 전극에 방열 효과가 높은 5층 접합 금속판을 채용하여 45W의 출력을 얻는다. 후일 발매한 키트에는 출력관을 6550이나 KT88로 변환하기도 하였고, 8045관을 간단한 개조로 6550이나 KT88을 사용할 수 있다. 출력 트랜스는 A-3600용으로 개발한 OY15-3.6K을 채용하여 고역 특성을 개선하였다.

드라이버 회로에는 캐소드 결합형 위상 반전 회로를 채용하여 출력 전압과 이득이 크고 안정성을 유지하도록 하였다. 이를 위하여 고전압 드라이버용 진공관인 6240G를 개발하여 장착하였다. 이 6240G 진공관은 내부저항이 낮은 중증폭용 쌍3극관이다. 초단관도 내부저항이 적고 증폭율이 큰 6AQ8을 채용하여 플레이트 임피던스를 최소화함으로써 우수한 고역 특성을 나타낸다.

기기의 모든 부분에 NFB를 걸지 않은 라특성을 중요시한 설계로 찌그러짐이 적은 우수한 왜율 특성을 실현한 파워앰프이다. 넘치는 출력과 남성적인 저음은 물론 섬세한 고음까지 잘 표현해주는 수작이다. 럭스만 A-3500과 같이 진공관의 보호를 위해서 철제케이스로 제작되었다.

럭스만 A-3600 파워앰프 정격

형식	진공관 파워앰프 키트
연속 실효 출력	50W+50W(4Ω, 8Ω, 16Ω)
전고조파왜율	0.5%이하(50W 1kHz) 1%이하(50W, 55Hz, 10kHz)
주파수 특성	10Hz~40kHz -1dB이내
입력 감도	850mV
입력 임피던스	80kΩ
SN비	90dB이상
잔류 잡음	0.5mV이하
댐핑 팩터	14 (8Ω 1kHz)
사용 진공관	8045x4 6240G×2 6AQ8x1
소비전력	300W(정격 출력시)
크기	465x168x206mm
무게	17kg

> **잠깐** 오디오 기기를 음색으로 표현하는 말들은 어떤 것이 있을까?
>
> 오디오를 청취하면서 음에 대한 청각적 인상은 매우 다양하다. 음색을 객관적으로 표현할 수 없으므로 주관적인 판단에 의한 수많은 정서적 표현을 사용한다. 주로 시원하다, 상쾌하다, 메마르다, 박력이 있다 등 형용사를 써서 표현한다.
>
> 1962년 Sone은 음색을 표현한 언어에서 교향곡, 대중음악, 합창 등 8종류의 음악에 대해 잔향이 다른 15종류의 청음실에서 음색을 각 표현어 마다 7단계의 평정 척도법으로 평가하는 실험을 하였다. 이 실험은 각 평가치 간의 상관 함수를 구해 그 상관행렬을 기초로 해서 인자 분석을 하고 유효한 인자수와 각 표현어의 인자 부하량을 계산하였다. 그 결과 제4 인자가 추출되었다.

제1인자는 아름답다. 유쾌하다, 정취가 있다, 정취가 풍부하다, 맑다, 윤기가 있다 등의 표현어로 표현되었고, 제2인자는 울린다, 풍부하다, 음량감이 있다, 박력이 있다, 확산감이 있다 등의 양적 공간적 인자였다. 제3인자는 밝다, 화려하다, 경쾌하다 등의 밝음을 나타내는 인자였으며, 제4인자는 온화하다, 시원하다 등으로 온화함을 나타내는 인자였다.

그런데 국내에서 음을 표현하는 말을 들어보면 Sone보다 더 많은 표현이 되는 것을 볼 수 있는데 그것은 한국말이 너무나 많은 것을 표현할 수 있는 뛰어난 언어라는 것과 오디오 숍의 사장님들과 평론가들의 기막힌 언어 구사법에 기인하지 않았는가 생각해본다.

21개의 음색 표현어

번호	표현	번호	표현	번호	표현
1	부드럽다	8	밝다	15	울림이 좋다
2	섬세하다	9	우아하다	16	잘 모아진다
3	확산감이 있다	10	아름답다	17	화려하다
4	둔탁하다	11	가볍다	18	음량감이 있다
5	박력있다	12	상쾌하다	19	풍부하다
6	윤기있다	13	잘 빠진다	20	정취가 풍부하다
7	생생하다	14	시원시원하다	21	광택이 있다

■ 럭스만 A-3000, A-3045(MB-3045) 모노 모노 파워앰프

럭스만 파워앰프들의 음색은 전체적으로 중립적인 소리라는 표현이 가장 알맞을 것 같다. 그것은 그만큼 오랜 시간 들어도 싫증이 나지 않는 안정적인 소리

이기 때문이다. 럭스만 키트버전인 A-3000과 A-3045, 팩토리 버전인 MB3045는 회로와 모양이 같다. 이 모델명의 차이는 키트 버전과 팩토리 버전의 차이인데 내부를 들여다 보면 어떤 것이 키트 버전인지 팩토리 버전인지 구별할 수 없다. 그만큼 럭스만에서 키트 재료와 작업설명서를 잘 만들어 놓았기 때문에 이를 보고 앰프를 조립했다면 구분이 어렵고 단지 모델명으로만 구분이 가능하다. 이 앰프는 모노 모노의 형태이기 때문에 두 개를 구비해야 스테레오로 사용할 수 있다. 출력이 큰 만큼 출력 트랜스도 100[W]급의 대형이 장착되어 있고 B전원도 500[V]가 넘기 때문에 평활 컨덴서의 내압도 550[V]나 된다. 이 기종을 사용할 때 잠깐[26]에서 언급했듯이 다운트랜스는 꼭 100[V]를 사용해야 한다. 110[V]를 사용하면 B전원이 550[V]를 상회하므로 컨덴서 등에 무리가 가기 때문이다.

럭스키트 A-3000 파워앰프는 1975년 1대당 79,000엔에 발매(럭스만 MB-3045는 1976년 대당 128,000엔에 발매)한 모노 모노형 앰프로 팩토리 버전이다. 출력관이나 드라이버관, 출력 트랜스 등 신소재를 개발하여 사용하였는데 AB급 푸시풀 동작으로 60W의 출력을 얻는다.

출력관 8045G는 5중 적층 금속판에 의한 방열 효과가 좋은 대형 플레이트 전극을 사용하였고, 출력 트랜스는 GX100-3.6이다. 이 출력 트랜스는 특수 권선 방식인 쿼드라 파일라 와인딩이라는 다층 분할 구조로 되어있다. 럭스만 A-3000은 다음 회로도와 같이 출력 트랜스의 1차 측 권선을 플레이트 측(1권선)과 캐소드 측(2권선)으로 나누고, 이 밖에 부트스트랩용 권선(3권선)과 마이너 NF용 권선(4권선)을 만들어 이들 4계통의 권선을 동시에 감는 방식이다.

---

26 잠깐의 일본제품을 사용할 때 전압은 몇 볼트로 해야 하나 p.69 참조, 복권트랜스와 단권트랜스는 어떻게 다른가 p.108 참조

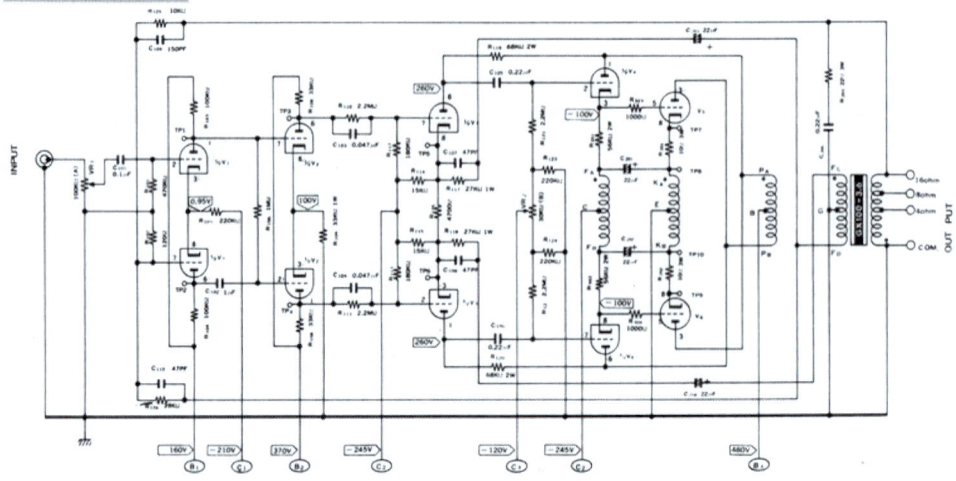

출력 트랜스는 외관상으로는 OY36과 비슷하지만, 철심 치수를 크게 한 것이어서 저주파인 35[Hz]에서도 100[W]까지 얻을 수 있는 성능 좋은 출력 트랜스이다. 출력 회로는 크로스션트 푸시풀 회로이다. 이 출력 회로는 상하 출력 진공관의 부하를 플레이트 측과 캐소드 측에 각각 2분할하고 이를 서로 교차로 연결한 형태이다.

드라이브 단에는 새로 개발한 고전압용 쌍3극관인 6240G를 사용했다. 캐소드 폴로어 직결 드라이브 회로에서는 필요한 만큼의 게인을 얻을 수 없기 때문에 6240G를 이용한 프리 드라이브 회로를 만들어 게인을 얻는다. 이 회로의 드라이브 전압은 200[V]이다. 또한, 이 단의 캐소드에는 출력 트랜스의 제4권선으로부터 균형 방식으로 약 5dB의 마이너 루프 음으로 귀환을 가하고 있는데, 이로 인해 프리드라이브 단 이후의 제반 특성이 개선된다. A-3000의 초단에는 쌍3극관 12AX7을 이용해 차동 증폭 방식으로 구동하며 동시에 위상 반전의 역할도 한다. 또한, 초단 플레이트에 직결되는 2단에 대해서도 차동 증폭을 하고, 초단에서 위상 반전된 신호를 전압 증폭하여 프리드라이브 단으로 전송한다. 이 구성에서 푸시 풀 동작의 균형이 자동으로 보정되기 때문에 왜곡률 특성도 매우 우수하다. 전원 회로에는 레귤레이션이 잘되는 전원 트랜스, 직류 저항이 적은 초크 코일, 대용량 전해 컨덴서(220μFx2)를 사용하고 있다. 출력 단에는 브리지 정류 회로에서 전원을 공급하여 전압 변동을 최소화하였다.

럭스만 프리앰프인 CL-35나 CL-36등과 매칭하면 고음 특성도 우수하고 깨끗하며 넉넉한 좋은 음질로 들을 수 있다.

럭스키트 A-3000, A-3045(MB3045) 파워앰프 정격

※ 출력관 8045G 사용

형식	진공관식 모노파워앰프
연속 실효출력	60W(4Ω, 8Ω, 16Ω)
전고조파왜율	0.2%이하(60W, 1kHz), 0.05%이하(10W, 1kHz)
주파수특성	10Hz~40kHz −1d이내
입력감도/임피던스	약800mV/80kΩ
댐핑팩터	16(8Ω, 1kHz)
잔류잡음	0.5mV 이하
사용진공관	8045Gx2, 6240Gx2, 12AU7x1, 12AX7x1
소비전력	150W(최대출력시 220W)
크기	370x170x240mm
무게	15.2kg

■ 럭스만 프리앰프

럭스만에서 출시한 진공관 프리앰프 중 럭스만 CL-35, CL-36, CL-40 등이 눈여겨 볼만하다.

■ 럭스만 CL-35 프리앰프

럭스만 CL-35 프리앰프

럭스만 CL-35 프리앰프는 진공관 앰프 시절 가장 안정적인 제품으로 손꼽히는 모델로 마란츠 7 프리앰프와 비교될 만큼 명기로 불린 제품이다. 전면의 은색 패널에는 고전적인 노브와 토글스위치를 배치했고, 나무 상자에 수납된 디자인이다. 당시 일본에서 혁신적인 회로 스타일로 선풍적인 인기를 끌었던 SRPP 회로를 적용하였다. 이 회로는 3극관의 플레이트와 캐소드가 바로 결합한 형태로 낮은 출력 임피던스를 만들어낸다. 덕분에 실제 음질에서도 라인 증폭단의 에너지 넘치는 신호 처리와 빠른 반응이 장점이 되어 명료한 음색과 정확한 음의 표현이 가능하다.

포노 앰프 회로가 내장되어 있어, MC카트리지용 승압 트랜스를 장착할 수 있다. 톤 회로의 경우 주파수 변경이 가능한 파라메트릭 이퀄라이저[27] 방식이 적용되어 있고, 여러 편리한 회로가 덧붙여져 일본 내는 물론 미국에 수출되어 호평을 받았던 프리앰프이다.

럭스만 CL-35 프리앰프가 발표된 후 몇 년에 걸쳐 회로를 조금씩 개선하여 CL35-II, CL35-III까지 발매되었다. 현재도 이 프리앰프는 미국의 이베이에서도 많이 볼 수 있지만, 가격은 국내보다 많이 비싸게 형성되어 있다. 아마 국내에서는 그동안 럭스만의 진가를 몰랐고 시중에는 유지보수가 안된 기기들이 싸게 거래되었기 때문에 더욱 비싸게 느껴지는 것 아닌가 생각된다. 럭스만 CL-35에 사용된 커플링 컨덴서인 오일컨덴서가 오래되어서 음질이 변형된 것이 많은데 필름 컨덴서로 교환하면 상당히 맑고 깨끗한 좋은 음을 내어준다.

럭스만 CL-35 출시 당시 일본에서 사용하는 전기 스위치류는 레버를 아래로 내리면 켜지는 방식이었다. 이 방식은 어떤 물체가 낙하할 때 스위치에 접촉하면 켜지는 것이어서 매우 불합리하였다. 그것을 인식하고 모든 기기에서 스위치를 위로 올려야 켜지는 방식으로 전환될 즈음이라서 럭스만 CL-35는 전원 스위치를 내려야 켜지고 CL35-II부터는 올려야 켜지게 되어있다. 따라서 내부 회로는 거의 비슷하지만 CL-35보다는 CL35-II나 CL35-III를 구매하는 것이 좋다.

---

27 특정한 주파수와 주파수 영역에 대해서 신호의 크기를 조절할 수 있는 이퀄라이저

이 프리앰프는 럭스만에서 발매한 파워앰프 MQ-60, MQ-3500, MQ-3600과도 잘 매칭되고 타 회사의 파워앰프와 매칭을 해도 손색이 없을 정도로 괜찮은 모델이다. 이 럭스만 CL-35 프리앰프는 포노 이퀄라이저가 상당히 좋아서 LP 레코드를 듣고자 하는 분들이 MC카트리지를 사용하고자 하면 후면에 MC 트랜스를 꼽을 수 있는 소켓에 동사에서 발매한 MC트랜스(6422X 등)를 꽂으면 되므로 상당히 편리하다.

럭스만 CL-35 후면 좌측의 MC트랜스 소켓과 6422X MC 트랜스

럭스만 CL-35 프리앰프 정격

형식	진공관식 컨트롤 앰프
주파수 특성	15Hz~40kHz -1dB
전고조파 왜율	0.06% 이하(출력 2V)
출력 전압	최대 15V 왜율 0.3%
출력 임피던스	550Ω
입력 감도(출력 1V)	Phono1, 2:1.2mV, Aux1, 3:120mV(가변) Aux2:120mV Mic:0.5mV
입력 임피던스	Phono 1 : 100kΩ, 50kΩ, 30kΩ

형식	진공관식 컨트롤 앰프
	Phono 2 : 50kΩ Aux1, 3 : 100kΩ Aux2 : 150kΩ Mic : 50kΩ
신호대 잡음비	Phono:64dB이상, Aux:77dB이상 Mic:60dB이상
이퀄라이저	RIAA(표준편차±0.3dB)
톤 컨트롤	LUX방식NF형(defeat가능) 저역만곡점:150Hz, 300Hz, 600Hz 고역만곡점:1.5kHz, 3kHz, 6kHz
로우 휠터	25Hz/60Hz, -12dB/oct
하이 휠터	7kHz/12kHz, -12dB/oct
부속장치	승압트랜스용 소켓장치
사용 진공관	12AX7x6,12AU7x1
크기와 무게	476x190x275mm, 12kg

■ 럭스만 CL-36 프리앰프

럭스만 CL-36 프리앰프

1978년 243,000엔(우드 케이스 포함)의 매우 고가로 출시된 프리앰프이다. 그동안 럭스만에서 출시된 프리앰프 중에서 음질, 성능, 기능 등 모든 면에서 가장 뛰어난 최고급 진공관 프리앰프이다.

이퀄라이저 회로는 3단 구성의 K-K · NF방식(3번째 진공관의 캐소드에서 초단의 캐소드에 부귀환을 거는 방식)을 채용하고, 출력단을 캐소드 플로어 하지 않는 SRPP회로[28]를 하여 저 왜율화를 꾀했다. 이 SRPP 출력 회로는 캐소드 플로어 방식과 비교해 출력전압이 크고, 왜율 특성이 우수하며, 입력 임피던스가 높은 대신 출력 임피던스가 낮은 특성이 있다.

초단과 2번째 진공관은 특별히 선별한 저잡음 12AX7을 채용하여 SN비를 개선하였다. 이 초단과 2번째 진공관은 나중에 바꾸어 끼울때에도 저잡음용으로 선별해서 끼워야만 한다. 보통의 것을 끼우면 진공관 특유의 잡음이 증폭되어 귀에 거슬린다.

플랫 앰프회로는 이퀄라이저 회로와 같이 3단 구성으로 K-K · NF방식을 택해 전대역 저왜율화를 꾀했다. 출력단은 캐소드 플로어 회로를 채용했으며 톤 컨트롤 회로는 럭스만 독자의 2단 K-G · NF 방식(2번째 진공관의 캐소드 플로어 단의 캐소드에서 초단의 그리드에 부귀환을 거는 방식)을 택했다.

전원회로는 B+ 전원회로를 정전압화해서 각 회로에 안정된 전원을 공급하였고, 히터용 전원도 정전압 회로를 구성하여 직류점화방식을 택함으로써 노이즈의 혼입을 원천적으로 방지하였다.

전원 스위치를 넣으면 스위치 위의 조그만 LED램프가 30여 초 동안 깜박거리다가 패널 중앙 위의 동그란 램프에 불이 들어오면서 동작하는 데 이런 워밍업 시간과 히터의 직류점화 등 여러 가지 노력으로 인하여 럭스만 CL-36은 매우 정돈되고 노이즈가 없는 깔끔한 음이 나온다.

이 프리앰프는 직류점화방식과 엄청난 물량의 투입으로 필자가 AUX에서 무신호시 볼륨을 다 올려 보아도 거의 노이즈를 들을 수 없을 정도로 노이즈 혼입을 방지하였다.

음량 볼륨, 밸런스 콘트롤, 톤 콘트롤 등의 볼륨에 멀티 습동자[29] 타입의 연속 변화식 신형볼륨을 채용했는데 출시한 지 40년이 넘었지만, 볼륨을 돌릴 때 새

---

28 (Shunt Regulated Push Pull)
29 볼륨 같은 가변저항기의 원리는 내부에 원형의 저항체에 회전축이 붙어있는 습동자(인청동 또는 벨리늄 등으로 만든다)의 접촉면이 접속되게 한 것으로 축의 회전에 따라 저항값이 변한다. 일반적으로 단자는 3개이며, 그중 2개는 저항의 양단에 나머지 1개는 습동자와 연결된다. 볼륨 같은 회로에서 화살표로 표시되는 부분이다.

것 같은 기분이 들 정도로 묵직하게 돌아간다.

스위치류와 노브 끼우는 레버 부분까지 크롬도금을 하여 세월이 많이 지났음에도 마른걸레로 닦기만 해도 신품같이 깨끗하다. 일본이 거품경제로 활황일 때 예산이나 판매가격을 걱정하지 않고 제작한 것이어서 전체적인 디자인, 음질, 만듦새 등이 어떤 기기도 따라올 수 없을 정도로 정성 들인 프리앰프이다. 필자가 생각건대 이런 많은 물량을 투입한 고급 프리앰프는 향후 여러 정황상 더는 만들 수 없을 것으로 보인다. 그것은 고급 부품이나 셀렉터와 스위치류 등의 원가 상승은 물론 그것들을 수작업으로 납땜하는 것이나, 요즈음의 시각으로 보면 더빙, 모니터, 레코딩 등의 기능이 필요 없고 값싼 디지털기기 등의 범람으로 그만한 수요가 없을 것이기 때문이다. 요즈음 출시되는 럭스만의 프리앰프나 인티앰프를 보면 예전 기능이 생략되어 생산되는 것은 그런 이유일 것이다.

우드 케이스는 상판이 사각형 모양의 구멍이 4개 뚫려 있고 이 구멍은 알루미늄으로 마감되어 있다. 럭스만 CL36 ultimate는 상판이 격자 모양의 우드케이스로 되어있어 더욱 고급스러운데 100대 한정생산되어 귀하고 비싸다.

별매하는 MC카트리지용 승압 트랜스(8000시리즈, 1개의 큰 승압 트랜스 통 안에 좌우 각 2개의 승압 트랜스가 들어 있는 구조)를 전용 소켓에 끼워 사용하면 질 좋은 MC 카트리지의 음을 즐길 수 있다.

이 럭스만 CL-36은 회로도를 전혀 구할 수 없는데 필자가 역설계도를 만들어 공개할까하다 그만둔 적이 있다.

승압용 트랜스 TYPE-8030

럭스만 CL-36 프리앰프 정격

형식	진공관식 컨트롤 앰프
주파수 특성	Phono1,2 : 20Hz~20kHz ±0.2dB Tuner,Aux1,2,Monitor1,2 : 10Hz~50kHz -1dB
전고조파 왜율 (20Hz~20kHz)	Phono1,2 : 0.03%이하 (Rec out, 2V) Tuner,Aux1,2,Monitor1,2 : 0.03%이하(Pre out,2V)
출력 전압	Pre out:정격2V, 최대20V(왜율0.1%이하)
출력 임피던스	Pre out:600Ω Rec out:600Ω
입력 감도(출력 1V)	Phono1:2.6mV Phono2:2.6mV(MC 승압트랜스 소켓트 부) Tuner,Aux1,2,Monitor1,2 : 170mV
입력 임피던스	Phono1:33kΩ, 50kΩ, 100kΩ(전환스위치 부) Phono2:50kΩ Tuner:50kΩ Aux1, 2, Monitor1, 2:100kΩ
신호대 잡음비 (IHF-A보정)	Phono1, 2 : 80dB이상 Tuner, Aux1, 2, Monitor1, 2 : 95dB이상
최대 허용입력	Phono : 350mV이상(1kHz, RMS)
채널 분리도	Phono : 60dB이상 Aux : 65dB이상
이퀄라이저	RIAA(표준편차±0.3dB)
톤 컨트롤	LUX방식NF형 만곡짐주파수질체부(defeat가능) 저역만곡점:150Hz, 300Hz, 600Hz 고역만곡점:1.5kHz, 3kHz, 6kHz
부속장치	로우부스터 스위치(50Hz, off, 100Hz) 로우컷트 필터(10Hz, off, 30Hz) 하이컷 필터(12kHz, off, 18kHz) 레코딩 스위치, 어테뉴에이터(-20dB) Phono1용 입력 임피던스 절체용 스위치 MC형 승압트랜스용 소켓트(Phono-2)
사용진공관	12AX7x7,12AU7x1
소비전력	75W
크기와 무게	440x162x278mm, 12kg
별매	우드 캐비닛 W-38/36(15,000엔)

> **잠깐** 럭스만의 MC카트리지용 승압트랜스는 어떤 것이 있나?

LUXNAN CL-36용 승압트랜스

형명	임피던스	승압비
TYPE-8020	(20Ω~40Ω)	1 : 10 (20dB)
TYPE-8025	(3.5~20Ω)	1 : 10.5(20.5dB)
TYPE-8030	(1.5Ω~3.5Ω)	1 : 32(30dB)
중량 100g, 43,000엔(1980년경)		

LUXMAN CL-35용 승압트랜스

형명	임피던스비	승압비
6422S	60Ω : 5kΩ	약 10배
6422X	60Ω : 60kΩ	약 35배
6421S	6Ω : 5kΩ	약 30배

■ 럭스만 CL-40 프리앰프

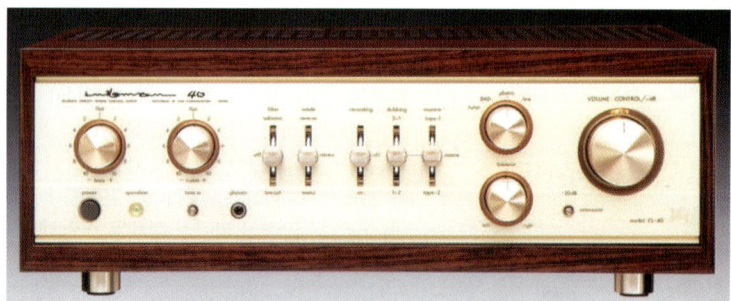

럭스만 CL40 전면과 내부 모습

럭스만 CL-40 프리앰프는 1983년 33만 엔에 발매된 고급 프리앰프이다. 럭스만에서 처음으로 GE사 진공관을 사용했던 프리앰프이다. 모두 PCB기판을 사용하여 입력 배선까지도 리본 케이블로 간결하게 접속하도록 한 기종이다. 이퀄라이저 회로는 SRPP 출력회로를 채용하였다. 이 회로에는 고증폭률의 쌍 3극관인 7025/12AX7을 사용하여 고성능화 하였다. 플랫 앰프의 2번째에 저증폭률 3극관인 7026/6CG7을 사용하고 톤 콘트롤 회로는 변화특성이 좋은 LUX방식의 NF형을 채용했다. 전원의 레귤레이터 회로에도 진공관을 채용하였는데 트랜지스터 2개를 병용하여 적당한 게인을 얻음과 동시에 음질 향상도 꾀하였다.

금장의 전면 패널과 적절한 스위치의 배치로 보기도 좋고 음질도 수준급이다. 럭스만 A-3500, A-3600 파워앰프와 매치하면 만족할 만한 음을 내어준다.

럭스만 CL-40의 정격

형 식	진공관식 콘트롤 앰프
출력 전압	pre out:정격2V, 최대 20V 이상(왜율0.3%)
출력 임피던스	Pre out, Rec out:500Ω
전고조파 왜율	Phono:0.05%이하(Rec out, 2V, 1kHz) Tuner, DAD, Line:0.05%이하(Pre out, 2V, 1kHz) Monitor1/2:0.05%이하(Pre out, 2V, 1kHz)
주파수 특성	Phono:20Hz~20kHz ±0.3dB Tuner, DAD, Line:1Hz~50kHz ±0.5dB Monitor1/2:1Hz~50kHz ±0.5dB
입력감도(출력1V)	Phono:1.8V Tuner, DAD, Line:170mV Monitor1/2:170mV
입력 임피던스	Phono:50kΩ, 100kΩ(전환스위치 부) Tuner, DAD, Line:100kΩ Monitor1/2:100kΩ
S/N비	Phono:75dB이상 Tuner, DAD, Line:100dB이상 Monitor1/2:100dB이상
톤 컨트롤	LUX방식 NF형 Bass, Treble:최대±7dB
부속장치	저역용 필터(subsonic:10Hz, low cut:40Hz) 모니터 스위치(tape-1, tape-2) 테이프더빙스위치(1-2, 2-1) 레코딩스위치, 톤 인 스위치, 어테네이터(-20dB) 모드 스위치(reverse, stereo, mono) Phono용 입력 임피던스 전환 스위치(50kΩ, 100kΩ)

형 식	진공관식 콘트롤 앰프
사용진공관	12AX7A×3, 6BK7B×2, 6CG7×2, 12AU7A×1, 12BH7A×1
전원과 소비전력	AC100V, 50Hz/60Hz, 50W
크기와 무게	470x168x402mm, 8.0kg

> **잠깐** 복권 트랜스와 단권 트랜스는 어떻게 다른가?

시중에 파는 다운 트랜스는 거의 단권 트랜스이고 출력 전압이 110[V]이다. 부피가 작고 무게가 적게 나가서 용량 1~2[KVA]인 다운 트랜스는 가격도 당연히 3~5만 원으로 싸다. 그러나 아래 그림에서 보듯이 단권 트랜스는 1차 측 220볼트 코일의 중간인 110볼트 되는 곳에서 전원을 끄집어냈기 때문에 1차 측과 물리적으로 연결이 되어있는 상태이다. 이 때문에 1차 측의 다른 기기들의 영향을 받은 잡음이 2차 측에 직접 닿는다. 그러나 복권 트랜스는 트랜스의 1차 측과 2차 측이 분리되게 감아 놓았기 때문에 1차 측에 있던 잡음이 2차로 유도되는 양이 아주 적다. 복권 트랜스는 단권 트랜스에 비교해 크기가 더 크고, 무게도 더 무겁다. 복권트랜스는 전압만이 문제가 아니라 1차 측의 영향을 받지 않아야 하는 곳인 의료 기기나 오디오 기기 등에 사용하기 때문에 그 사용처와 수량이 적을 수밖에 없다. 따라서 1[KVA] 트랜스 알맹이 값만도 단권 트랜스와는 비교가 되지 않을 만큼 비싸다. 따라서 완제품으로 만들어진 복권 다운트랜스가 단권 트랜스에 비해 상당히 비싸지만 오디오 기기는 수백만 원을 투자하면서 그 기기를 운용하는 다운 트랜스는 싸구려 단권 트랜스에 맡기지 않는 것이 좋다.

자동전압조절장치인 AVR[30]이 있는데 오디오용으로 출시된 것은 가격이 매우 비싸다. 전압조절방식이 요즈음은 거의 전자식으로 되어있어 오래 사용하다보면 AVR 내부의 전자부품 열화로 인하여 잡음이 발생하기도 한다. 따라서 AVR까지는 아니어도 좋은 음질의 음악을 듣기 위해서는 트랜스의 1차 측과 2차 측이 분리되어 있고, 이들 사이에 차폐막이 있어 GND에 접지되는 복권 트랜스를 사용하길 권한다.

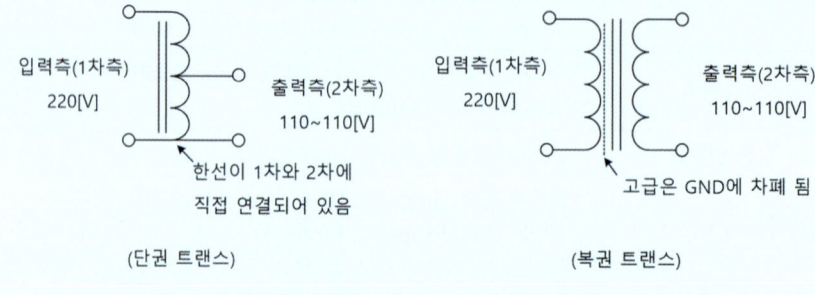

럭스만 트랜지스터 프리 파워 분리형 앰프

■ 럭스만 M-300 파워앰프

럭스만 M-300 파워앰프는 1980년 출시가 29만 엔에 발매한 고급 트랜지스터 파워앰프이다. 기기의 특징을 몇 가지 간추려 보면 회로의 NFB를 적절하게 제어하기 위해 듀오 베타 회로를 개발하여 M-300에 채택했는데 이는 라특성 그대로도 실용적일 정도의 앰프를 만든 다음 음질의 마무리로서 적당량의 NFB와 DC서보를 더하여 과도한 NFB에 의한 재생음의 억압이나 TIM[31] 등의 과도기적 왜곡을 억제했다.

M-300은 A급 및 AB급을 전환하여 사용할 수 있다. A급 동작은 신호파형을 그대로 증폭하기 때문에 스위칭 왜곡, 크로스오버 왜곡과는 무관한 뛰어난 방식이다. A급 동작으로는 할 수 없는 대출력을 실현하려고 할 때 AB급으로 동작할 수 있는 스위치가 부착되어 있다. 이 A급과 AB급 전환시에 소리가 끊기거나 크릭음이나 왜곡이 발생하지 않는다.

---

30 AVR(Auto Voltage Regulater : 자동전압조절장치) 전압조절하는 방식이 보통 기계식과 전자식이 있는데 요즈음은 거의 전자식이다.

31 Transient Intermodulation Distortion(TIM) : 보통 slew induced distortion이라 부르며 이것은 입력 신호가 매우 빠르게 변화했는데 출력이 따라잡지 못할 때 발생하는 왜곡의 형태이다. 이것이 발생하면 출력 신호는 지연되기 때문에 피드백은 아무런 효과를 갖지 못하게 된다. 즉 스피커가 계속되는 신호에 따라 충분히 빨리 움직이지 못하거나 충분한 수용력이 없을 때 발생하는데 이것은 대부분 날카로운 특성, 빠른 감쇄를 가진 킥드럼, 타악기 등에서 발생한다.

전원부는 좌우 완전 독립의 트윈 모노 구성이며 전 대역에 걸친 선형성의 장점과 우수한 누화[32] 특성을 얻고 있는데 우선 파워단과 드라이브단을 따로 권선한 다음, 1차 측, 2차 측 모두 권선 방향을 통일하고 있다. 이것은 트랜스를 감기 시작한 점과, 감기 끝점 사이에 있는 전위(극성)에 의해 재생음에도 영향이 있음을 확인했기 때문이다.

실수로 스피커에 직류가 흘러 들어가면 스피커가 망가지는데 럭스만 M-300에는 스피커 보호회로 및 증폭기 보호회로가 있어 스피커로 가는 코드 등에 문제가 생겼을 때 앰프 회로를 보호하는 보호회로가 작동한다.

출력의 클립 점에서 램프가 켜지는 표시기를 탑재하고 있어 피크를 모니터링할 수 있다. 보통은 녹색으로 켜져 있으며 A급 작동시에는 약 40[W], AB급 작동시에는 170[W]를 넘으면 적색으로 바뀐다.

럭스만 M-300을 보면서 취향의 문제일지도 모르지만 오디오 기기는 새로운 것이 꼭 좋다고 할 수 없다는 것을 느낀다. 럭스만 M-300은 중저음이 잘 나는데 맛있는 소리다. 정위감이 좋고 탄탄한 저음이지만 전체적으로 부드러운 음색이어서 CD를 재생할 때 디지털 음원을 울리고 있다고는 생각할 수 없을 정도로 따스하게 느껴진다.

우리가 A급 앰프를 사용할 때 신경 쓰이는 것이 발열인데 럭스만 M-300을 사용할 때 A급 모드시 발열이 신경이 쓰이면 AB급 모드로 사용해도 된다. 그것은 기기의 전면패널에도 쓰여 있듯이 A급일 때 채널당 40W나 되고 20Hz~20kHz의 가청주파수대에서 THD[33]가 0.005%정도로 낮은 경이적인 것이다. AB급일 때는 채널당 150W나 되고 20Hz~20kHz의 가청주파수대에서 THD가 0.008%로서 찌그러짐이 거의 없다. 따라서 AB급으로 구동하여도 일반 앰프의 A급 보다 찌그러짐이 더 적을 정도로 잘 설계되어 있는 파워앰프이다.

---

32 누화(crosstalk)는 서로 다른 전송 선로상의 신호가 정전 결합, 전자 결합 등 전기적 결합에 의하여 다른 회선에 영향을 주는 현상.

33 THD: Total hamonic distortion 전고조파왜율

2.2 럭스만(Luxman)에서 만든 기기들

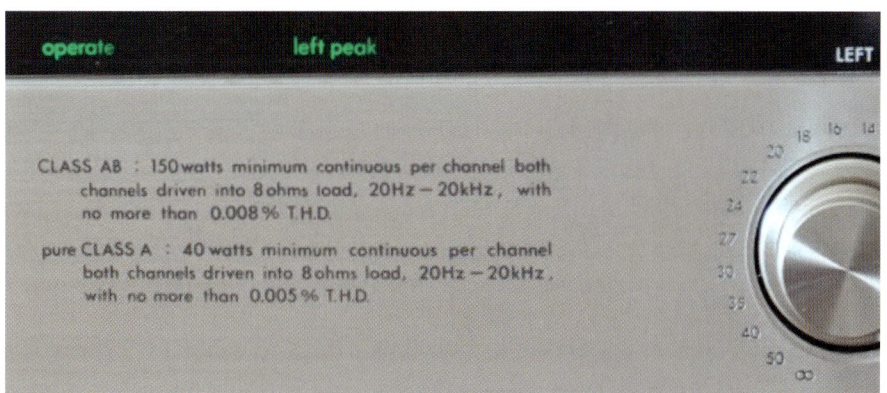

럭스만 M-300의 전면 패널에 쓰인 THD 설명

럭스만 M-300 파워앰프의 정격

형식	듀오베타 플러스X 파워앰프
연속 실효출력 (20Hz~20kHz)	A급 40W+40W(8Ω) AB급 270W+270W(4Ω), 170W+170W(8Ω)
전고조파왜율	A급 : 0.005%이하, AB급 : 0.005%이하
혼변조왜율	A급 : 0.005%이하, AB급 : 0.005%이하
출력대역폭	A급:10Hz~100kH -3dB(왜율0.015%) AB급:10Hz~100kHz -3dB(왜율0.04%)
주파수 특성	10hz~100kHz -1dB(A급, AB급)
입력감도	A급:0.45V, AB급:1V
입력 임피던스	50kΩ(A급, AB급)
SN비	A급:115dB, AB급:120dB
잔류잡음	30μV(A급, AB급)
댐핑팩터	120(1kHz, 8Ω, A급, AB급)
보호회로	DC드리프트검출 스피커보호회로 과전류검출 앰프보호회로
전원전압	AC100V, 50Hz/60Hz
소비전력	A급 : 420W AB급 : 430W
크기와 무게	478x214x484mm, 30kg

> **잠깐 볼륨의 역할은?**

오디오 기기를 사용하다 보면 음량조절이 필요한데 이는 파형의 진폭을 변형없이 감소시켜야 한다. 이 음량 조절 기능을 가진 것을 볼륨, 감쇠기, 또는 어테뉴에이터(attenuator)라고도 한다. 우리가 볼륨을 돌려 소리를 키우는데 이를 감쇠기라고 하니까 좀 이상하게 들릴지 모른다. 앰프 내부에서는 볼륨 전까지 최대의 전압으로 증폭되어 있는데, 이 최대전압으로 증폭된 신호를 볼륨에서 0으로 낮추었다가 조금씩 올려서 음량을 키운다고 생각하면 감쇠기라는 말의 의미를 이해할 수 있을 것이다.

볼륨은 우리가 항상 최대의 소리로 듣는 것이 아니어서 소음량일 때 조절이 잘되면 편리하다. 이것은 소음량에서 볼륨의 회전하는 양이 많을 때 소리가 커지게 하여야 한다.

볼륨은 그림과 같이 회전각에 따라서 저항값이 변하는데 볼륨을 돌릴 때 저항값이 일정하게 변하는 B형보다는 음량이 낮은 부분에서 조절이 더 미세하게 되는 즉 회전을 많이 할 때까지 음량이 조금씩 커지다가 잘 사용하지 않는 대음량 부분에서는 많이 커지는 A형이나 D형이 좋다.

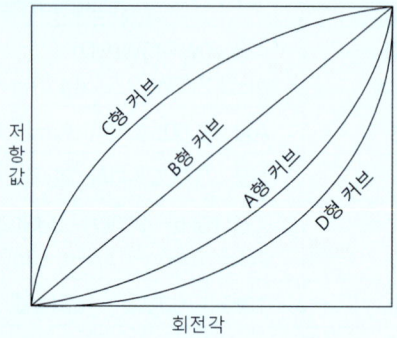

볼륨의 변화 특성곡선

그런데 스테레오인 경우 볼륨의 좌우 연동 오차가 적어야 하는데 그렇게 만들기는 기술적으로 상당히 어렵다. 미국의 클로스타트(CLAROSTAT)의 볼륨이나 피셔의 볼륨이 상당히 좋은 것으로 생각하지만 실제 측정을 해보면 좌우 편차가 5~20%로 매우 커서 좌우 음량의 언밸런스도 심하다. 고급기에서는 스텝업식인 어테뉴에이터 방식[34]을 사용하는데 이는 저항기를 스위치로 한단계씩 전환하도록 되어 있고 전환될 때 마다 감쇠량이 정확하게 변하도록 되어있다.

밸런스 볼륨은 A형과 C형을 조합하거나 M형과 N형을 조합하여 사용한다.

---

[34] p.118의 럭스만 C-06 프리앰프의 볼륨, p.164의 데논 PRA-1000B 프리앰프, p.194의 Accuphase M-60 파워앰프의 볼륨 참조 p.

■ 럭스만 C-300 프리앰프

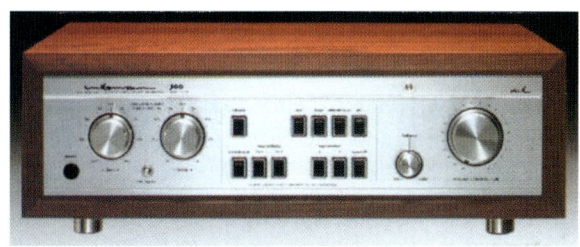

럭스만 C-300 프리앰프는 1980년에 22만 엔의 고가로 발매되었는데 럭스만 M-300 파워앰프와 함께 사용하도록 출시된 프리앰프이다. NFB를 많이 걸지 않고 음질을 제어하는 기술인 듀오 베타 회로를 채택했다.

좌우 독립 전원에 의한 DC구성의 MC헤드 앰프는 초단을 FET 병렬 입력 직결로 하고 출력부는 A급 퓨어 콤플리멘탈리 푸시풀로 한 다음 정전압 회로를 근접 배치하여 잡음과 전원 임피던스를 감소시켰다. 전원공급 장치는 트랜스의 권선으로부터 좌우 완전 독립이며 정류 회로 및 정전압 회로까지 포함하여 트윈 모노 전원을 구성하고 있다.

각 단의 커플링 커패시터와 전원 커패시터에는 양질의 소용량 필름 커패시터와 소용량 스티롤 커패시터를 병렬 연결하였다. 또한, 알루미늄 다이캐스트로 제작된 케이스에 들어있는 연속 가변형 디텐트 볼륨이 돋보인다. 이 볼륨의 크기는 어린이 손바닥 크기만 하고 가격 또한 만만치 않다. 그 외 가정의 AC콘센트의 극성을 감지하고 기기의 극성을 통일할 수 있는 라인페이스 센서도 장착되어 있다.

럭스만 C-300 프리앰프 정격

형식	듀오베타 plusX 스테레오 프리앰프
출력전압	Pre Out : 표준1V, 최대20V Rec Out : 표준140mV, 최대20V
출력임피던스	Pre Out:47Ω, Rec Out:100Ω
고조파왜율 (20Hz~20kHz)	Phono MM/MC:0.005% 이하(Rec Out:140mV) Tuner, AUX:0.005% 이하(Pre Out:1V) Monitor1, 2:0.005% 이하(Rec Out:1V)

형식	듀오베타 plusX 스테레오 프리앰프
혼변조왜율 (60Hz:7kHz=4:1)	Phono MM/MC : 0.002%이하(Rec Out:140mV) Tuner, AUX : 0.002%이하(Pre Out:1V) Monitor1, 2 : 0.002%이하(Pre Out:1V)
주파수특성	Phono:20Hz~20kHz ±0.2dB Tuner, AUX:0.5Hz~140kHz -0.5dB Monitor1, 2:0.5Hz~140kHz -0.5dB
입력감도 (Pre Out:1V)	Phono MC:0.09mV, Phono MM:2.0mV Tuner, AUX:140mV, Monitor1, 2:140mV
입력 임피던스	Phono MC:high 100Ω, Low 50Ω, Phono MM:MM 50kΩ, MC 100Ω Tuner, AUX:55kΩ Monitor1, 2:55kΩ
SN비(IHF-A보정)	Phono MC:-148dB/V(입력환산잡음) Phono MM:80dB Tuner, AUX:100dB Monitor1, 2:100dB
톤 컨트롤	턴오버 주파수 교대식(고역용, 저역용)
서브소닉필터	7Hz(트윈 T형)
부속장치	MC임피던스 전환(high, low), MM/MC 직접 임피던스전환, 톤 바이패스 스위치, Rec Out 스위치, 테이프모니터 2계통, 라인스위치 센서
전원과 소비전력	AC100V, 50Hz/60Hz, 25W
크기와 무게	478x163x384mm, 9kg

■ 럭스만 M-06 파워앰프 C-06 프리앰프

럭스만 M-06 파워앰프

럭스만 M-06 파워앰프는 1987년에 33만 엔에 출시한 순 A급 파워앰프이다. 연속 출력시 55W+55W의 음질 최우선의 앰프이다.

럭스만 M-06 파워앰프는 순 A급 방식을 드라이브하기 위한 전원공급 장치와 최대출력까지 일정한 바이어스 전류를 공급하는 순 A급 방식 파워앰프이다.

전면패널이 샴페인 골드로 아름다우며 디지털 미터기의 작동을 직독할 수 있게 되어있다. 이 파워 미터의 홀드 시간은 1, 3, 5초의 3단계로 바꿀 수 있으며 피크 홀드도 가능하다. 또한, 임피던스 표시도 4, 6, 8로 전환할 수 있다.

전원부에는 대형 토로이드 전원트랜스가 부착되었고, 디지털 디스플레이용으로 별도 트랜스를 사용하여 신호계에 대한 간섭을 배제한 것이 눈에 띈다. 또한, 2[Ω]의 낮은 임피던스 부하에서부터 안정적인 스피커 구동 능력을 발휘한다.

입력단자는 RCA 단자와 캐논 입력단자가 있어서 밸런스 입력도 지원하고 스테레오 파워앰프로뿐만 아니라 질 높은 음악 표현을 위해 대출력의 모노 파워앰프로도 사용할 수 있도록 설계되어 있다.

A급 앰프의 높은 열로 인한 방열 효과를 위해 히트 파이프 방식을 채택한 고급 파워앰프이다. 음질은 A급 앰프답게 매우 깔끔하고 예쁜 소리가 난다.

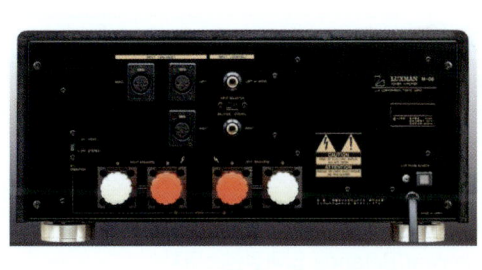
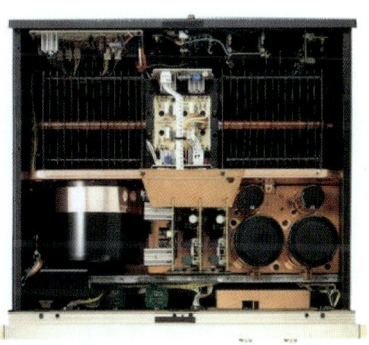

럭스만 M-06의 후면과 히트 파이프 방식의 방열판

대부분 앰프는 전원을 켜자마자 나오는 소리보다는 앰프에 약간 열이 가해져 따뜻해지면 더 좋은 소리가 난다. A급 앰프나 진공관 앰프에서는 더 그렇다. 럭스만 M-06 파워앰프도 내부온도가 충분히 따뜻해졌을 때 저역의 힘이 더해지면서 중역의 정위감이 선명하게 들리는데 성악곡을 들어보면 앰프 성능의 차이를 많이 느낄 수 있다.

럭스만의 파워앰프인 M-06, M-07, M-08, M-10 중에서 M-06은 따뜻한 느낌이며 M-07, M-8은 더 느긋하고 짙은 음색의 중저음이 나는 두꺼운 소리이다. 럭스만 M-10은 M06, M07, M08과는 전혀 다른 두껍고 매우 짙은 소리로 속도감 있는 소리가 난다.

럭스만 파워앰프를 동시대의 타사 파워앰프와 비교하면 상당히 깔끔하고 안정된 소리다. 일본 사람들은 매킨토시와 비교하면서 매킨토시는 얌전한 클래식의 소리여서 럭스만이 더 위라고 생각하는 사람이 많다.

럭스만 M-06 파워앰프의 정격

형식	스테레오 파워앰프
연속실효출력	55W+55W (8Ω, 20Hz~20kHz, A급, 양채널 동작) 220W (8Ω, 20Hz~20kHz, 모노(밸런스입력)사용)
입력감도	1V(55W, 스테레오 사용), 1V(220W, 모노 사용시)
입력 임피던스	스테레오사용시 50kΩ(Coaxial), 100kΩ(Balance) 모노 사용시 100kΩ
입력레벨조정	50kΩ고정저항 조정식, 에테뉴에어터(Coaxial)
전고조파왜율	0.008%이하
혼변조왜율	0.008%이하(8Ω, 60Hz:7kHz=4:1)
주파수특성	5Hz~300kHz +0 -3dB
SN비	110dB(IHF-A)
댐핑팩터	100(8Ω, 50Hz)
부속장치	피크홀드, 피크 파워미터 OFF 스위치 Coaxial/Balance 입력절환스위치 BTL접속스위치, 라인페이스 센서
전원과 소비전력	AC100V, 50Hz/60Hz, 300W
크기와 무게	460x212x424mm, 22kg

2.2 럭스만(Luxman)에서 만든 기기들

> **잠깐** 앰프의 브리지(bridge) 방식이란?
>
> 가정에서는 리스닝 룸이 크다고 해도 몇백 와트의 대출력으로 소리를 들을 수는 없다. 그러나 넓은 홀 등에서 여유 있는 출력으로 음악을 감상한다면 대출력이 필요하고 브리지 연결 방식으로 해결이 가능하다.
>
> 브리지 접속은 BTL(balanced transformerless)이라고도 부르는데 기본적으로는 2개의 SEPP(Single Ended PushPull) OTL(Output Transformer less) 회로를 서로 역위상으로 드라이브하여 각각의 출력 단자 사이에 부하를 접속하는 방식이다. 마치 출력 트랜지스터가 브리지를 짠것 같이 연결하는데 이 브리지 접속은 저 왜율화에 좋다. 가끔 필자에게 브리지 연결방식을 물어보는 분들이 계시는데 가정에서까지 꼭 그렇게 해야 하는 가에 대해선 의문이다. 그런 분에겐 음질이 좋은 더 큰 출력의 앰프 1대를 구입하라고 조언한다. 그러나 브리지 접속을 물어보는 분들이 소지한 앰프는 브리지 접속을 할 필요 없는 대출력의 상당히 고급기를 소장하고 있는 분들이 대부분이었다.

■ 럭스만 C-06 프리앰프

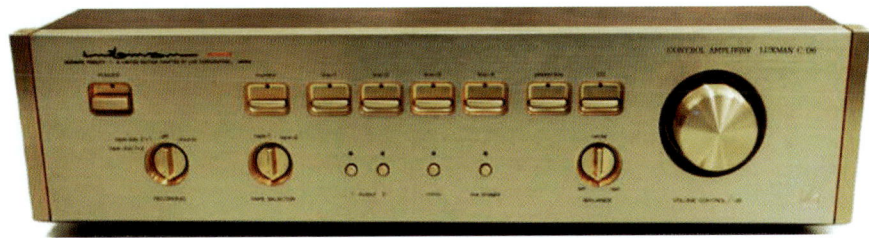

1988년 26만 엔에 출시된 럭스만의 트랜지스터 프리앰프이다. 충실한 전송 능력과 풍부한 음악 표현 능력을 추구한 컨트롤 앰프라는 해설이 맞는 것 같다. 럭스만 C-06에는 균형 특성이 뛰어난 듀오 밸런스 앰프가 장착되어 있다.

볼륨에는 새로 개발한 4련 어테뉴에이터가 장착되었다. 이 어테뉴에이터는 균형 입력에 대응한 4련 32포인트의 감쇠기로, 4련의 중앙에 차폐를 함으로써 L/R 채널 간의 누화[35]를 배제하고 있다.

---

[35] 누화는 선택된 소스 기기의 소리가 아닌 다른 채널의 소리가 흘러들어 오는 것을 말하는데 좌 채널의 신호가 우채널로 새어서 증폭이 된다던가 그 반대의 경우나 셀렉터 스위치를 AUX에 두었는데 TUNER나 다른 소스에서의 소리가 흘러들어 오는 현상을 말한다.

출력단자는 밸런스 출력용 캐논 커넥터와 RCA 정상 출력과 역상 출력이 있다. AC전원의 극성이 감지할 수 있는 라인 페이즈 센서와 전원 변압기의 1차 측, 2차 측 모두 극성을 관리하여 극성 통일을 하고 있다. 신호계에서 접점 수를 최대한 줄이고 34개의 질소 가스 봉입 금접점 릴레이를 사용했다. 이는 상호누화를 없애기 위해 릴레이를 한 채널에 한 개만 사용함으로써 상호간섭을 배제한 것이다.

럭스만 C-06은 아큐페이스 C-280V, 산스이 C-2301 빈티지, 테크닉스 SU-C7000 등 일본이 거품경제로 호황을 누리면서 일본산 프리앰프가 군웅 할거하던 때 예산을 도외시하면서 많은 물량을 투입하여 만들었던 명기 중의 하나이다.

럭스만 C-06은 소위 '럭스톤'이라고 불리는 특유의 음색을 가진 마지막 기종이다. 물론 현재 출시되는 럭스만의 기기도 럭스만의 톤이 있지만, 빈티지 럭스만이 가지는 음색과는 다소 거리가 있다.

럭스만 프리앰프에서 C-08이나 C-09는 따뜻한 음으로 균형이 잡혀있는 데 비해 C-06은 무난한 해상도와 흐뭇한 이미지가 있으므로 아직도 선호하는 일본인이 많고 후에 발매된 럭스만 L570도 이와 비슷한 소리로 튜닝된 것으로 보인다.

럭스만 C-06 프리앰프의 내부

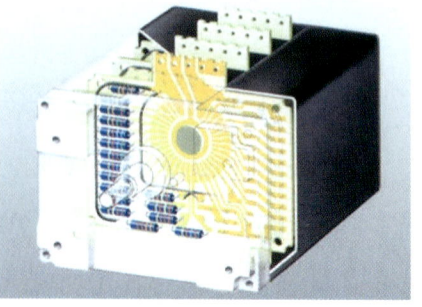

어테뉴에이터 형식의 볼륨 내부

럭스만 C-06 프리앰프

형식	프리앰프
입력감도 임피던스	CD Balance:150mV/80kΩ, CD Coaxial:150mV/40kΩ Phono Line:150mV/40kΩ Line1~4, Tape1&2:150mV/40kΩ
출력단자	Output1:Balance, Coaxial(Positive, Negative) Output2:Coaxial(Positive)
출력레벨/임피던스	Balance:정격2V, 최대20V/16Ω Coaxial:정격1V, 최대10V/8Ω
전고조파왜율	0.005%이상(정격 출력시)
주파수특성	5Hz~100kHz ±0.5dB 이하
SN비(IHF-A)	110dB이상
부속장치	테이프 더빙 2계통 Rec off, 라인페이즈 센서
전원과 소비전력	AC100V, 50Hz/60Hz, 40W
크기와 무게	460x120x408mm, 10kg

2.3 산스이(Sansui)에서 만든 기기들

2.3.1 산스이 연혁

산스이는 1944년 산수전기제작소(山水電氣製作所)를 설립해 1947년에 산수전기주식회사로 회사명을 변경한 후 주로 트랜스를 생산하여 판매했다. 이후 1953년부터는 스테레오 앰프를 생산하여 판매했다. 당시 고급 앰프의 대명사인 파이오니아, 트리오(현 JVC 켄우드)와 함께 산스이는 오디오 3사로서 명성을 날렸다. 이들 회사는 1984년 10월에 약 525억 엔의 매출을 계상할 정도였다.

산스이는 베트남 전쟁 당시에 리시버를 생산해서 베트남 지역의 미국 PX에 판매했는데 큰 히트를 했다. 이즈음에 국내에는 저가 리시버인 2000X, 5000X 등이 들어왔다. 산스이 앰프는 강력한 저음으로 인기가 있어 한때 일본 인티앰프의 40% 가까운 점유율을 기록했다. 이후 승승장구하다가 산스이의 MR시리즈 이후 출시한 기기는 저음이 약해져 소비자들의 관심이 약해지고 디지털화의 대응을 빨리 못하고 환율이 높아서 수출길이 막히자 1984년부터 경영이 악화되었다. 80년대 후반부터 경영위기가 가시화되어 1989년 영국 폴리펙 인터내셔널사 산하에 들어갔다. 그런데 다음 해에 이 회사가 파탄났기 때문에 할 수 없이 91년부터는 홍콩 그란데 그룹과 관계를 맺고 있다가 2001년부터는 아예 이 그룹의 산하에 들어갔다. 그러나 2011년에 그란데 그룹의 핵심 회사가 사실상 도산 상태가 되면서 자금 지원을 받기가 어렵게 되었다. 2012년에 동증(東証) 일부 상장을 폐지하고, 민사재생 절차를 진행하였지만, 자금 사정은 나아지지 않았다. 2000년대가 되어서 오디오 기기 제조에서 철수하고 과거 제품의 유지보수를 계속하면서 경영 재건을 목표로 부심하고 있다.

산스이사가 상장 폐지되기 전 산수전기의 주가는 휴지와 같은 1엔과 5엔 사이로 머니 게임의 대상이었고, 오디오 3사 중 산수전기만 도산에 몰린 이유에 대해 일부 전문가는 해외 자본에 너무 안이하게 의존했다고 지적하기도 한다.

이러한 회사의 복잡한 매각과정에서의 산스이 제품은 1990년 이후로 관심을 끌만한 고급 앰프가 생산되지 않았다.

그러나 과거 산스이 앰프는 산스이만의 독특한 음색을 가지고 있어서 한 번 그 음색에 빠지면 산스이 외의 다른 사운드는 잘 받아들이지 않는 경향이 있다. 지금도 일본에는 산스이의 올드팬이 많다. 이들은 젊은 시절 동경하던 산스이 고급 브랜드의 기기를 갖는 것이 로망이었지만 고가여서 사지 못하다가, 지금은 중고가 되어 낮은 가격으로 판매되고 있으며, 사용하다가 문제가 발생해도 수리하는 곳이 많다는 것 등에서 인기가 있다.

JBL스피커는 산스이 앰프와 상성이 좋다. 활달한 소리가 나와 마니아들로부터 인기가 있는데 이는 산스이가 JBL의 수입 업체였던 것을 간과할 수 없다. 1980년대 이전에 일본에서 고급 수입 스피커라고 하면 알텍, JBL, TANNOY 등이었다. 그중에서 산스이가 JBL스피커를 수입하면서 이에 맞춘 앰프를 발매하였기 때문에 JBL과 궁합이 잘 맞을 수밖에 없었다.

1999년 산스이에서는 명기로 이름난 AU-111 진공관 앰프를 200대 한정으로 리플레카[36]로 복제했는데 매킨토시 275나 산스이 AU-111 등의 몇몇 기기에서 세월이 많이 지나간 앰프를 다시 복제한다는 것은 그만큼 성능이 좋아 인기가 많았고 기억할 만한 기기라는 것이다.

산스이 앰프는 대용량 트랜스 탑재 및 여유 있는 힘찬 소리가 특징이다. 산스이의 블랙 페이스는 당시 명품 오디오의 상징이기도 했다. 산스이는 당시 경쟁업체와의 뜨거운 경쟁으로 수많은 명기를 생산할 수 있었는데 산스이가 출시한 대부분의 기기가 매우 무거웠던 것은 전원부와 출력 트랜스의 충실함과 관계가 있다. 많은 물량 투입과 빈틈없는 설계가 지금까지도 마니아 층을 형성하고 있는 이유이다.

산스이 스피커는 초기에 자사 인클로저에 JBL 유닛을 채용했다.

산스이 스피커 중에서 SP-505J, SP-707J, SP-LE8T 등은 현재에도 매우 희소가치가 있고, 산스이의 진공관 증폭기의 최종 모델인 AU-111 및 한정 시리즈인 Limited 또는 AU-07은 현재도 가치가 높다.

---

36 제조회사에서 복각하는 것으로 매킨토시 MC275나 산스이 AU-111 등이 있다.

2.3.2 산스이 프리 파워 분리형 앰프

■ 산스이 Q-15 모노 진공관식 파워앰프

산스이 Q-15는 모노 구성의 진공관식 파워앰프로 1950년대 초반에 발매되었고 발매가는 14,400엔이었다. 요즈음 보면 당연하고 가장 기초적인 것이지만 입력 측에 레벨 조정용 볼륨 컨트롤을 탑재하고, 입력단자에 규정 이상의 과대 신호를 드라이버로 간단히 조정할 수 있게 되어있다. 모양이나 기능으로 보면 일명 기차 앰프로 불리는 피셔 80AZ의 영향을 받은 것으로 보인다. 입력전압을 3종류로 전환할 수 있어서 해외에서도 사용하도록 하였고, 견고함과 내구성도 고려되어 가정용으로서뿐만 아니라 영업용 등으로 사용하게 되어있다. 산스이 Q-15 파워앰프에 사용된 진공관이 6BQ5 푸시풀이었기 때문에 6BQ5 특유의 예쁜 소리가 난다. 광고용으로 방송국 스튜디오의 사진을 찍어 광고한 것이 눈에 띈다.

방송국 스튜디오 중앙에 산스이 Q-15가 놓여 있는 사진

산스이 Q-15의 정격

형식	모노 파워앰프
최대출력	15W
주파수 특성	30Hz~50kHz −1dB(출력10W)
왜율(출력14W)	0.9%(100Hz), 0.5%(1kHz) 1.2%(10kHz)
S/N비	85dB
이득	입력 0.9V에서 출력15W
부귀환량	20dB
출력임피던스	8Ω, 16Ω, 32Ω
사용진공관	6AN8x1, 6BQ5x2, 6CA4x1
전원	AC100V/117V/240V, 50Hz/60Hz
크기	350x160x130mm
중량	7kg

■ 산스이 Q-55 모노 파워앰프

산스이 Q-55 파워앰프는 1958년 25,160엔에 발매된 모노 구성의 진공관식 파워앰프로 1950년대 초반에 발매된 산스이 Q-15의 후속기이다. 출력이 대폭 향상되었고, 학교와 극장, 다방, 홀, 스튜디오 등에 사용할 목적으로 설계된 파워앰프이다.

GT관 6CA7PP의 고정 바이어스 방식과 대형 트랜스를 장착해 대출력, 낮은 왜곡을 실현했다. 또한, 전기 특성이 우수하고 안정도가 높아서 장시간 연속 사용이 가능했다.

출력에 하이 임피던스 단자가 있어서 스피커를 멀리까지 늘려도 손실이 적기 때문에 운동장 등의 넓은 장소에서 스피커를 운용하기 좋았다. 요즈음 들어도 부드럽고 아늑한 진공관 특유의 좋은 음을 들려준다.

산스이 Q-55의 정격

형식	파워앰프
최대 출력	50W
주파수 특성	30Hz~20kHz -3dB以內
왜율(출력45W)	0.8%이하(100Hz), 0.5%이하(1kHz), 0.7%이하(10kHz)
SN비	-65dB이상(최대출력시)

형식	파워앰프
이득	입력0.78V일 때 최대50W
부귀환량	19dB
출력임피던스	250Ω, 16Ω(단독사용) Monitor단자 탑재
사용진공관	12AU7×2, 6CA7×2, 5AR4
전원전압	AC100V, 50Hz/60Hz
소비전력	130VA(무신호시)
크기와 무게	391x196x125mm, 10.5kg

▶ **잠깐** S/N비(신호대 잡음비)는 무엇을 말하는가?

기기의 출력단자에서 정격출력 레벨과 잔류잡음 레벨의 비를 데시벨(dB)로 나타낸 것이 S/N비다. S는 Signal, N은 Noise의 약자이며, S/N의 부호는 반드시 +가 되어 수치가 클수록 잡음이 적다는 것을 말한다. 같은 S/N에서도 정격출력 레벨이 높은 쪽이 잔류잡음의 절대값이 크다.

잡음은 신호가 없을 때 두드러지게 나타나는 것이므로 고출력이 될수록 S/N이 나빠져서 귀에 거슬린다. 또 오디오 기기의 잡음 특성은 전적으로 초단 부분에서 결정되므로 그것이 앰프의 이득만큼 커져서 출력으로 나오는 경우가 많다. 초단의 잡음 특성이 나빠도 이득을 줄이면 출력에 나오는 잡음의 영향이 줄어들기 때문에 어느 정도의 이득일 때의 값인가를 명확하게 하지 않으면 S/N도 기기의 정확한 잡음 특성의 비교가 되지 않는다.

■ 산스이 BA-202 스테레오 파워앰프

산스이 BA-202는 1970년경 산스이에서 발매한 진공관 파워앰프이다. 발매가는 42,200엔이었다. 같은 시기에 출력이 더 큰 BA-303이 발매된 이후로 오랜 기간 산스이에서는 진공관식 앰프가 출시되지 않았다.

산스이 BA-202는 신일본전기가 개발한 3극관 6RA8이 사용되어 맑고 깨끗한 음색을 내준다.

산스이 BA-202의 정격

형식	스테레오 파워앰프
실효출력	11W+11W(8Ω)
뮤직파워	26W(8Ω)
주파수대역	20Hz~30000Hz
전고조파왜율	0.5%(정격출력시8Ω)
입력감도/임피던스	0.6V/250kΩ
SN비	70dB(정격출력시)
댐핑팩터	20(16Ω)
사용진공관	6AQ8x2, 12AU7x2, 6RAx4
크기	346x143x271mm
무게	14kg

> ● 잠깐 컨덴서의 역할은?
>
> 컨덴서의 역할은 첫째로, 전원회로에서 주로 에너지를 저장하는 역할을 한다. 가정에 들어오는 전원은 발전기에서 발생하는 사인파의 교류전압이다. 이것을 직류로 바꿀 때 다이오드로 바꾸면 0 이하의 음의 부분은 없어지고 양의 부분만 남는데 이것을 정류라고 하고, 이 반원의 전압을 컨덴서에 저장하면 제일 높은 전압으로 충전이 되는데 이것을 평활이라고 한다. 평활이 되면 직류와 비슷한 파형이 된다.

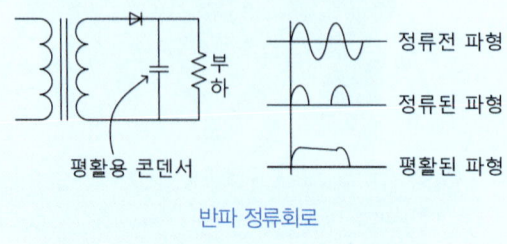

반파 정류회로

둘째로, 컨덴서는 직류는 차단하고 교류만 통과시키는 역할을 한다. 컨덴서의 교류저항을 리액턴스라고 하는데 이를 나타내는 공식은 $X_C = \dfrac{1}{2\pi fC}$이다. 이 공식에서 f는 주파수인데 직류는 주파수가 없으므로 0을 넣으면 X_C의 값이 무한대가 된다. 즉 리액턴스 저항인 임피던스가 너무 커서 전류가 통과할 수 없고 f가 커지면 커질수록 임피던스가 작아져서 전류가 통과하기 쉬워진다. 이 말은 컨덴서가 직류는 통과하지 못하고 주파수가 높은 교류는 잘 통과하는 소자라는 말이다. 컨덴서를 이러한 용도로 사용할 때 커플링 컨덴서, 또는 결합 컨덴서라고 한다. 예를 들어 사람의 목소리는 1[kHz]보다 적은 상하로 진동하는 교류 파형이므로 이 커플링 컨덴서를 통과하지만 단순한 직류성분은 통과하지 못한다.

오디오 기기에서 직류가 통과하면 안 되는 이유로 그림과 같이 증폭기는 높은 직류를 플레이트에 걸어주어 증폭하는데 이 높은 직류가 다음 단의 그리드에 들어가면 다음 단은 증폭이 안 된다. 그것은 히터에서 방출된 열전자가 높은 전압의 플레이트로 향해서 갈 때 그리드가 그 양을 조절하는데 그리드에 높은 전압이 걸려있으면 통과할 수 없게 되기 때문이다.

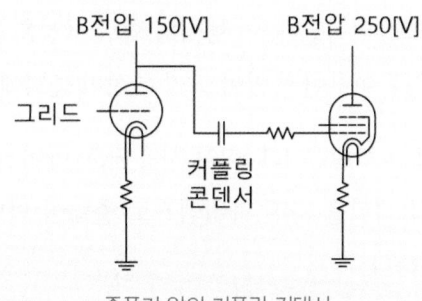

증폭기 안의 커플링 컨덴서

셋째로, 노이즈 제거에 사용한다. 컨덴서의 성질 중에서 앞에서 말한대로 주파수가 높아지면 컨덴서로 전류가 잘 통한다. 그런데 노이즈는 대부분 교류신호이다. 전원에는 직류만 지나가야 하는데 이곳에 노이즈가 들어와 통과되면 노이즈까지 증폭된다. 이럴 때 컨덴서를 샤시의 접지인 GND에 붙여 노이즈만 제거하고 직류는 통과시키는 역할을 한다. 이 컨덴서를 Bypass 컨덴서라고 한다.

넷째로, 필터나 공진회로에 사용한다. 저항인 R과 코일 L과 결합하여 필터로 사용되거나 $f = \dfrac{1}{2\pi\sqrt{LC}}$에 해당하는 주파수에서 직렬, 또는 병렬공진이 일어나므로 공진, 동조회로로 사용한다.

다섯째, 역률 개선을 위해 사용한다. 코일에 의한 유도성 리액턴스는 전압의 위상이 전류의 위상보다 90° 빠르다. 이것은 코일의 교류저항값인 $Z = a + jb$에서 jb에 해당하는 허수값 때문에 생긴다. 이때 전압과 전류가 동상이 되게 하기 위해서는 컨덴서에 의한 용량성 리액턴스를 연결하여 줌으로써 가능하다.

■ 산스이 BA-303 스테레오 파워앰프

산스이 BA-303는 1970년경 109,000엔에 출시한 고급 파워앰프이다. 회로 구성은 윌리엄슨형[37]으로 되어있다. 이 형식의 회로 구성은 높은 귀환 증폭기는 아니지만 모두 3극관으로 이루어져 있어 고역 특성이 중역에 비해 상당히 좋다.

산스이 BA-303의 출력관은 KT-88이 사용되고 바이어스 체크 미터가 붙어있다. 산스이 특유의 색깔을 가진 파워앰프로 출력이 넉넉하고 저음이 풍성하며 고역도 맑고 깨끗하다.

산스이 BA-303의 정격

형식	스테레오 파워앰프
실효출력	27W+27W(8Ω)
뮤직파워	60W(8Ω)
주파수 대역	15Hz~50000Hz
전고조파왜율	0.3%(정격출력시, 8Ω)
입력감도/임피던스	0.9V/100kΩ
SN비	80dB(정격출력시)

---

37 1947년 윌리엄슨이 고안한 앰프로 회로 구성이 3극 빔 출력 관으로 고역의 보정 회로가 채택되었다. 그것은 네거티브 피드 백(Negative Feed Back)이라는 부궤환 회로방식으로, 앰프의 혁명이란 말이 나올 정도로 음질면에서 커다란 변화를 가져왔다.

형식	스테레오 파워앰프
댐핑팩터	1, 2, 4, 8, 15, 30(8Ω) 전환스위치 탑재
사용진공관	6AQ8x2, 12AU7x2, KT-88x4
크기	432x332x181mm
무게	26.5kg

> **잠깐** 전원용 컨덴서와 커플링 컨덴서의 수명은?

일반적으로 어떤 제품의 수명을 말할 때는 MTBF[38]라는 단어를 사용한다. 전원 컨덴서는 간단하게 용량과 전압이 표기되지만 MTBF 기준으로 몇 가지 중요한 사양이 있다. 그중에서 수명과 관계되는 것은 온도이다. 85℃로 기록되어 있으면 정격전압에서 85℃로 사용시 2,000시간이 수명이다. 그 수명 시간이 되면 내부의 전해질이 마르고 상태가 좋지 않아 컨덴서의 기능을 상실한다. 문제가 된 오래된 전해컨덴서는 대부분 위가 좀 부풀어 있거나 단자 옆에 누르스름한 이물질이 나와 있는 것을 볼 수 있다. 그런 외형의 조짐이 없어도 부품의 성능이 다한 경우가 있다.

오디오 기기에 들어있는 컨덴서가 세월이 흐르면서 문제를 발생하는데 이는 크게 2가지의 컨덴서다. 하나는 전원의 평활용 컨덴서인 전해컨덴서이고, 다른 하나는 소자 간의 결합을 하는 커플링 컨덴서이다.

커플링 컨덴서는 앞서 말한 바와 같이 교류는 통과하고 직류는 통과하지 못한다. 그런데 컨덴서가 높은 전압에서 오래되다 보면 누설이 생겨 직류가 통과하게 된다. 그러면 이상한 소리가 나던 지 직거리다가 소리가 안 나게 된다. 그래서 이 불량 커플링 컨덴서를 교환해주면 본래의 소리가 나게 되는데 당연히 음질이 좋게 들린다. 어떤 분은 프랑스제 비싼 컨덴서로 바꾸었더니 음질이 좋아졌다고 하면서 파워앰프는 물론 프리앰프, 튜너까지 교체하다가 망쳐 놓은 것을 본 적이 있다. 커플링 컨덴서의 역할을 모르기 때문이다. 수명이 길고, 내압이 높은, 값이 비교적 싼 필름 컨덴서의 교환만으로도 족한 경우가 많다. 그런데도 몇 십만원짜리 컨덴서로 교환하고 소리가 어떻다고 하는 우수꽝스러운 말을 하지만 그분에게 비싼 컨덴서와 필름 컨덴서를 바꾸어 가면서 브라인드 테스트[39]를 했더니 맞추지 못했던 기억이 있다.

---

38 mean time before failure의 약자로 평균 고장간격 시간을 말한다. 제조 또는 수리완료시로부터 다음의 고장까지의 평균 사용시간으로 단위시간당의 고장건수를 나타내는 고장률의 역수이다.

39 판별하는 사람이 보지 못하도록 테스트 할 기기를 커튼 뒤에 놓고 컨덴서 등 소자를 바꾸어 가면서 음질을 테스트 해보는 방법

■ 산스이 BA-5000 파워앰프

산스이 BA-5000 파워앰프는 1975년 39만 엔의 고가에 발매된 산스이 파워앰프로서 새로운 회로 기술과 소재를 여러 곳에 도입한 고전력 스테레오 파워앰프이다.

산스이 BA-5000파워앰프는 차동 2단, 드라이브 2단으로 구성되고 출력단에는 채널당 8개의 파워 트랜지스터를 사용한 쿼드 푸시풀 순콤프리멘터리 방식이다.

전단의 버퍼 앰프는 입력 회로에 차동 증폭을 이용한 3 트랜지스터 구성으로, 모노 작동시 위상 반전을 릴레이와 결합하여 수행하므로 모노로 작동시키면 600[W]의 큰 출력을 내준다.

음악 재생에 필요한 파워는 계측기 상으로 완벽하여도 청감은 다르게 나타나므로 결국 마지막에는 청감으로 판단한다. 순간적인 큰 신호가 입력되었을 때 그만한 출력을 감당할 수 없으면 증폭기 측이 제한작용을 일으켜 비직선성 왜곡을 일으킨다. 결국 출력의 여유가 음질의 차이가 되고 출력의 여유는 전원의 여유를 필요로 한다.

따라서 산스이 BA-5000의 전원부에는 레귤레이션이 좋고 누설 자속이 적은 1[kVA]의 토로이드 트랜스를 채택했는데 좌우 독립 권선으로 채널 간의 영향을 막고 양호한 전류를 얻고 있다. 출력단을 제외한 버퍼앰프, 드라이브단에 안정화 전원을 공급하여 음질 향상을 꾀했다.

이 앰프는 좀 특이하게 자동 변압기형 아웃풋 트랜스를 탑재하여 스피커의 보이스 코일에 의한 역기전력을 트랜스의 밴드 패스 효과로 앰프의 안정도 및 음질 향상이 되도록 했다.

방열판의 온도가 올라가면 자동으로 쿨링팬을 작동시켜 파워 트랜지스터의 열을 발산하도록 한 강제 공랭식이다. 또한, 만일의 사고에 대비해 전류제한 회로, 과부하 보호 퓨즈가 있다.

실효값을 나타내는 대형 파워미터가 장착되어 출력 표시 눈금과 dB 눈금으로 출력을 바로 읽을 수 있다.

산스이 BA-5000 파워앰프는 산스이의 친숙한 블랙페이스에 음질은 말할 것도 없고 큰 레벨미터와 전원이 넉넉한 것이 특징이다. 세월이 오래되다 보니 대형 레벨미터로 인하여 가끔 미터가 작동 불량이 있는 것이 있다.

짙은 빨간색 덮개가 좋은 분위기를 내고 있고 음질 또한 좋아서 수집가들의 수집대상으로 시중에는 거의 나오지 않는다.

산스이 BA-5000 파워앰프 정격

형식	스테레오 파워앰프
실효출력	양채널동작 THD 0.05%이하 300W+300W(8Ω, 20Hz~20kHz) 300W+300W(4Ω,1kHz,)
부하임피던스	stereo:2Ω, 4Ω, 8Ω, mono:4Ω, 8Ω, 16Ω
파워밴드폭(IHF)	20Hz~30kHz(8Ω)
전고조파왜율	0.1%이하 (정격출력시), 0.08% 이하(1/2출력시)
혼변조왜율	0.1%이하(70Hz:7kHz=4:1, SMPTE)
주파수특성(1W시)	15Hz~30kHz +0 -2dB
댐핑팩터	10(8Ω)
채널분리도	60dB이상(1kHz)
험과 노이즈(IHF)	100dB이상
입력감도/임피던스	700mV/50kΩ
소비전력	490W(정격), 1350W(최대)
크기와 무게	482x222x466mm, 49kg

잠깐 댐핑 팩터란 무엇일까?

NFB(부귀환)를 하면 댐핑 팩터가 커지고 스피커의 출력 음이 좋아진다. 댐핑 팩터에 의한 소리의 차이는 상당히 커서 스피커의 임피던스를 측정해 보면 주파수에 따라 상당히 변화하는데 일본의 어떤 분이 임피던스 8[Ω]의 풀레인지 스피커를 실측해 보았더니 다음과 같았다.

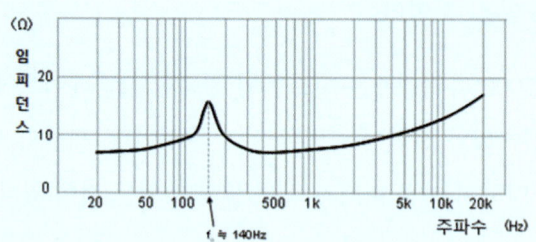

임피던스 8[Ω] 풀레인지 스피커의 임피던스 실측

저역주파수 f_0에서 큰 피크가 있는데 이 주파수에서 스피커의 기계적인 공진 주파수로 스피커의 콘지가 격렬하게 진동한다. 그 진동으로 스피커의 보이스 코일이 역기전력을 발생하여 코일에 신호가 흐르기 어렵도록 하므로 전류가 줄어든다. 이러한 역기전력은 공진주파수 f_0만이 아니고 항상 발생하는 것이어서 스피커의 특성을 복잡하게 만든다.

또한, 스피커가 코일이므로 임피던스는 $X_L = 2\pi fL[\Omega]$의 공식에서 보듯이 주파수 f에 비례하여 커지므로 고역으로 갈수록 임피던스가 커진다. 이렇게 변동하는 임피던스 중에서 어느 부분을 공칭 임피던스로 할 것인가 하는 것은 스피커 제조 회사마다 다르다.

스피커의 임피던스는 스피커를 연결하면 항상 변동하지만, 앰프 쪽은 보통 8[Ω] 스피커를 기준으로 설계한다.

앰프의 내부저항과 댐핑 팩터(DF)의 관계는 앰프의 출력단을 전기적인 등가회로(等價回路)로 생각하고 그림과 같이 증폭된 신호 전압 e와 앰프의 내부저항으로 불리는 저항 R_o가 직렬로 연결된 것으로 하여 해석한다. 여기에서 내부저항 R_o가 없다면 전압 e는 R_L 양단에 그대로 걸리기 때문에 스피커 임피던스 R_L이 아무리 변화해도 스피커에 걸리는 전압은 일정하게 유지되어 주파수에 의한 변동은 영향을 주지 못한다.

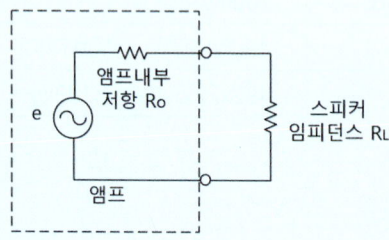

반대로 R_o가 크면 R_L의 크기에 따라 스피커에 걸리는 전압은 변동하고 스피커에서 나오는 소리의 크기가 R_L의 크기에 따라 변한다. R_o가 R_L보다 충분히 크면 R_L에 거의 비례한 전압이 된다. 이와같이 앰프의 내부저항 R_o는 스피커의 임피던스 변동과 관계가 있다.

댐핑 팩터(DF)는 앰프의 내부저항에 의한 임피던스 변화와 관련된 값으로 다음과 같이 정의된다.

$$DF = \frac{R_L}{R_O}$$

이는 내부저항 R_o가 작으면 DF는 커지고, 내부저항 R_o가 커지면 DF는 작아진다. DF가 1보다 작아지면 스피커의 변동에 앰프가 따라가지 못해 스피커 제동이 나빠진다. 반대로 DF가 1보다 커지게 되면 스피커의 변동에 강해져 제동력이 높아진다.

DF는 NFB[40]를 많이 걸수록 커지는 성질이 있다. 진공관 앰프에서 DF값은 출력관의 종류에 따라 다르다. 5극관은 내부저항이 높아 그대로 만들면 DF가 매우 작아서 좋은 음의 앰프를 만들려면 NFB는 필수다. 이와는 다르게 3극관은 내부저항이 비교적 작아서 NFB를 조금만 걸어도 충분하다.

2.3.3 산스이 인티앰프

■ **산스이 AU-70 진공관 인티앰프**

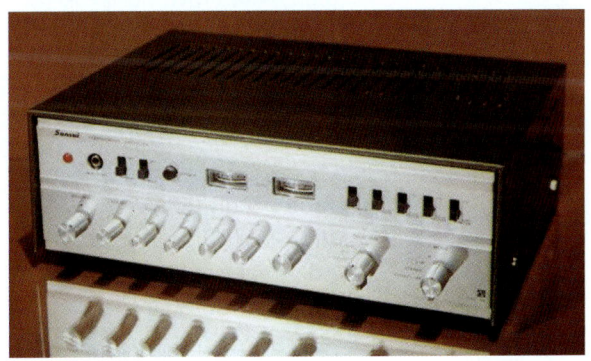

산스이 AU-70

---

40 NFB(negative feed back) : 음질개선을 위해 출력의 일부를 입력으로 되돌려 필요없는 고조파를 없애는 방법으로 p.178 잠깐을 참조

산스이 AU-70 인티앰프는 1964년 42,000엔의 고가로 발매된 스테레오 진공관 인티앰프이다. 출력 진공관은 7189를 채용하고 AB급 PP 고정 바이어스로 동작한다.

일본에서 이 급으로는 처음으로 다중 귀환회로를 사용하여 전대역에서 저왜율화를 꾀했다. 컨트롤 앰프는 3단 증폭회로를, 그 다음 단에는 NF루프 회로를 사용하여 노이즈 또는 왜곡을 억제하고 있다.

톤 콘트롤 회로는 좌우 각 채널 별로 넓은 범위를 컨트롤 할 수 있는 회로와 센터 채널 출력 단자를 두어 모노에서 스테레오까지 소리의 넓이를 자유롭게 조절할 수 있다.

출시된 지 오래되었지만 생긴 모양도 깔끔하고 음질도 올드팬이 좋아할 만한 부드럽고 푸근한 음색이다.

산스이 AU-70 정격

형식	진공관 프리 메인 앰프
최대 출력	25W+25W
고조파 왜율	0.15%이하(1kHz) 0.95%이하(36Hz)
혼변조 왜율	0.85%이하 (15W, 50Hz+5kHz)
주파수 특성	10Hz~80kHz ±1dB 이내
출력 임피던스	8Ω, 16Ω
이득(출력 20W)	Phono(MAG) : 81dB/1.6mV Phono(X-TAL) : 54dB/36mV Tape : 86dB/0.9mV Mic : 86dB/0.9mV AUX(Tapemon) : 51dB/50mV Tuner : 51dB/50mV
톤 콘트롤	CR형 50Hz:+11dB~-15dB 10kHz:+12dB~-13dB
이퀄라이저	NF형 Tape(BTS) Phono(RIAA)
사용 진공관	7189×4, 6AN8×2, 12AX7×3
전원	AC100V, 117V, 240V, 50Hz/60Hz
소비전력	118VA
크기와 무게	405x142x320mm, 13.7kg

잠깐 다이나믹 레인지란?

오디오 평론가의 글이나 기기의 사양서를 읽다 보면 다이나믹 레인지(Dynamic range)라는 말이 가끔 나오는데 다이나믹 레인지는 오디오 기기에서 최대 출력 레벨과 출력 잔류잡음 레벨의 비를 dB로 나타낸 것으로 정식규격은 아니다. 다음 그림은 다이나믹 레인지와 S/N비의 관계를 나타낸다.

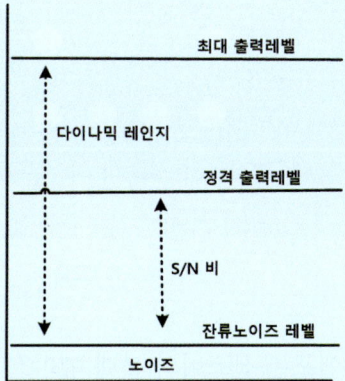

악기 음으로서의 다이나믹 레인지는 각 악기마다 다르다. 아래 표는 오케스트라 악기 음을 10m 거리에서 측정한 음악 레벨이다. 전자악기를 제외한 자연 악기는 발생하는 음 그대로를 재생해야 하는 것이어서 개개 악기의 음을 단독으로 끄집어내는 경우는 별문제가 아니지만 다른 악기 음을 동시에 픽업하는 경우는 이 악기 간의 음향 출력이 상대치의 간섭 때문에 문제가 된다. 원음재생이라는 관점에서 보면 재생 음장에 있어서 음압레벨(소리의 크기)은 연주회장과 거의 같은 레벨이 요구된다. 따라서 원음에 가장 가깝게 재생하여 들으려면 클래식 음악의 경우에는 약 110dB, 락 콘서트는 약 120dB 이상의 음압이 필요하다. 그러나 일반 가정에서 120dB 정도의 음을 재생하면 곧바로 이웃과 마찰의 원인이 된다.

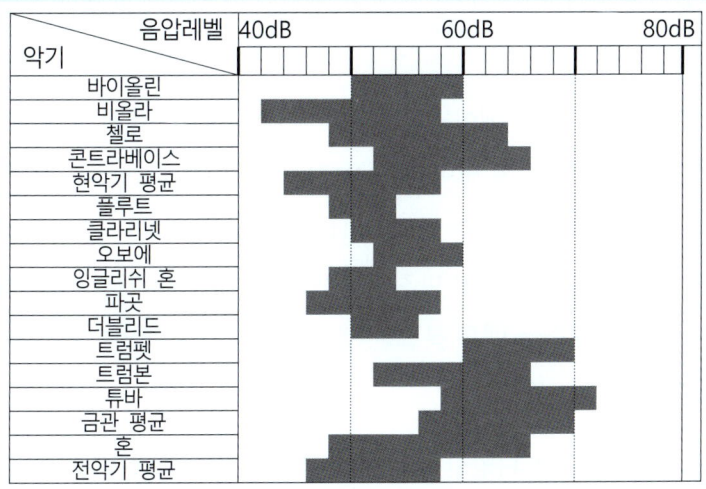

■ 산스이 AU-111

산스이 AU-111모습

산스이 AU-111 인티앰프는 산스이의 블랙 페이스 1호기인 최고급 진공관 인티앰프이다. 진공관에서 트랜지스터로 바뀌는 시기에 발매된 산스이 마지막 최고의 진공관 인티앰프로 지금도 많은 매니아들의 사랑을 받는 앰프이다.

출력관에는 6L6GC를 채용하였는데, AB급 PP 고정바이어스 방식이며, 다중 부귀환 회로의 구성으로 전대역에서 평탄한 특성을 얻고 있다.

전원 트랜스에는 정손(定損)이 적고 레귤레이션이 뛰어난 대용량 파워 트랜스를 탑재하고, 배전압 정류회로에 의한 직류 480[V]를 꺼내 6L6GC의 플레이트에 공급하고 있다. 산스이 AU-111 발매시 이 트랜스는 평생 보증을 한다고 하였다.

출력 트랜스는 트랜스 메이커였던 산스이 답게 30[Hz]에서 50[W]의 연속 출력을 보장할 정도로 대형 코어를 사용했다. 이 출력 트랜스는 일반 타 회사의 100[W]급이다. 재생 주파수 대역 20[Hz]~100[kHz]에서 0.25dB 이내의 저손실 울트라와이드 레인지, NFB 마진 25dB이라는 대용량 와이드형 출력 트랜스이다. 이 출력 트랜스는 매우 복잡한 권선 구조여서 수작업으로밖에 만들 수 없는 구조다.

산스이 AU-111에는 다양한 기능이 탑재되어 컨트롤앰프는 캐소드 팔로워를 포함한 4단 구성의 증폭회로이며, 프리앰프와 메인앰프가 각각 독립적으로 사용할 수 있도록 설계되어 있다.

저출력의 MC형 카트리지를 사용할 때는 산스이 MC 입력트랜스(A-603, A-604)로 사용이 가능하다. 중간 증폭기의 초단은 입력 임피던스가 높고, 출력 임피던스가 낮은 캐소드 팔로워 회로를 채용하고, 2종류의 테이프 이퀄라이저, 캐소드 팔로워에 의한 낮은 임피던스 테이프 녹음 출력 단자, CR 피드백 방식의 로우 하이 필터, 라우드니스 컨트롤, 테이프 모니터 위상 전환 서브 볼륨, 헤드폰 단자 등의 다양한 액세서리를 탑재하여 많은 물량과 기술이 투입된 인티앰프이다.

산스이 AU-111은 최초의 블랙 패널을 한 디자인으로 매우 인상적이며, 앰프 바닥의 후면에는 고무발 대신 아주 작은 바퀴를 부착하여 좁은 공간에서 앰프를 움직일 때 앞만 들고 좌우로 밀어서 쉽게 맞출 수 있도록 한 것도 눈에 띈다.

산스이 AU-111의 음질은 진공관 앰프 하면 이른바 항상 부드러운 소리라는 인식을 깨고 고속의 강력한 소리를 내주어 산스이의 강한 개성을 느끼게 한다.

산스이 AU-111정격

형식	프리메인 앰프
정격출력	실효출력:45W/45W 스테레오 실효출력(양ch동작):40W+40W
전고조파왜율	0.8%
혼변조왜율	0.8% (50Hz~5.5kHz)
파워밴드 폭(IHFM)	20Hz~20kHz(0.8%)
주파수 특성	AUX:20Hz~50kHz ±1dB
험과 잡음(IHFM)	AUX:-80dB Phono:-70dB
채널 분리도	Phono:45dB AUX:50dB
잔류 잡음	2mV(8Ω)
댐핑 팩터	15
입력감도/임피던스 (실효출력, 1kHz)	Phono1:0.06mv/3.5Ω(A-604 사용) Phono2:0.2mV/30Ω~100Ω(A-603 사용) Tape Head(19cm/s 9.5cm/s):1.8mV/100kΩ Tuner, AUX, Tape Monitor:220mV/500kΩ
이퀄라이저 특성	Phono1, 2 : RIAA Tape Head : NAB(19cm/s, 9.5cm/s)

형식	프리메인 앰프
프리앰프 출력	2.1V/710Ω(실효 출력시)
톤 콘트롤	Low:Defeat, 250Hz, 500Hz High:Defeat, 5kHz, 2.5kHz Bass(50Hz) 250Hz : +11.5dB~-10dB 　　　　　　500Hz : +16dB~-14.5dB Treble(10kHz)5kHz : +12.5dB~-11dB 　　　　　　2.5kHz :+7.5dB~-6dB
하이 필터	20kHz, -25dB, fo=6kHz
로우 필터	20Hz, -26dB, fo=125Hz
사용 진공관	6L6GC×4, 12AX7×5, 12BH7A×2, 6AQ8×1
전원전압, 소비전력	AC100V/117V/240V, 280VA
크기와 무게	460x170x345mm, 24.5kg

1999년에 산스이는 명기로 이름난 AU-111을 200대 한정생산으로 복각(리플레카)하였다. 복각할 때 처음 출시 당시의 사양대로 맞추기 위해 제작 당시의 엔지니어를 찾아가 출력 트랜스의 자문을 받았고, 모든 부품을 출시 시대에 맞추어 장착하였다. 복각한 앰프는 샤시가 철판에서 스테인리스로 바뀌었을 뿐 오리지널과 똑같이 복제하였다. 산스이 AU-111의 복제품은 지금도 만만치 않은 가격에 거래되고 있고 오리지널 버전은 미국에 많이 수출되어 이베이에서 자주 볼 수 있는데 이 또한 3,500불 이상의 비싼 가격에 거래되고 있다.

산스이 AU-111 1999년 복각

2.3 산스이(Sansui)에서 만든 기기들

> **잠깐** 대전력용 출력 트랜스 메이커로서 산스이

진공관 앰프에서 출력 트랜스가 음질을 좌우하는 첫 번째 요소여서 좋은 출력 트랜스를 장착하여야 하는 것은 당연한 일이다. 진공관앰프 전성시대에 대 전력용 고급 출력 트랜스는 산스이, 럭스만, 타무라에서 만들었다. 이들 회사에서 만든 출력 트랜스는 그 당시는 물론 지금도 명품으로 고가이다. 이 셋 중에서 히라전기의 탱고는 조금 싼 가격이다. 럭스만의 출력 트랜스 1차 코일은 가늘고 많이 감겨 있는 것이 특징인데, 주파수 범위는 넓지만, 권선 저항에 의한 손실이 크다. 산스이 트랜스 중에서 오카다(岡田)가 설계한 출력 트랜스 SW시리즈는 단연 혁신적인 권선 구조를 채용하고 있어, 파워 밴드 폭이 넓고 손실이 적다.

산스이 AU-111에 사용된 출력 트랜스에 커버를 씌우고 콜타르에 함침하여 시판된 것이 SW-50-5이다. 이 출력 트랜스는 50[W]의 대전력용이고 플레이트 저항은 5[$k\Omega$]인데 타 메이커의 100[W]의 크기이다. 감는 방식은 일반적인 플레이트 접속만이 아닌 캐소드 접속 코일이 있는 방식으로 지금도 비싼 가격에 거래된다. 당시 카탈로그 가격의 약 5배 이상의 값이다.

산스이 출력 트랜스 SW-50-5

■ 산스이 AU-777 인티앰프

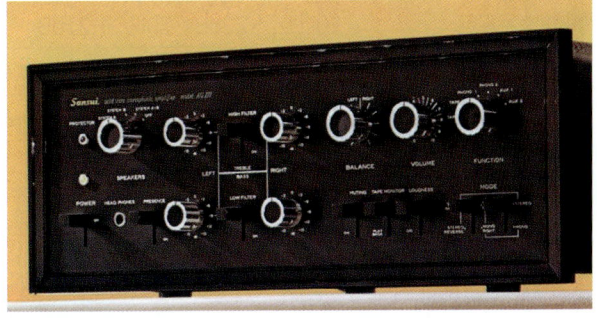

산스이 AU-777

산스이 AU-777 인티앰프는 산스이가 1967년에 57,000엔에 발매하였다. 산스이 명기 AU-111과 같은 설계 의도로 만들어진 실리콘 트랜지스터 인티앰프이다.

출력단은 C · E 분할형 위상 반전 회로를 사용하였고, 실리콘 트랜지스터에 의해 우수한 고역 특성과 직선성을 얻었다. 초단부터 최종출력단까지 모든 증폭회로를 NF앰프로 구성하여 주파수특성, 왜율, 신호 대 잡음 비를 개선하였다. 출력 단자 쇼트시에도 파워 트랜지스터가 파손되지 않도록 순 전자식 보호회로가 채용되었다. 또 파워 트랜지스터에 속단 퓨즈를 조합하여 2중 안전 보호 장치를 채용했다.

이외에도 라우드니스 콘트롤, 테이프 모니터, 뮤팅 스위치 등 여러 기능을 탑재하여 당시에 많은 관심을 끈 고급 인티앰프이다. 아날로그 오디오의 전성기인 70년대 후반의 관점에서 보면 기능이 많이 떨어지지만, 설계 당시에 고심을 많이 한 기기이고 진공관의 음질과 흡사하다.

SANSUI AU-777 정격

형식	프리메인앰프
실효출력	30W/30W ±1dB
전고조파왜율	0.5%이하
주파수특성	20Hz~100kHz ±1dB(상용출력시)
채널 분리도	50dB
험과 잡음	100dB
댐핑팩터	24(8Ω)
톤 콘트롤	Bass:20Hz ±15dB(3dB) Treble:20kHz ±15dB(3dB)
하이,로우필터	20kHz, -22dB, 20Hz, -21dB
사용반도체	TR×26, 다이오드×8 서미스터×4 SCR×1
전원전압	AC100V/117V/220V/240V, 50Hz/60Hz
소비전력	165VA(AC240V, 50Hz/60Hz)
크기와 무게	435x155x334mm, 12.3kg

■ 산스이 AU-9500 인티앰프

산스이 AU-9500은 1972년 135,000엔에 판매된 인티앰프로 당시 산스이가 가진 회로 기술을 최대한 구사해 완성시킨 고급 인티앰프이다. 내부에는 산스이답게 대형 전원 트랜스나 컨덴서와 방열판 등을 아낌없이 사용했기 때문에 기기가 상당히 무겁고 완성도가 돋보이는 모델이다.

파워 트랜지스터의 컬렉터 전류를 기존의 절반으로 축소할 수 있는 병렬 푸시풀 회로를 사용했고, 이퀄라이저 회로는 PNP-NPN-PNP으로 이루어지는 3단 직결 회로를 채택했다.

음질은 산스이 특유의 시원스런 중고역과 단단한 저음이 돋보이는 수작이다.

산스이 AU-9500 정격

형식	프리메인앰프
정격출력	뮤직 파워(IHF) : 260W (4Ω, 1kHz) 실효출력(양 채널동작) : 80W + 80W (8Ω, 1kHz)
전고조파왜율	0.1%이하 (정격출력)
혼변조왜율	0.1%이하 (정격출력, 70Hz : 7kHz = 4 : 1, SMPTE)
파워 밴드폭(IHF)	5Hz~40kHz
주파수특성	3Hz~80kHz, +0 -1dB (메인앰프, 1W 출력시)
댐핑팩터	50 (8Ω)
입력감도/ 입력 임피던스 (1kHz)	Phono1 : 2.5mV/50kΩ Phono2 : 2.5mV/30kΩ, 50kΩ, 100kΩ MIC : 2.5mV/50kΩ, Tuner, AUX(레벨조정가능) : 100mV/50kΩ
크로스토크	Phono1, 2 : 50dB이상 (정격출력 1kHz)
험과 잡음(IHF)	Phono1, 2 : 75dB이상 Tuner, AUX : 85dB이상

형식	프리메인앰프
	메인앰프 : 100dB이상
톤 콘트롤	Bass(Defeat,150Hz,300Hz,600Hz) : ±15dB(20Hz),3dB스텝 Midrange(Defeat,750Hz,1.5kHz,3kHz) : ±5dB(1.5kHz),1dB스텝 Treble(Defeat,6kHz,3.5kHz,2kHz) : ±15dB(20kHz),3dB스텝
라우드니스	50Hz : +10dB, 10kHz : +8dB (볼륨-30dB)
로우 필터	25Hz, 50Hz : -3dB (12dB/oct)
하이 필터	12kHz, 6kHz : -3dB (12dB/oct)
사용반도체	트랜지스터×58, FET×2, 다이오드×37
정격소비전력	205W(최대 550VA)
크기와 무게	500×140×347mm, 23.3kg

잠깐 주파수 스펙트럼이란?

LP, CD, 테이프 등에 프로그램된 음을 크게 나누면 악기 음과 음성 음으로 나눌 수 있다. 악기 음이라도 클래식, 팝, 가요, 국악 등에 따라서 그 음의 분산이 크기 때문에 평균 음보다는 음악의 장르별로 분류하여 특징을 살펴보는 것이 편리하다. 프로그램 음의 성질은 주파수 스펙트럼과 어떠한 주파수 성분이 어떠한 음량변화를 나타내는가 하는 레벨분포의 두 가지로 표현된다.

주파수 스펙트럼은 프로그램 음을 장시간 평균하면 어떠한 주파수의 성분 즉 저음이나 고음의 많고 적음을 나타내게 되므로 청감상의 음색을 좌우하는 기본적인 물리량이다. 보통 악기 음의 주파수 구조는 악기가 지속적으로 울리고 있는 상태의 평균 배율이지만 실제로는 음의 과도 특성이 청감상의 중요한 인자이다. 따라서 오디오 재생의 품질에서 악기 음의 정상 부분의 미세한 변동이 음의 자연성이나 품질에 영향을 미친다.

음성의 스펙트럼은 남성이나 여성이나 모두 고음역의 성분이 적고 대부분 1,000Hz 이하에 있다. 특히 여성의 음성은 저음역이 적기 때문에 중음에서 고음역을 알기 위해서는 여성의 음성으로 들어보는 것이 좋다. 그런데 이것은 어떤 주파수의 성분이 많은 프로그램의 음을 재생하는 경우에 그 주파수 부근의 특성이 있는 스피커로 재생을 하면 이 성분의 음이 강해지고 다른 성분 음은 가려져 부자연스러운 음질이 될 수 있다. 따라서 모든 음에 대해서 다 좋게 재생되도록 제조되고 튜닝된 스피커는 없다.

■ 산스이 AU-11000 인티앰프

산스이 AU-11000

산스이가 1975년 18만 엔에 발매한 고급 인티앰프이다. 파워앰프의 초단에는 차동 증폭회로를 가진 전단직결 순컴플리멘타리 OCL을 채용하였다. 이퀄라이저부는 전대역을 고역과 저역으로 나누어 그것들을 CR형, NF형으로 보정하여 초고역에서 오차가 적은 RIAA커브 특성을 얻었다. 전원트랜스는 누설 자속이 작고 효율을 높게 하려고 토로이달 트랜스를 채용했다. 스피커나 파워 트랜지스터 보호회로를 내장하고 출력단의 이상 온도 검출과 출력단자의 직류검출 등 스피커 보호에도 빈틈없이 제작한 것이 눈에 띈다.

산스이 특유의 검은 패널에 여러 노브가 잘 배치된 멋있는 인티앰프로, 유지보수가 잘된 앰프는 음이 정돈되고 깔끔한 느낌이 난다. 가정에서 사용하기 적당하다. 국내에 어쩌다 유통되는 것을 보면 너무 낡아 제대로 성능을 발휘할지 의문스러운 것들이 보인다.

산스이 AU-11000 정격

형식	프리메인 앰프
실효출력	110W+110W(8Ω, 20Hz~20kHz)THD0.05%이하
전고조파왜율	0.08%
혼변조왜율	0.8% (70Hz:7kHz=4:1) 0.08% 이하
주파수 특성	(1W시) 10Hz~50kHz +0 -1dB
댐핑 팩터	80
RIAA편차	(30Hz~15kHz) ±0.3dB

형식	프리메인 앰프
험과 노이즈	Phono1, 2:65dB이상 Tuner, Aux1, 2, Tape Monitor:80dB이상
입력감도(1kHz)	Phono1:2mV,4mV,8mV/30kΩ,50kΩ,100kΩ Phono2:2mV/50kΩ Tuner, Aux1,2,Tape Monitor1:130mV/50kΩ Tape Monitor2(Pin/Din):130mV
톤 콘트롤	Bass:±10dB(30Hz) Midrange:±5dB(1.5kHz) Treble:±10dB(20kHz)
톤 셀렉터	Bass:150Hz, 300Hz, 600Hz Treble:2kHz, 4kHz, 8kHz
로우 필터	-3dB(20Hz),12dB/oct, -3dB(60Hz),12dB/oct
하이 필터	-3dB(7kHz),6dB/oct, -3dB(12kHz),12dB/oct
소비전력	240VA
크기와 무게	460x160x375mm, 19.3kg

■ 산스이 AU-20000 인티앰프

산스이 AU-20000

산스이가 1977년 28만 엔에 발매한 인티앰프이다. 이 산스이 AU-20000은 산스이 특유의 검은 패널에 균형 있는 여러 노브의 배치와 좌측 위에 출력 레벨 미터가 있어 산스이 AU-11000에서 느끼지 못한 시각적인 멋도 보여준다. 음질이 상당히 좋아서 저음은 물론 중음의 박력이나 고음역이 정돈되고 깔끔한 느낌의 음질로 지금도 일본에서는 꽤 비싼 값에 거래된다.

산스이 AU-20000은 3단 푸시풀 출력단을 채용하여 대출력 저 왜율이 가능한 전단직결 순컴플리멘타리 OCL방식이다. 2앰프 구성의 CR+NF형 이퀄라이저를 탑재했다. 입력 감도와 임피던스의 전환이 가능하도록 했으며, 트리플 톤 컨트롤 기능과 전원부는 토로이달 트랜스와 안정화 회로를 사용한 대형전원부로 대출력을 내는 데 부족함이 없도록 하였다.

산스이 AU-20000의 정격

형식	프리메인 앰프
실효출력	170W+170W(양채널동작, 20Hz~20kHz, 8Ω)
전고조파왜율	0.05% 이하 (정격출력시)
혼변조왜율	0.05% 이하 (70Hz:7kHz=4:1)
주파수 특성	10Hz~50kHz(+0 -1dB, 1W)
출력 대역폭	5Hz~30kHz(IHF, 8Ω)
댐핑 팩터	80(8Ω)
RIAA편차	±0.2dB(30Hz~15kHz)
채널 분리도	Phono:55dB 이상, AUX:60dB 이상 Power Amp:65dB 이상
험과 노이즈	Phono:70dB 이상, AUX:80dB 이상
포노 입력감도	1.5, 3.6mV(30, 50, 100kΩ)
포노최대허용입력	800mV(입력감도6mV)
소비전력	240VA
크기와 무게	460x178x400mm, 23.6kg

잠깐 스피커의 공칭임피던스는 뭔가?

스피커를 표현하는 스펙 중에 효율보다 더 중요한 요소가 바로 공칭 임피던스(Nominal Impedance)이다. 스피커의 효율이 낮으면 앰프의 출력이 충분히 커야 하고, 효율이 높으면 앰프의 출력이 크지 않아도 된다.

스피커는 기본적으로 코일을 보빈에 감은 형태이기 때문에 들어온 전류가 열 에너지와 스피커 콘지를 움직이는 운동에너지로 변환된다. 스피커의 코일의 임피던스는 $X_L = 2\pi f L [\Omega]$의 공식에 의해 주파수가 높아질수록 즉 고음으로 올라갈수록 임피던스가 높아진다. 전통적인 스피커 회사들에서 스피커 공칭 임피던스를 정하는 방법은 가청주파수인 20[Hz]~20[kHz]까지의 스피커 임피던스 곡선에서 공진점을 제외한 임피던스를 평균내는 것이다. 그러면 스피커의 임피던스는 8[Ω]보다 약간 적은데 일반적으로 8[Ω]으로 공칭임피던스를 발표한다.

스피커의 임피던스가 낮아지면 앰프에서 나오는 전류량은 비례로 커져 4[Ω] 스피커는 8[Ω] 스피커보다 앰프에서 출력을 두 배로 끌어낸다.

진공관 앰프는 출력단의 임피던스를 4, 8, 16[Ω] 중에서 선택하여 사용하도록 되어 있다. 그래서 스피커의 임피던스와 진공관 앰프의 출력 임피던스가 제대로 매칭되어야 정상적인 소리를 들을 수 있다. 그렇다고 해서 임피던스가 조금 달랐을 때 곧바로 이상한 소리가 나지는 않는다. 그것은 임피던스 곡선을 평균내서 공칭임피던스를 정했기 때문이다. 그러나 심하게 어긋나면 대역이 틀어지고 음색이 왜곡된다.

■ 산스이 AU-X1 인티앰프

산스이 AU-X1

산스이 AU-X1 인티앰프는 1979년 21만 엔에 발매되었던 기기로 '앰프는 음악 신호를 충실히 전달하는 증폭도를 가진 도선(導線)이어야 한다'는 이상을 추구하는 설계로 내부공간의 절반 정도가 전원부이다. 대용량 토로이달 트랜스와 대용량 전해컨덴서 10,000μF을 8개 병렬연결하고 접지 회로에 1.2mm의 두꺼운 동판을 조합하여 스피커 임피던스가 주파수에 따라 변동하더라도 넉넉한 전원으로 안정적으로 동작하도록 하였다.

전단 좌우 독립, 파워 스테이지, 프리 드라이브 스테이지, 플랫 앰프, 이퀄라이저, MC 헤드 앰프까지 독립 8전원 구성으로 되어있다.

다이아몬드 차동 회로를 탑재하여 음질을 저해하는 동적 왜곡인 TIM왜곡[41]이나 엔벨로프[42] 왜곡을 0에 가깝게 하는데 성공했다. 전면 패널의 파워앰프 오퍼레이션 스위치로 프리와 파워앰프의 분리 사용이 가능하다.

산스이 AU-X1 인티앰프 정격

형식	스테레오 프리메인앰프
파워앰프부	
실효출력	160W+160W(8Ω) 220W+220W(4Ω)
전고조파왜율	0.007%이하(8Ω), 0.008%이하(4Ω)
혼변조왜율	0.007%이하(8Ω), 0.008%이하(4Ω)
출력대역폭	5Hz~70kHz(8Ω)

---

41 TIM : Transient Intermodulation Distortion 펄스 과도 신호가 입력될 때, 회로에 히스테레시스 보상 커패시터, 튜브 간 전극 정전용량 등으로 출력 단자는 원하는 출력 전압을 즉시 얻을 수 없는데 피드백으로 인해 증폭기는 이 순간 개방 루프 상태에 있어서 입력 스테이지가 순간적으로 과부하가 된다. 이때 입력 전압은 정상보다 몇 배 더 높아 순간적으로 입력 스테이지를 심하게 클리핑하게 된다. 이 파동 왜곡을 과도 변조 왜곡이라고 한다.

42 엔벨로프는 음색을 이루는 중요한 요소로서 모든 악기는 고유한 생성·지속·소멸의 패턴을 갖고 있다. 생성은 일정한 상태로 강도를 유지하기 전까지의 소리현상으로, 어택(attack : 소리의 최초 시작)과 소리 증가 과정으로 구성된다. 한편 지속은 음의 최대 강도를 일정하게 유지하는 상태를 말하며, 소멸은 소리가 수그러드는 양상을 말한다.

형식	스테레오 프리메인앰프
주파수특성(1W)	DC~500kHz(+0dB, -3dB)
입력감도/임피던스	1V/33kΩ
S/N비	125dB이상
채널분리도	95dB이상
헤드폰단자 출력	150mW(8Ω)
사용스피커	4~16Ω(A, B) 8Ω이상(A+B)
프리앰프부	
입력감도/임피던스 (1kHz)	Phono1,2(MM):2.5mV(47kΩ) Phono1,2(MC):0.1mV(0.2kΩ이하) AUX,Tuner:200mV(33kΩ) Tape,Play1,2(PIN):200mV(33kΩ)
최대허용입력	Phono1,2(MM):330mV, Phono1,2(MC):40mV
출력임피던스	Tape Rec1,2:600Ω이하,PreOut1,2:600Ω이하
전고조파왜율	MC(1kHz, Rec Out):0.005%이하 MM(20Hz~20kHz, Rec Out):0.005%이하 Aux, Tuner, Tape Play1, 2:0.005%이하
혼고조파왜율	Aux,Tuner,Tape Play1,2(1V시):0.005%이하
SN비	Phono1,2(MC):76dB이상,Phono1,2(MM):91dB이상 Aux, Tuner, Tape Play1, 2:100dB이상
서브소닉필터	16Hz(-3dB, 6dB/oct)
전체 소비전력	400W
크기와 무게	480x195x450mm, 27.7kg

> **잠깐 RIAA편차 보정이 뭔가?**
>
> 레코드에 기록된 소리는 아주 작아서 이를 크게 증폭할 수 있는 포노 앰프가 필요하다. 3~5[mV] 정도의 MM카트리지 신호를 CD출력 수준인 300~400[mV]로 올리려면 100배(40dB) 정도의 증폭을 해야 하고, MC카트리지의 경우는 1000배의 증폭이 필요하다.
>
> LP가 발매된 초기에는 각 레코드 회사마다 레코드에 음을 기록할 때 음량이나 고음과 저음 처리를 제각각 함으로써 레코드와 오디오 기기 간의 호환성이 문제가 되었다. 1955년에 미국음반산업협회 (RIAA : Recording Industry Association of America)에 의해 표준을 정하게 되는데 저음은 늘리고 고음을 줄인 표준을 정했다. 이것이 RIAA표준이다. 이 기준은 아날로그 관련 기기에 아주 중요한

요소로 오디오 회사들은 이 기준에 맞추어 레코드, 카트리지 제품을 만들었다. 이 RIAA 규격에 맞춰 레코드에 녹음한 소리를 원음 상태로 회복하는 것을 RIAA 보정이라고 하며 포노 앰프가 해야 하는 중요한 기능이다.

RIAA이퀄라이저(EQ)는 1[KHz] 이하의 진폭이 큰 저음의 게인을 줄여서 레코드 그루브(음구) 진폭을 작게 만들고 1[KHz] 이상은 진폭이 작기 때문에 반대로 게인을 올려서 진폭을 크게 녹음을 하고 반대로 재생시에 다시 원래대로 복원하는 기술이다. 이렇게 하는 목적은 LP레코드의 그루브 간의 간격을 줄여서 레코드 한 장 내에 많은 양의 녹음을 수록하기 위해서이다. 이후 이 개념은 테이프 레코더와 FM방송의 전송 시에도 적용되어 고음 부분은 올리고 수신 시에는 고음 부분을 내리는 기능으로 지금까지 사용된다.

포노앰프에서 RIAA 규격에 맞춘 포노앰프라도 약간의 저음 부풀림이나 중고역부의 커트나 보강 등으로 인하여 포노앰프의 소리가 달라진다. 그에 따라 가늘게 들리거나, 저역이 풍부하게 들리게 되므로 대편성에 좋은 포노, 재즈나 팝에 좋은 포노 등으로 평가하게 되었다.

■ 산스이 C-2301 Vintage 프리앰프

산스이 C-2301 Vintage

산스이 C-2301 Vintage은 제조 당시 산스이의 첨단기술과 노하우를 모두 투입해 개발된 컨트롤 앰프로 1985년 55만 엔에 출시한 고급 프리앰프이다.

회로간 간섭방지 및 자기와 정전기로 인한 영향의 배제와 방진성을 위해 두꺼운 순 동판을 메인 샤시로 하고 샤시 위아래로 L · R회로를 배치하여 좌우 채널 간의 상호간섭을 완전히 배제하였다. 각 앰프 블록을 알루미늄의 정전 실드 구조로 만들어 자기와 진동에 의한 영향을 없앤 것이 특별하다.

회로 구성은 높은 S/N, 넓은 다이나믹 레인지화를 실현하도록 이퀄라이저 앰프, 라인 앰프, 밸런스 앰프도 모두 순 A급 푸시풀로 했다.

전원회로는 트랜스에서부터 정류 회로, 레귤레이터에 이르기까지 독립구성이다. MC트랜스는 Low전용과 High전용을 L과 R의 독립 2개의 트랜스로 하여 총 4개의 트랜스로 했다. 코어 재료에는 낮은 왜곡율, 광대역, 선형 자기특성을 지닌 퍼멀로이[43]를 채택했다.

천연 나뭇결 보닛과 사이드 우드와 유리 전면 패널, 알루미늄 메탈 프론트 패널등의 고급진 외모도 좋지만 소리도 상당히 좋다. 일본의 마니아들은 지금도 현역기로 많이 사용하고 있다.

산스이 C-2301 VINTAGE 내부

---

[43] 니켈78.5%, 철21.5%의 조성을 가진 합금으로 종래의 규소강에 비해 투자율성(透磁率性)을 비약적으로 높인 재료로 고급 트랜스의 코아로 사용한다.

산스이 C-2301 Vintage의 정격

형식	스테레오 콘트롤 앰프
입력감도 입력 임피던스	Phono1,2MM : 2mV/47kΩ High MC : 2mV/100Ω MC : 70μV/3Ω,200μV/30Ω Tuner,CD,Line1,2,Tape Play1,2,3 : 150mV/47kΩ
최대허용입력 (1kHz,THD 0.01%)	Phono1,2 MM : 350mV Phono1,2 High MC : 40mV
출력전압/ 출력임피던스	Tape Rec(PIN):150mV/50Ω 콘트롤앰프 출력노멀 : 1.2V/50Ω, 발란스 : +4dBm
주파수특성	Phono1,2 MM : 10Hz～300kHz±0.2dB Tuner,CD,Line1,2,Tape Play1,2,3 : DC～500kHz +0-3dB
SN비	Phono1,2 MM:90dB, Phono1,2 MC:80dB Tuner,CD,Line1,2,Tape Play1,2,3 : 110dB
크기와 무게	474x160x422mm, 20.9kg

■ 산스이 B-2301 Vintage 파워앰프

산스이 B-2301 Vintage

SANSUI B-2301 Vintage는 산스이가 1982년 47만 엔에 발매한 파워앰프로 채널당 300[W]의 출력과, 37[Kg]의 무게를 갖는 최고급 파워앰프이다. 출력 단에는 200[W]의 파워 트랜지스터를 채널 당 8개로 4병렬 구성하여 다이아몬드 파워 스테이지를 채택했다. 프리 드라이브 단에는 고역 특성을 개선한 직렬연결 푸시풀 구성을 하였다.

전원부도 178×173×120[mm]크기의 대형 토로이달 트랜스를 장착하였는데 무려 12[kg]이나 되는 무게와 1.3[kVA]의 대용량이다. 이 트랜스와 파워앰프 쪽에 60,000μF, 프리 드라이브앰프 쪽에 40,000μF의 대용량 컨덴서를 사용한 좌우 채널 독립의 6전원 방식이다.

샤시는 순 구리로 전자기적 차폐와 방진성을 확보하고 순 구리 케이스와 견고한 알루미늄 샤시를 채택함으로써 소재부터도 차폐효과와 진동을 억제했다. 디스플레이 부에는 액정 파워 미터가 -60dB까지 읽을 수 있는 대수 압축식 미터로 멀리 떨어진 곳에서도 볼수 있도록 되어있다. 만일 DC누출이 있다면 보호 회로가 작동하고 DC Leak가 켜진다. 잘못 연결로 인한 부하 쇼트 시에도 보호기가 켜지는 보호 회로가 있다.

산스이 B-2301 파워앰프는 산스이 C-2301 프리앰프와 짝을 이루어 깔끔하고 역동적이며 매력적인 음을 내어준다. 출시가가 비싼 만큼 중고가도 만만치 않게 비싸다.

산스이 B-2301 Vintage 정격

형식	스테레오파워앰프
정격전력	300W+300W(8Ω, 20Hz~20kHz) 550W+550W(4Ω, 1kHz)
전고조파왜율	0.003%이하 (정격출력시,10Hz~20kHz)
혼변조왜율	0.003%이하(60Hz:7kHz=4:1)
주파수특성	DC~300kHz +0 -3dB
입력감도/임피던스	Normal:1V/15kΩ Balanced:2V/10kΩ
슬루레이트	±300V/μsec
라이스타임	0.5μsec
SN비	120dB
소비전력	630W(정격)
크기와 무게	474x215x490mm, 37kg

2.3.4 산스이 리시버 앰프

■ 산스이 SAX-300 리시버 앰프

산스이 SAX-300 리시버는 1965년 49,500엔에 발매되었고, SAX 시리즈의 완성품으로 베스트셀러가 된 AM/FM 멀티 스테레오 진공관 앰프이다. 리시버의 소리는 분리형 증폭기에 뒤떨어진다는 고정 관념을 불식하려고 프리 메인 앰

프에 튜너를 더한 '매니아를 위한 앰프'로 개발하였다. 오디오부에 출력관으로 3극 진공관인 6RA8을 푸시풀로 설계하였고 출력 트랜스에는 30W의 대형 트랜스를 장착했다. 중간 증폭기는 왜곡의 감소를 위하여 캐소드 폴로워에 의한 NF형 톤컨트롤을 채택했다. 헤드앰프에는 실리콘 트랜지스터를 사용하고, 두 번째 단을 직류점화 함으로써 험과 소음을 없앴다.

하이 필터, 로우 필터, 라우드니스 컨트롤, 헤드폰 잭, 테이프 모니터, DIN 소켓 등의 액세서리 회로가 있다.

필자가 이 기종과 비슷한 시기에 발매되었고, 출력이 더 큰 SAX-1000보다 산스이 SAX-300을 더 좋아하는 이유는 3극 출력관인 6RA8이 더 깔끔한 산스이 특유의 좋은 소리가 나기 때문이다.

산스이 SAX-300 리시버 앰프 정격

형식	AM/FM 멀티 스테레오앰프
프리메인앰프부	
정격출력	스테레오 실효출력 : 13W+13W
전고조파왜율	0.8%(정격출력)
파워밴드폭	20Hz~20kHz(왜율 0.8%)
주파수특성	AUX:20Hz~20kHz ±1.5dB(상용출력)
험과 잡음	AUX:70dB, Tape:70dB
채널분리도	Phono:50dB, AUX:50dB
잔류잡음	2mV(8Ω단자)
부하임피던스	8Ω, 16Ω
댐핑팩터	22
입력감도/임피던스 (실효출력, 1kHz)	Phono MAG:2.6mV/100kΩ Tape Head:2.1mV/100kΩ, AUX:260mV/3MΩ Tape Mon Pin, Din:260mV/125kΩ
녹음출력	Rec Out(Pin):40dB(Phono입력100배)
이퀄라이저 특성	Phono MAG:RIAA, Tape HEAD:NAB
톤 컨트롤	Bass:50Hz,±13dB, Treble:10kHz,±12dB
라우드니스 컨트롤	50Hz +1dB, 10kHz +5dB
노이즈 필터	10kHz −10dB

형식	AM/FM 멀티 스테레오앰프
FM튜너부	
수신주파수	76MHz~90MHz
실용감도	4μV(S/N 30dB, 30% MOD)
이미지 비	35dB
S/N비	50dB
전고조파왜율	0.6%(입력60dB 30% 84MC)
주파수특성	20Hz~15kHz ±2dB
총합	
사용진공관	6AQ8×6, 6BA6×3, 6BE6×1, 6EL8×1, 12AX7×2, 12AU7×1, 6RA8×4
전원, 소비전력	AC100V,50Hz/60Hz, 200VA
크기와 무게	460x150x328mm, 16.5kg

■ 산스이 SAX-1000리시버 앰프

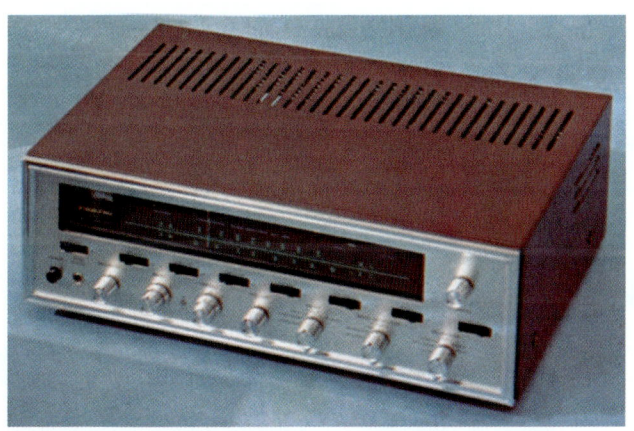

 산스이 SAX-1000 리시버 앰프는 산스이에서 1965년 78,000엔에 발매한 리시버앰프이다. 진공관 리시버로는 대출력으로 저왜곡 오디오부와 고성능 튜너를 합한 스테레오 앰프이다. 진공관 7591을 사용한 푸시풀 회로에 의해 실효출력 38W+38W를 내어준다. MC카트리지용 단자가 있어 산스이 MC입력트랜스 A-604를 사용하면 좋은 음질의 LP를 들을 수 있다.

국내에 돌아다니는 SAX-1000은 많은 스위치류에 의한 잡음과 열화된 부품들로 제소리가 나오지 않는 것이 많다. 출시된 지 오래되기도 했지만, 너무 낡아서 박물관에나 있어야 할 것들이 많다. 구매시에는 각별한 주의가 요망된다.

산스이 SAX-1000 리시버 앰프 정격

형식	리시버앰프
오디오부	
실효출력	38W/38W
고조파왜율	1%(정격출력시)
파워밴드폭	35Hz~15kHz
주파수 특성	Aux : 35Hz~15kHz
채널분리도	Phono : 55dB
댐핑팩터	9.5 (1kHz)
FM튜너부	
감도	1.8μV(S/N20dB, Mod30%)
전고조파왜율	0.8%(60dB입력, 30%Mod)
FM멀티 분리도	38dB(1kHz, 60dB입력)
전고조파왜율	1.2%(60dB입력, 30%Mod)
사용진공관 등	7591 등 진공관 21개, 반도체20개
크기와 무게	454x145x365mm, 20.3kg

■ 산스이 SAX-2000 리시버

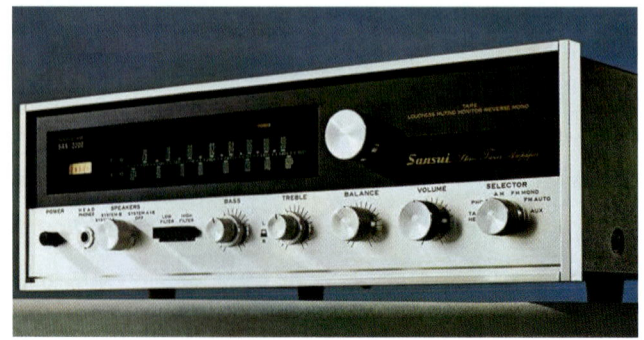

산스이 SAX-2000은 1968년 71,700엔에 출시한 트랜지스터 FM/AM 리시버이다. 튜너부는 FET를 사용했고 헤드 앰프는 저잡음용 실리콘 트랜지스터를 사용하여 저출력시 왜곡 및 S/N을 개선하고 있다. 파워앰프 부에는 컴프리멘터리 달링턴 회로의 SEPP-ITL-OTL방식을 채택하고 있으며 파워 트랜지스터 보호회로와 속단 퓨즈에 의한 이중 보호 회로가 있다. 중간 증폭부는 저잡음 실리콘 트랜지스터에 의한 NF형 톤 컨트롤을 사용했다.

산스이가 일찍이 만든 반도체 리시버에 진공관 시절의 튜닝을 함으로써 깔끔하면서도 푸근한 음색이다.

산스이 SAX-2000 리시버 앰프 정격

형식	FM/AM리시버
오디오부	
뮤직파워(IHF)	100W±1dB(4Ω), 85W±1dB(8Ω)
실효출력	36W/36W±1dB(4Ω), 32W/32W±1dB(8Ω)
전고조파왜율	0.8%이하(정격출력시)
파워밴드폭(IHF)	20Hz~40kHz(8Ω)
주피수특성	AUX:20Hz~30kHz±1dB 파워앰프부:15Hz~40kHz±1dB
험과 잡음(IHF)	Phono:70dB이상, AUX:75dB이상
채널분리도(정격출력)	Phono:45dB이상, AUX:50dB이상
출력임피던스	4Ω~16Ω
댐핑팩터	24(8Ω)
입력감도 (실효출력1kHz 입력)	Phono:2.2mV±3dB, Tape Head:2mV±3dB AUX, Tape Monitor(PIN/DIN):150mV±3dB
녹음출력	Rec Out(PIN):150mV±3dB, (DIN):38mV±3dB
톤 콘트롤	Bass:50Hz+13dB~-15dB, Treble:10kHz±13dB
로우필터	50Hz:-10dB
하이필터	10kHz:-10dB
FM튜너부	
수신주파수	76MHz~90MHz
이미지비	90dB이상(84MHz)
S/N비	65dB이상(84MHz, 30%MOD)

형식	FM/AM리시버
전고조파왜율	0.8%이하(입력60dB, 30%MOD, 84MHz)
선택도	50dB이상(84MHz)
채널분리도	35dB이상(60dB, 84MHz)
전원과 소비전력	AC100V, 50Hz/60Hz 85VA(최대)
크기와 무게	415x125x344mm, 12kg

▶ 잠깐 D급 앰프란?

D급 앰프는 스마트폰, 평판 디스플레이 및 데스크톱 대체용 PC등 여러 분야에서 사용하고 있다. D급 앰프를 선호하는 주된 이유는 선형 앰프보다 열을 절반만 발생시키는 높은 효율 때문이다. 아래 그래프를 보면 D급 앰프 효율은 출력이 증가함에 따라 빠른 속도로 85%에 도달한다.

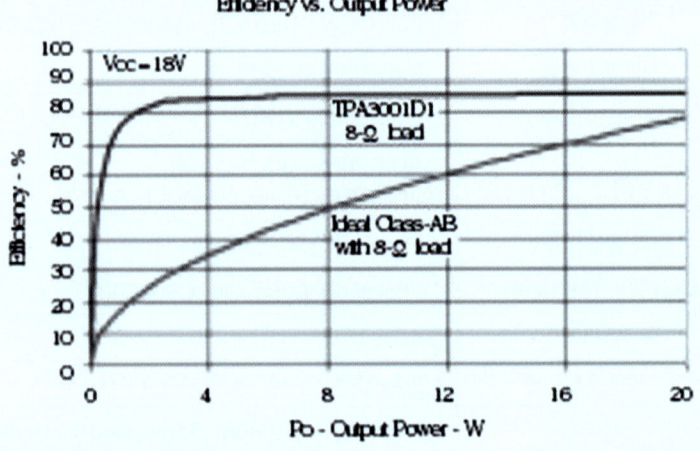

효율 vs. 출력 전력

이에 반해 AB급 선형 앰프의 효율은 천천히 증가한다. 대부분의 사람들은 2~4W 범위에 있는 TV를 시청하기 때문에 이 레벨에서 D급 앰프와 선형 앰프를 비교해보면 D급 앰프의 효율이 4배나 높다는 것을 알 수 있다. 이런 효율 향상은 앰프의 발열량과 반비례한다. 따라서 출력 전력이 같으면 선형 앰프는 D급 앰프에 비해 큰 방열판을 필요로 하며 이는 폼펙터를 증대시킨다.

트랜지스터는 에미터, 베이스, 콜렉터라는 3개의 다리가 있는데, 동작원리는 베이스에 작은 전류를 흘리면 콜렉터와 에미터 사이에 연결된 전원에 따라 수십에서 수백 배의 전류가 흐를 수 있으며 이는 증폭작용이 된다.

일반적인 앰프들이 베이스에 작은 크기의 음악 신호를 주고 이에 따라 콜렉터와 에미터 사이의 저항을 변화시키는 방식으로 증폭 작용을 하는 것과는 대조적으로 D급은 증폭 작용을 전혀 하지 않고 단지 트랜지스터를 켜고 끄는 스위칭 동작만을 한다. 이러한 스위칭 동작을 1초에 1000만번 이상 빠르게 한다면 사람은 스위칭 작용은 느끼지 못하고 신호가 이어진 것으로 인식한다. 음악신호가 들어오면 음악 신호 크기에 맞춰 출력트랜지스터를 켰다 끄는 시간을 변화시키므로 그 평균 값의 파형이 음악신호와 같도록 만들어 준다. 이렇게 소자를 켜고 끄는 동작을 반복하여 전압의 크기를 조절하는 것을 PWM(Pulse Width Modulation, 펄스폭 변조) 방식이라고 한다.

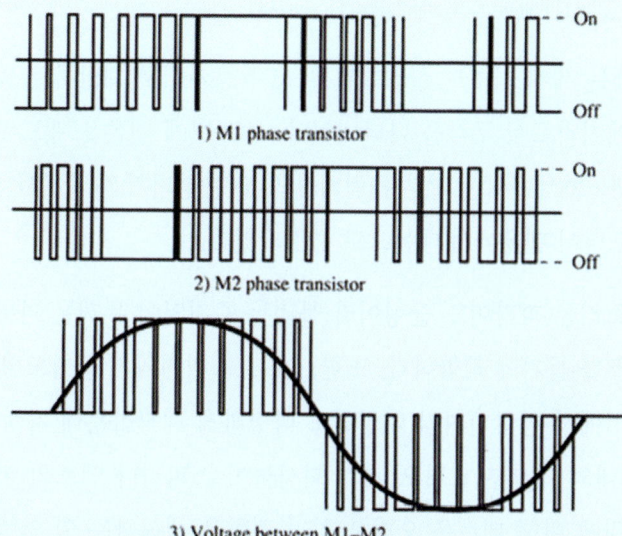

1) M1 phase transistor
2) M2 phase transistor
3) Voltage between M1-M2

이렇게 트랜지스터가 스위칭을 하게 되면 트랜지스터가 증폭작용이 아닌 포화되었을때 전류가 크게 흐르는 도체로 동작하고, 차단되었을 때는 전류가 흐르지 않는 부도체와 같은 작용을 하게 된다.

트랜지스터에서 발생하는 열은 $H = 0.24 i^2 Rt \,[cal]$ 의 공식에서 트랜지스터가 도체로 동작할 때 흐르는 전류의 제곱과 0에 가까운 저항값의 곱이나, 부도체로 작용할 때 전류는 0이고 저항은 무한대이므로 이상적인 스위칭 동작에서는 전류나 저항값 둘 중 하나가 0이 되어 열이 발생하지 않는다. 따라서 효율이 95% 이상으로 매우 높아진다.

D급 앰프는 평판 디스플레이, PDA, 스마트폰, 휴대폰, 자동차 라디오 등에서 전력 성능은 향상시키면서 폼펙터와 가격을 절감시킬 수 있어 수많은 제품군에서 고성능 오디오를 구현할 수 있게 한다.

2.4 데논(Denon)에서 만든 기기들

2.4.1 데논의 역사

1939년에 도쿄에서 설립된 일본전기음향주식회사가 데논의 시작이다. 원래 이름은 덴온이다. 데논은 방송장비 제작을 주로 하다가 1963년 일본 콜럼비아와 합병하여 지금도 인기 있는 MC카트리지 DL-103을 NHK와 공동 개발하여 NHK에 업무용 제품으로 정식 도입되었다.

1972년에는 세계 최초로 실용화된 PCM 녹음기기를 개발하는 등 데논은 방송업무용 메이커로서 두각을 나타내었다. 1971년에 덴온 브랜드로 소비자 시장에 나섰고, 2001년에는 일본 콜럼비아의 AV음향기기 사업에서 분리 독립하면서 브랜드명이 덴온에서 데논으로 변경되었다.

데논의 소리는 피라미드 균형이라 불리는 중저역이 두꺼운 파워풀한 소리로, 록과 재즈를 듣기에 적합하다. 또한, DALI 스피커와의 궁합도 발군이다. 데논은 입문기에서 상급기까지 라인업도 다양하게 제작하는데 가성비가 높다. 또한, 일본내의 대부분 오디오 기기 회사들이 스피커나 앰프의 어느 한쪽만 생산하는 것에 비해 데논은 오디오 기기 전반을 생산하는 몇 안 되는 업체이기도 하다.

데논에서 발매한 수많은 기기 중에서 명기로 이름난 눈여겨 볼만한 기기로는 POA-1000B, POA-1001, POA-1500, POA-3000, POA-8000 등의 파워앰프와 PRA-1000B, PRA-1001, PRA-2000RG, PRA-6000 프리앰프이며 인티앰프로는 PMA-S10Ⅱ, PMA-2000 등이 있다.

2.4.2 데논의 파워앰프와 프리앰프

■ 데논 POA-1000B 파워앰프

데논 POA-1000B 진공관 파워앰프

데논 POA-1000B 진공관 앰프는 1975년 발매된 최고급 파워앰프로서, 특히 주문생산을 요청한 곳이 NHK 방속국이어서 더 주목을 받았는데, NHK와 데논이 공동개발했던 DENON DL-103MC 카트리지를 사용하기 위해서였다. 이 파워앰프는 발매 당시 35만 엔이라는 고가에 발매되었다. 파워앰프에 사용한 출력진공관 6GB8은 6CA7(EL34)을 베이스로 하여 도시바에서 개발했는데 성능이 월등하여 세계에 과시했던 진공관이다.

이 파워앰프에는 진공관식 앰프의 매력과 성능을 최대한 끌어내기 위한 회로설계와 더 높은 성능을 위한 출력 트랜스를 개발하여 진공관 앰프에서 유례를 볼 수 없는 파라 푸시풀이 아닌 싱글 푸시풀로 20Hz~20KHz의 광대역에 걸쳐 100W+100W의 대출력을 내었으며 음질, 성능 면에서도 최고의 진공관 스테레오 앰프이다.

데논 1000B 진공관 앰프의 출력단에는 전송 대역을 극한까지 확대한 출력 트랜스를 개발하여 빔5극관 6GB8을 조합하였다. 파워진공관 제2그리드와 드라이버단의 B전압을 안정화전원으로 공급하는 것도 특이하다. 진공관 앰프로서의 매력과 성능을 충분하게 이끌어 내기 위해 회로 설계부터 디자인까지 데논의 총력을 결집하였고 고성능 출력 트랜스까지 개발하였는데 새로 개발한 이 출력 트랜스에 의해 전송 대역은 비약적으로 향상되었다. 정격 출력시 20Hz~20KHz 전 주파수 영역에서 진공관앰프에서는 보기드문 고조파 왜율이 0.3% 이하다.

진공관 푸시풀 방식으로 채널당 100[W]가 넘는 출력이라고 해서 박력있고 거센 사나운 음이 나올 것 같지만 전혀 그렇지 않다. 마란츠 진공관 앰프가 6CA7(EL34)를 사용하여 음이 매우 여성적이며 부드러웠듯이 6GB8의 베이스가 6CA7임을 감안한다면 그 음색을 짐작할 수 있는데 아주 부드럽고 안정적이며 차분한 소리가 나온다. 이런 좋은 성능에도 34kg이라는 파워앰프의 무게와 주문 생산으로 인하여 발매한 양이 많지 않고 트랜지스터 앰프로 바뀌어 가는 과정에서 나온 앰프여서 국내에는 거의 알려지지 않았다.

DC밸런스 체크 미터, LR 채널 독립적인 서브 소닉 필터를 내장하고 있고, 시원하고 보기 좋은 대형 레벨 미터는 소음량 동작에도 정확한 읽기와 순간의 피크 신호에 대해서도 추종성이 매우 우수하다.

데논 POA-1000B 파워앰프 정격

형식	진공관 스테레오 파워앰프
정격출력(양채널 구동, 정현파연속출력)	110W+110W(1kHz) 100W+100W(20Hz~20kHz)
전고조파 왜율 (정격출력시)	0.2%이하(1kHz) 0.5%이하20Hz~20kHz
혼변조 왜율	0.8%이하
출력대역폭(양채널 구동)	15Hz~70kHz
주파수 특성	5Hz~150kHz +0 -3dB
출력임피던스	0.5Ω 이하(8Ω)
잔류잡음	0.5mV 이하(8Ω)
크로스 토크	-95dB이하 (1kHz)
입력감도/임피던스	1Vrms/250kΩ
필터 (로 컷트 필터)	18Hz, -18dB/oct
레벨미터 지시범위	-55dB~+5dB
전원전압	AC100V, 50Hz/60Hz

형식	진공관 스테레오 파워앰프
소비전력	320W
크기	410x117x386mm
무게	34kg

■ 데논 PRA-1000B 프리앰프

PRA-1000B 프리앰프는 POA-1000B 파워앰프와 같이 발매되었는데 발매당시 23만 엔으로 이 프리앰프와 파워앰프의 값이면 서울의 좋은 단독주택을 사고도 남는 정도의 고가였다.

POA-1000B 파워앰프와 마찬가지로 회로 설계에서 디자인까지 데논의 기술력을 다했다. 사실 필자는 개인적으로 마란츠나 럭스만의 디자인에 비해 데논의 디자인을 그리 좋아하는 편이 아니지만 이 프리앰프와 파워앰프는 소장하고 있다.

이퀄라이저 앰프는 3단 구성 K-K귀환 형인데, 송단의 캐소드 팔로워로 직류 350[V]의 고전압이 출력전압을 포화 수준까지 높여 동적 범위를 한층 향상시켰다. 따라서 PHONO 허용입력 최대는 1[KHz]에서 600[mV] 이상이고, 20[Hz]에서는 70[mV]로 진공관 앰프의 장점을 발휘시켰다. 부스트 앰프도 변형 포화 수준을 중시한 설계로 최대 출력 전압 75[V]가 확보됨으로써 메인 볼륨을 부스트 단계 이후에 배치하였다. 이로서 잔류 노이즈 레벨을 매우 낮게 할 수 있어 진공관 앰프로도 트랜지스터 앰프의 성능을 웃돌 수 있었다.

필자가 이 기기에 쓰인 볼륨을 분해해 보았는데 지금까지 우리가 보아오던 카본저항 트랙을 습동부가 회전하는 방식이 아니고 어테뉴에이터 방식으로 만들어진 구조이다. 따라서 좌우 밸런스가 아주 잘 맞는다. 아래 그림과 같이 습동부는 22개로 만들어진 접점만을 통과하도록 되어 있고 이 접점의 바깥쪽에 검은 색으로 저항체가 연결되어 있는 구조이다.

볼륨의 분해와 어테뉴에이터 형식의 습동부

전원회로에는 누설 자속이 적은 전원 트랜스를 사용하여 S/N 비를 악화시키지 않도록 고려하고 있다. 특히 B전압의 변동을 방지하기 위해 안정화 회로에서 각 단에 공급하도록 되어 있다.

데논 PRA-1000B 프리앰프 정격

형식	진공관 콘트롤 앰프
입력감도/임피던스	Phono1:2.5mV/50kΩ, Phono2:2.5mV/30kΩ Tuner, Aux1/2, Tape1/2:250mV/200kΩ
포노최대허용입력	600mV(1kHz)
RIAA편차	20Hz~20kHz +0.3 -0.5dB
정격출력	1Vrms
최대출력	75Vrms(1kHz)
전고조파왜율	0.06%이하 (출력5V, 1kHz)
톤 콘트롤	Bass:±10dB(50Hz) Treble:±10dB(20kHz)
필터	Low:25Hz/70Hz, -12dB/oct High:6kHz/10kHz, -12dB/oct

형식	진공관 콘트롤 앰프
주파수특성(Aux in)	8Hz~100kHz +0 -1.0dB(Tone Defeat) 20Hz~20kHz +0 -1.0dB(Tone Flat)
SN비	Phono:71dB, Tuner, Aux, Tape:83dB
크로스 토크	-90dB이하(1kHz), -70dB이하(10kHz)
게인 콘트롤	+10dB, 0, -10dB
헤드폰 출력 레벨	30mW(8Ω)
소비전력	85W
크기와 중량	410x152x271mm, 8.5kg

> **잠깐** 톤 컨트롤 기능이 없는 프리앰프

여러 종류의 프리앰프 중에서 톤 컨트롤 기능이 없는 프리앰프를 보고 망설이는 분이 꽤 있다. 프리앰프는 내가 가지고 있는 소스 기기를 모두 연결하여 원하는 음을 내어주면 된다. 요즈음 하이파이 프리앰프를 설계할 때는 의도적으로 일부 기능만 있도록 설계하여 패널 전면이 단순하게 되어 있는 프리앰프가 있다.

하이파이 프리앰프에는 이렇게 톤 컨트롤 기능이 없는 기기들이 있는데 이는 음악적 신호를 저하하거나 변화시키는 일을 하지 않으려는 하이파이 오디오의 이념에 맞춘 것이다. 그것은 음악적 신호가 최소한의 변화만으로 재생되어야 하므로 소스로부터 들어오는 신호가 파워앰프로 가는 경로에서 회로가 단순할수록 신호가 깨끗하여 음질이 좋아지기 때문이다. 그런데 오디오 기기들이 녹음된 음을 완벽하게 재생할 수는 없고, 또 사용자의 취향에 따라 듣기 좋은 음으로 변형하여 들으려면 톤 컨트롤 기능이 있어야 한다. 그렇다면 프리앰프를 구입하려는 사람은 음악적 신호를 가장 변화가 적은 원음에 가깝게 들을 수 있는 톤 콘트롤 기능이 없는 것을 고를 것인가 아니면 자신이 듣기 좋은 음으로 바꿔서 들을 수 있는 톤 컨트롤 기능이 있는 것을 선택할 것인가를 판단해야 한다.

필자는 어떤 한 장르에 치우치지 않고 음악을 듣는다. 클래식 음악을 듣다가 마음이 변하면 재즈를 듣기도 한다. 또, 기분에 따라 멋들어진 가요를 듣기도 한다. 이럴 때는 톤 컨트롤 기능이 없는 것보다는 있는 것이 더 좋았다.

■ 데논 POA-1001 파워앰프

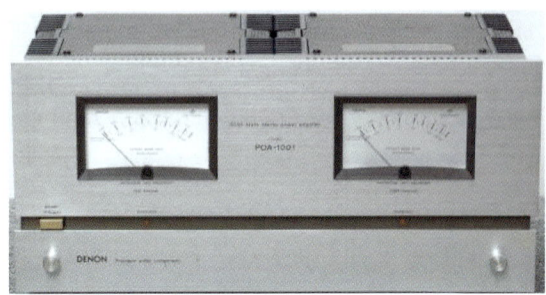

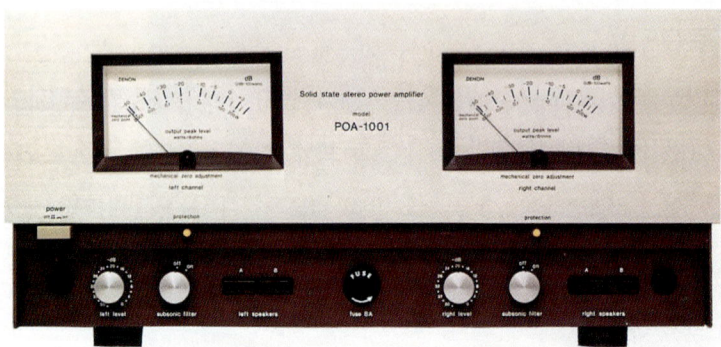

데논 POA-1001는 1977년 145,000엔에 발매한 트랜지스터 파워앰프로서 PRA-1001 프리앰프와 쌍을 이룬다. 데논이 POA-1000B 진공관 파워앰프를 출시한 후 처음으로 트랜지스터를 사용하여 만든 기기로서 모든 오디오 기기들이 진공관에서 트랜지스터로 바뀌어가던 때에 만든 트랜지스터식 파워앰프이다.

음질은 전형적인 데논의 맑고 깨끗한 소리가 나오는데 알텍이나 JBL스피커와 매칭하면 좋다.

회로의 증폭방식은 DC 증폭 방식을 채택한 스테레오 파워 증폭기이다. 회로 구성은 ICL 전단직결 OCL 회로로 되어있으며, 초단이 차동 증폭, 프리드라이브단이 이미터 팔로어입력, 라(裸)이득 증대 회로가 있는 차동 증폭, 종단이 달링턴 연결의 순 콤플리멘터리 푸시 풀로 구성되어 있다.

출력단에는 100W급의 스위칭 특성이 좋은 바이폴라 형 파워 트랜지스터를 채택하여 당시에 여유있는 출력을 얻었다. 전원부는 좌우 채널이 독립적인 2전원 트랜스 방식이다. 전원 회로는 좌우 채널에 각각 대용량 트랜스와 좌우합계 88,000[μF]의 대용량 전원 평활 컨덴서를 넣어 큰 입력에 대응하도록 하였고, 동시에 채널 간 크로스 토크를 막고 있다.

전면패널에는 대수압축식 레벨미터가 붙어있는데 눈금은 dB과 WATT의 두 가지로 볼 수 있다. 보호 회로가 장착되어 있어 전원을 켜면 프로텍션 램프가 약 10초 동안 켜져 앰프가 정상상태가 될 때까지 소리가 나지 않는다. 또한 출력 단자에 DC전압이 발생하는 경우에 스피커를 보호하기 위한 릴레이가 작동하면서 프로텍션 램프가 켜진다.

데논 POA-1001 파워앰프와 데논 PRA-1001 프리앰프를 매칭하면 매우 깨끗하고 고운 음질을 들을 수 있다. 앞에서 NFB와 차동 증폭에 의해 동 위상의 잡음, 왜곡, 짝수차 고조파 왜곡을 줄일 수 있음을 말했기 때문에 회로에 관심이 있는 분을 위해서 데논 POA-1001 파워앰프의 기본회로에 대해 간단히 살펴본다.

다음 그림의 회로에서 보면 입력 신호는 TR1에, 출력 단에서 NFB는 TR2 게이트에 가해진다. 이 FET차동 증폭은 TR5의 정전류 회로에 의해 동상신호 제거비가 높아지고 TR1/2 자체가 발생하는 동 위상의 잡음, 왜곡을 서로 제거한다. 이미터 팔로워 TR6/7은 극히 높은 입력 임피던스에서 초단 출력을 받아내고, TR10은 TR8/9/11에 의한 차동 증폭의 라(裸)이득을 증대하기 위해 동작한다. 전류미러형 차동증폭의 특징은 TR8의 신호를 TR11로 반전하고, 그 출력과 TR9의 출력이 A급 푸시풀 동작을 하기 때문에 짝수차 고조파 왜곡을 서로 지우고 소진폭에서 대진폭 동작까지 저왜곡률의 출력을 얻을 수 있다.

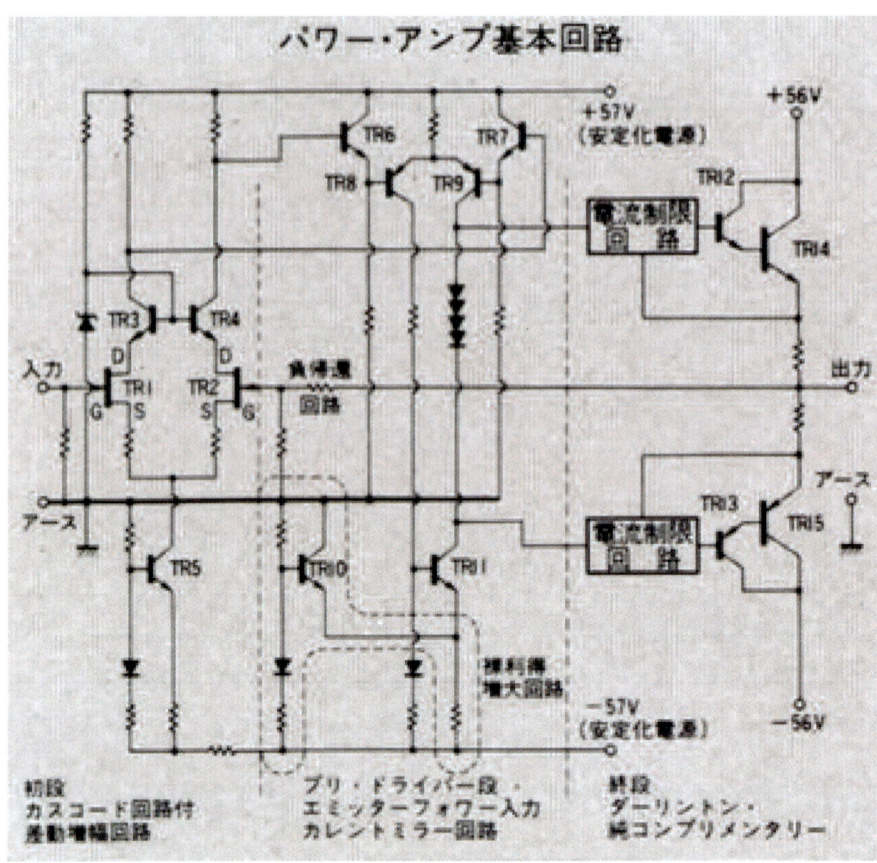

데논 POA-1001 파워앰프의 기본회로

데논 POA-1001 파워앰프의 정격

형식	스테레오 파워앰프
파워앰프부 특성	
다이나믹 출력	120W+120W(8Ω)
정격출력	100W+100W(4Ω), 85W+85W(8Ω)
전고조파왜율	0.005%(20Hz, 1kHz), 0.03%(20kHz)
혼변조왜율	0.02%(60Hz:7kHz=4:1)
출력대역폭(IHF)	3Hz~70kHz (양채널 구동)
전송주파수특성	DC~100kHz +0 -1dB
입력감도/임피던스	1Vrms/50kΩ
출력임피던스	0.04Ω
댐핑팩터	200(DC~1kHz)
SN비(IHF-A)	119dB

형식	스테레오 파워앰프
스피커단자	A/B, 2계통
서브소닉필터	20Hz, 6dB/oct
크로스토크	-95dB이하(20Hz, 1kHz) -90dB이하(20kHz)
사용반도체	2SC1775등 64개 다이오드x62
전원전압	AC100V, 50Hz/60Hz 245W
크기와 무게	410x200x285mm, 17kg

■ 데논 PRA-1001 프리앰프

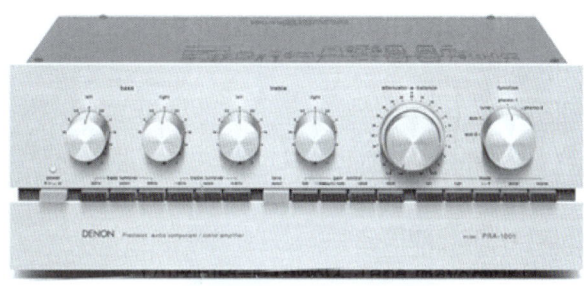

데논이 1976년 138,000엔에 출시한 프리앰프이다. 데논 최초의 본격적인 트랜지스터 분리형 파워앰프인 POA-1001과 짝을 이루는 컨트롤 앰프이다. 이 프리앰프에 앞서 발매했던 진공관 컨트롤 앰프 PRA-1000B와는 또 다른 트랜지스터 앰프만의 매력이 있는 프리앰프다.

프리앰프가 가져야 할 기능, 성능, 조작성, 디자인이라는 문제를 철저히 검토하여 탄생했는데, Simple is Best의 관점에서 완전 디피트(defeat) 방식을 채택하였다. 이퀄라이저 앰프의 출력은 필수적인 버퍼 앰프만을 통할 뿐이며 부스터 앰프, 톤 앰프 및 필터 앰프 회로를 모두 점프시킬 수 있도록 전면 패널 중간에 defeat 스위치를 배치하였다.

이퀄라이저 앰프는 차동 증폭 2단, 전류 미러, 종단 A급 컴프리먼터리 푸시풀 연결의 7트랜지스터 구성으로 고이득을 얻으면서 저왜곡을 실현했다. 트랜지스터는 모두 저잡음 고내압이 사용되었고, RIAA 회로에도 폴리프로필렌 컨덴서와 금속 피막 저항을 사용하여 RIAA 편차를 0.2dB 이내로 하였다.

볼륨은 그림과 같은 모양으로 crosstalk(누화)를 개선하기 위해 L·R이 근접하지 않는 구조의 21클릭 볼륨이며 볼륨과 밸런스는 2축 연동의 4련형으로 되어 있다.

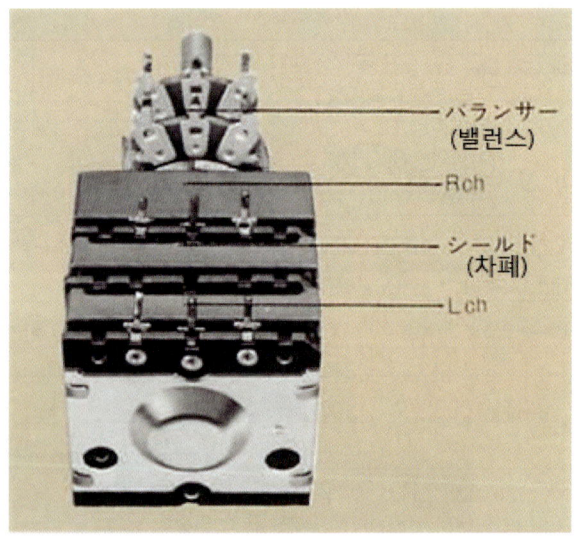

톤 컨트롤은 BASS와 TREBLE이 좌우 독립형으로 로터리 스위치를 사용했다. 톤 가변의 단계 저항은 로우 노이즈 집적 저항을 사용했다. 회로 구성은 컴프리멘터리 푸시풀 버퍼를 통해 차동증폭 및 반전증폭 회로에 의한 NFB형 톤 컨트롤 앰프로 되어 있다.

턴오버 주파수는 2단 전환의 3련 버튼으로 되어 있으며, 중앙의 DEFEAT 버튼을 누르면 톤 컨트롤 회로를 신호계에서 떼어낼 수 있게 되어있다. 필터는 하이컷, 로우컷과 컷오프 주파수가 2점 절환 방식으로 하이컷이 2회로, 로우컷이 2회로이다.

패널 디자인은 당시 데논 앰프에 공통적인 이미지로 사용 빈도가 높은 볼륨과 톤 컨트롤 등의 기능 스위치는 상단에 배치하고 사용 빈도가 적은 스위치는 하단의 스트랩 도어 내부에 담고 하단을 짙은 갈색으로 한 투톤의 디자인이다.

데논 PRA-1001 프리앰프의 정격

회로방식	트랜지스터 프리앰프
이퀄라이저앰프부(PHONO IN~REC OUT)	
입력감도/ 입력 임피던스	포노1 : 3.2mV / 50kΩ 포노2 : 3.2mV / 30,50,100kΩ절환
최대허용입력	300mV(1KHz)
최대출력 / 정격출력	30V / 320mV
전고조파왜율	0.03%(출력 6V, 1KHz)
RIAA편차	±0.2dB(20Hz~20kHz)
SN비	78dB이상
분리도	90dB 이상(20Hz · 1kHz · 20kHz)
게인	40dB
콘트롤앰프부(AUX IN~PRE OUT DEFEAT)	
입력감도/ 입력 임피던스	TUNER : 320mV / 50KΩ AUX-1&2(ADJ VOL부) : 320mV/50KΩ&40KΩ TAPE PB-1&2(ADJ VOL부):320mV/50kΩ&45KΩ
최대출력/정격출력	10V/1V
전고조파왜율	0.003% (출력2V · 1KHz)
전송주파수특성	10Hz~100KHz+0.1,-0.5dB (TONE FLAT시 : 20Hz~50KHz+0.1,-0.3dB)
SN비(IHF-A)	103dB이상
분리도	85dB이상(20Hz · 1kHz · 20kHz)
게인콘트롤(뮤팅)	0, -10, -20, -30dB
테이프모니터	2계통
총합	
사용반도체	2SA872등 63개 , IC×1 , 다이오드×25
분리도	80dB이상(20Hz~20kHz)
전원과 소비전력	AC100V, 50Hz, 60Hz, 16W
크기와 무게	410×152×271mm, 8kg

> **잠깐** 앰프의 특성표에서 볼수 있는 입력 감도란?
>
> 앰프의 출력에서 풀 파워를 내기 위해 필요한 신호의 레벨이며 이것은 앰프의 전력비와 게인에 의해 결정된다. 10[W]의 앰프가 200[W]의 앰프와 같은 입력 전압으로 풀 파워를 내기 위해서는 200[W]의 앰프보다 훨씬 작은 게인을 필요로 한다. 파워앰프의 입력에 어느 정도의 신호가 들어갔을 때 가장 적정한지를 나타내주며 이를 조절해주는 것이 프리앰프이다.

■ 데논 POA-3000 파워앰프

데논 POA-3000 파워앰프는 1979년 35만 엔의 고가에 발매한 트랜지스터 파워앰프이다. 이 앰프의 특징은 데논 자체의 리얼 바이어스 회로에 의해 A급 증폭기 동작이면서도 고출력화를 실현하고 있다.

리얼바이어스 회로는 신호 전류보다 바이어스 전류가 빨리 일어나도록 무신호 시에도 약간의 고정 바이어스 전류를 흘려주어 높은 주파수의 신호가 들어오더라도 바이어스가 먼저 상승하고 증가하기 때문에 확실하게 A급 동작이 되도록 제어된다. 이 리얼바이어스 회로에 의해 기존 A급 방식과 비교하여 약 1/5의 전력 소비만으로 같은 효율을 실현한다.

데논은 이 리얼바이어스 회로에 의해 파워앰프를 설계하면서 100[MHz] 고속 파워 트랜지스터를 개발하여 한 채널당 5병렬 푸시풀 연결하고, 트랜지스터의 증폭 특성의 직선 영역을 사용하여 A급 증폭할 때 트랜지스터로 흐르는 신호 전류의 피크 값과 동등한 직류 바이어스 전류를 흐르도록 제어하였다. 이로서 A급 증폭기의 단점이었던 저효율, 발열, 대형화 문제를 해결하였다. 초단에는 로우 노이즈 FET 차동 증폭기와 그 병렬 동작에 의한 다이렉트 DC 서보 방식을 채택하고 입력부의 커플링 컨덴서를 제거하였다.

전원 공급은 출력단과 그 외를 별도의 전원 변압기로 공급한다. 출력단 전원은 좌우 별도로 감은 대형 토로이달 트랜스와 고역까지 저임피던스화를 꾀한 10만 μF의 대용량 컨덴서를 달았다. 또한, 초단부터 드라이브단까지는 EI형 전원변압기를 따로 설치해 출력단의 심한 부하 변동의 영향에서 벗어나도록 하였다.

좌우 출력 레벨을 dB 및 W표시로 직독할 수 있는 대형 파워 미터가 장착되었고, 전원 스위치의 ON-OFF 작동시 발생하는 '퍽'하는 팝 노이즈를 방지하기 위해 뮤팅 회로를 겸한 보호회로를 통해 스피커와 트랜지스터를 보호하고 있다. 이상이 있을 때에는 보호회로가 작동하면서 전면 패널 내의 보호 LED가 깜박인다.

앰프 내부는 좌우 대칭 형태로, 전원부는 위치적으로나 전기적으로 초단 회로로부터 최대한 멀리 떨어지게 앞쪽에 자리하고 있다. 전면패널의 미터는 전원을 켜면 5~6초 동안 DENON 마크를 표시하고, 그 뒤 대형 피크미터를 조명한다. A급 동작이어서 음질이 깨끗하고 명료하게 들리는데 아날로그 전성기 시대의 수작이다.

데논 POA-3000 파워앰프의 정격

형식	스테레오 파워앰프
정격출력	8Ω부하시 : 180W+180W
전고조파왜율	0.002% 이하(20Hz~10kHz) 0.003%이하(20Hz~20kHz)
혼변조왜율	0.003% 이하(180W)
출력대역폭	5Hz~100KHz(THD0.02%)
입력감도/입력 임피던스	1V/50KΩ
출력임피던스	0.04Ω(1kHz)
댐핑 팩터	200dB이상
S/N비(IHF-A)	122dB 이상
주파수특성	10Hz~100kHz ±3dB

형식	스테레오 파워앰프
분리도	100dB이상(20Hz~1kHz) 85dB이상(~20kHz)
슬루레이트	±300V/μsec이상
서브소닉 필터	16Hz, 6dB/oct
레벨미터 특성	피크 지시방식 출력레벨 미터지시범위 : -50dB~+5dB,0dB=200W/8Ω
전원과 소비전력	100[V], 무신호시:220W 유신호시 : 730W
크기와 무게	495×188×459mm, 34Kg

■ 데논 PRA-2000 프리앰프

데논 PRA-2000 프리앰프는 데논이 1979년 20만 엔에 발매하여 데논 POA-3000 파워앰프와 쌍으로 사용하도록 설계하였다. 이퀄라이저는 CR형식을 더욱 발전시킨 무귀환형 이퀄라이저 앰프이다. 구성은 로우노이즈 FET에 의한 DC선형 증폭기 2단과 단 사이에 CR형 이퀄라이징 필터로 구성되며, 초단의 FET는 병렬 차동으로 S/N을 대폭 개선했다. 또한, 입력 커플링 컨덴서를 제거하여 컨덴서에 의한 음의 색조를 없앴다.

Phono3은 22개의 트랜지스터로 구성된 MC헤드 앰프이다. 이 헤드 앰프 초단에는 저 잡음화에 유리한 PNP형 저잡음 트랜지스터를 다단 병렬 연결하는 등 데논의 고급 헤드 앰프인 HA-1000과 동등한 회로 구성을 하였다.

플랫 앰프 부에는 10[kΩ]의 낮은 임피던스 볼륨 회로를 채택하여 고저항 열잡음에 의한 S/N의 열화, 왜곡 증대, 배선의 부유 용량 등에 의한 하이컷 필터의 형성 등 높은 임피던스 볼륨으로 발생할 수 있는 단점을 해소한다. 출력 커플링 컨덴서도 제거했다.

각 선택기 스위치는 조작성을 고려하고 가벼운 터치로 전환하는 전자 회로 푸시 식이다.

전원부에는 전원 변동률에 강한 5중 차폐 대형 토로이달 트랜스가 장착되었다. 각 부는 좌우 채널을 대등하게 배치하고 신호 쪽과 전원부를 분리함으로써 상호 간섭을 막았다. 또한, 증폭기 부는 상부 기판과 하부 기판 사이의 차폐를 비롯하여 MC헤드 증폭기 및 이퀄라이저 증폭기, 높은 S/N 유지 및 자기 왜곡 방지를 위해 알루미늄 판을 사용한 2단 구조이다.

이 프리앰프는 타 앰프와 매칭해도 좋으나 데논 POA-3000과 매칭하였을 때 잘 정돈된 데논만의 중저역이 두껍고 파워풀한 소리가 난다. 팝이나 재즈를 들으면 발군의 음질을 내어준다.

데논 PRA-2000 프리앰프 정격

형식	콘트롤앰프
MC헤드앰프부(Phono3→rec out)	
입력감도/임피던스	0.125mV/100Ω
전고조파왜율	0.003%이하(20Hz~20kHz)
주파수특성	20Hz~100kHz ±0.2dB
SN비	79dB
분리도	70dB이상(20Hz~20kHz)
게인(헤드앰프부)	26dB
이퀄라이저 앰프부(Phono1, 2→rec out)	
입력감도/임피던스	2.5mV/50kΩ, Phono2 100Ω절체가능
최대출력/정격출력	23V/150mV
고조파왜율	0.002%이하(20Hz~20kHz, 4V출력)
RIAA편차	20Hz~100kHz ±0.2dB
SN비	86dB

형식	콘트롤앰프
분리도	100dB이상(20Hz~1kHz), 90dB이상(20kHz)
게인	35.6dB(1kHz)
프리앰프부(AUX→pre out)	
입력감도/임피던스	Tuner, AUX, Tape1, 2:150mV/50kΩ
전고조파왜율	0.002%이하(20Hz~20kHz, 3V출력)
주파수특성	10Hz~100kHz +0 -0.1dB
SN비(IHF-A)	105dB이상
분리도	100dB이상(Vol 최대), 80dB이상(Vol -20dB)
게인, 뮤팅	20dB, -20dB&-∞
서브소닉 필터	16Hz, 12dB/oct
TIM왜율	0.003%이하
총 사용반도체	트랜지스터×149, FET×14, IC×1, 다이오드×68
전원과 소비전력	AC100V, 50Hz/60Hz, 38W
크기와 무게	455x132x357mm, 10.5kg

■ 데논 POA-8000 모노 파워앰프

데논 POA-8000은 1981년에 대당 35만 엔의 고가에 발매된 무귀환방식[44]의 모노 파워앰프이다. 앰프의 증폭 과정에서 동적 왜곡을 지우는 방식이 아니라

---

44 무귀환 방식 - 잠깐의 p.178의 부귀환 방식을 참조

처음부터 동적 왜곡을 발생하지 않도록 하는 무귀환 방식이다.

파워단은 3단 달링턴 구성으로, 첫 단은 고선형 소신호 트랜지스터 2개에 의한 직렬 이미터폴로워, 두 번째 드라이버는 트랜지스터 4개에 의한 병렬 푸시풀 회로, 최종 출력단은 고속 파워 트랜지스터 12개에 의한 6병렬 푸시풀 회로로 구성되어 있다. 채널당 200[W]의 출력을 내준다.

전면 패널의 디지털 디스플레이는 전원을 켰을 때 7에서 0까지 카운트다운하는 뮤팅카운터 기능과 SP1, SP2의 스피커 지시 기능이 있다. 자가진단 기능도 있어서 세트가 안정적으로 작동하는지 점검하고 이상에 대해서는 코드화된 영문자(E-7-0)로 오류 부분을 자가 진단하여 표시한다.

피크 지시 방식의 출력 레벨 미터로 dB 및 W표시에서 -50dB ~ +5dB의 범위를 표시한다. 또한, 출력의 피크 레벨이 순간적으로나 정격 출력을 초과하면 미터 내부의 적색 발광 다이오드가 몇 초 동안 켜지는 피크 홀드 기능이 있다. 전원부는 4권선의 대형 트랜스가 장착되어 파워부(160V), 전압 증폭부(220V)에 안정적인 전류를 공급한다.

음질은 데논 특유의 음색으로 깨끗하면서도 파워풀하고 넉넉한 출력으로 마니아들의 수집대상인 고급 파워앰프이다.

데논 POA-8000 정격

형식	모노 파워앰프
뮤직 출력	320W(8Ω)
정격 출력	200W(8Ω), 정현파연속, 20Hz~20kHz)
전고조파왜율	0.003%이하(8Ω, 정현파연속, 20Hz~20kHz)
혼변조왜율	0.005%이하(60Hz:7kHz=4:1, 정격출력시)
출력대역폭	5Hz~100kHz (THD 0.01%)
입력감도/입력 임피던스	1V/50kΩ
출력임피던스	0.1Ω이하(1kHz)
SN비(IHF-A)	120dB이상
주파수특성(1W출력시)	1Hz~200kHz +0dB -3dB
출력단자	2계통

형식	모노 파워앰프
서브소닉필터 특성	16Hz, 6dB/oct
스루레이트	±380V/μsec
레벨미터 지시방식	피크치 지시방식 레벨 미터
레벨미터 지시범위	−50dB~+5dB(0dB=200W/8Ω)
레벨미터 주파수특성	10Hz~100kHz ±3dB
레벨미터 부속기능	정격출력 피크홀드 표시
디스플레이 뮤팅표시	초기치7→0 카운트 다운
스피커 표시	SP1, SP2
자기진단기능	메인회로, 왜제거회로, 이상온도 진단
전원전압	AC100V, 50Hz/60Hz
소비전력	330W, 160W(무 신호시)
크기와 무게	310x188x462mm, 22kg

▶ 잠깐 부귀환방식(NFB)과 무귀환방식의 차이점은?

앰프의 주파수 특성을 개선하기 위해서는 NFB(Negative Feedback)이라는 부귀환방법으로 신호를 교정하면 음질 향상이 된다.

그림에서 부귀환회로는 붉은 점선 부분으로 출력 트랜스의 2차 측에서 초단의 캐소드에 저항으로 연결하는 데 이 저항이 부귀환저항이다. NFB저항 값을 작게하면 NFB가 깊어지고, NFB저항을 크게 하면 NFB는 얕아진다. 저항이 없으면 무귀환 앰프가 된다.

부귀환회로에 의한 효과는 주파수특성이 개선되어 고역과 저역이 연장되고, 왜율이 감소한다. 또 험 등의 노이즈가 감소하고 댐핑 팩터가 커지므로 스피커 출력 음이 좋아져서 청감상 음이 순해진 느낌으로 안정감과 기품있는 음이 나오는 것으로 느껴진다. 증폭기에서 증폭을 하면 주변의 다른 신호들이 유입되어 음질이 나쁘게 되는데 저역과 고역의 응답이 떨어지고 왜곡으로 인한 원래 신호의 모양이 변형되고 험이나 노이즈가 더해져 출력된다. 따라서 그림과 같이 NFB의 원리는 출력 신호의 일부를 입력으로 되돌려 역상으로 덧셈한다는 원리이다. 만약 NFB저항이 없다면 입력신호와 출력신호가 같은 동상이겠지만 출력신호의 일부를 전단의 캐소드에 연결하면 위상이 반대가 되는 것을 이용한 것이다.

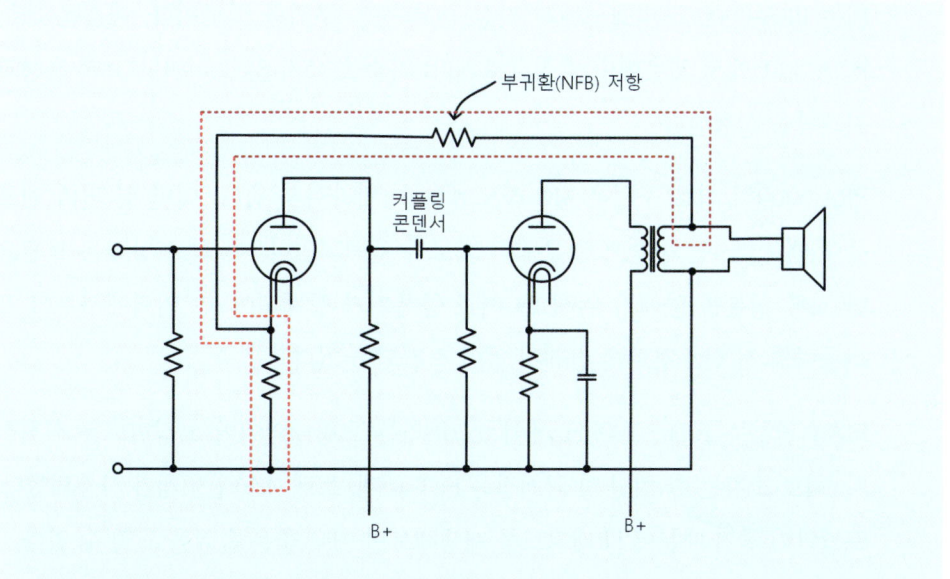

NFB방법을 사용하면 이득의 감소, 발진의 우려가 있으며, NFB를 많이 쓴 앰프는 주파수 특성, 왜곡, 노이즈 등에서 수치상으로는 좋지만 실제로 음을 재생하면 좋은 소리로 느껴지지 않아 적당한 NFB를 사용하여야 한다.

■ 데논 PRA-6000 프리앰프

데논이 1982년 45만 엔의 고가로 출시한 고급 프리앰프이다. 전년에 출시한 모노형 고급 파워앰프 POA-8000과 매치하려고 개발한 프리앰프이다.

당시 데논은 카트리지나 아날로그 플레이어의 일대 브랜드였던 만큼 1979년에 명기 PRA-2000을 출시하는 등 포노가 좋은 프리앰프 개발에 정평이 있었다. 이 PRA-6000은 데논의 아날로그 관련 기술이 망라된 프리앰프이다.

데논 PRA-6000 프리앰프에서 가장 큰 특징은 무귀환 회로이다. 이것은 데논 POA-8000에서 채용했던 방식으로 NFB 기술을 쓰지 않고 뛰어난 고역 특성과 저왜곡을 실현한다.

PRA-6000의 회로 구성은 MC 헤드앰프, 이퀄라이저 앰프, 버퍼 겸 필터 앰프 플랫 앰프의 4단 구성으로 무귀환 회로가 채택되었다. 이 회로 방식은 불필요한 직류 성분을 없애기 위해 DC서보 증폭기가 탑재되어 MC입력에서부터 프리출력의 전 신호경로에 컨덴서 없이 직결되어 있다.

RIAA 편차는 10Hz~100kHz에서 0.2dB라는 초광대역이며 고정밀도를 실현한다. 회로 소자는 한 채널 당 극저잡음 FET 16개, 트랜지스터 30개가 사용되었다. 포노단이 좋기 때문에 LP레코드를 재생해보면 매우 좋은 음질을 느낄 수 있다.

버퍼 겸 필터 앰프와 플랫 앰프에도 캐스코드[45] 푸시풀회로와 리얼 밸런스 서킷이 조합되어 NFB를 쓰지 않는 무귀환 증폭을 한다.

MC카트리지 입력 단자는 3계통의 PHONO단자 중 MM, MC 절환의 두 계통이 있고, 톤 컨트롤은 음질 열화나 특성 열화 등을 억제하기 위한 무귀환형 톤 콘트롤 방식이다.

볼륨은 PRA-6000의 S/N열화를 방지하도록 저임피던스 볼륨인 10k의 낮은 임피던스 볼륨을 장착했다.

내부는 신호경로 및 각 유닛앰프가 좌우 채널 대칭으로 배치되어 채널간의 간섭을 없애고, 내습성이 뛰어난 유리 에폭시 기판, 무산소 구리 어스 라인, 고품질 필름 컨덴서 등을 사용했다.

전면 패널에는 매킨토시처럼 유리 패널을 사용했다. 이 패널은 15mm의 유리

---

[45] 접지 형식이 다른 능동 소자를 조합한 증폭 회로의 일종으로, 진공관 앰프의 경우 원래 2단의 3극관 증폭기를 첫 단에는 음극 접지로, 다음 단은 그리드 접지로 하여 접속함으로써 저잡음 증폭기를 구성하는 회로이다. 트랜지스터 증폭기의 경우도 이미터 접지의 첫 단과 베이스 접지의 2단 째를 가지는 2단 증폭 회로를 캐스코드 증폭기라고 한다. 이 회로는 입력 임피던스와 출력 임피던스를 모두 비교적 높게 취할 수 있는 특징이 있다.

위에 다이아몬드 가공으로 글자가 선명하게 떠오르도록 되어 있다. 윗 판은 인쇄를 한 6mm 두꺼운 유리가 사용되었다. 이러한 전면 패널, 샴페인 골드의 사이드 패널 등의 외장도 POA-8000 파워앰프와 잘 매치된다. 데논 PRA-6000 프리앰프는 고급스러운 외관은 물론 선명하면서도 부드러운 음질로 지금도 현역기로 사용되는 최상급 프리앰프이다.

데논 PRA-6000 프리앰프 정격

형식	스테레오 프리앰프
MC헤드 앰프부(Phono1, 3MC in~Rec out)	
입력감도/임피던스	0.125mV/100Ω
최대허용입력(1kHz)	19mV
전고조파 왜율	0.002%이하(20Hz~20kHz)
주파수특성(RIAA편차)	10Hz~100kHz ±0.2dB
SN비	76dB(입력환산 로이즈레벨-154dBV)
이퀄라이저앰프부(Phono1, 2 MM in~Rec out)	
입력감도/임피던스	2.5mV/50kΩ ※Phono2는 100Ω의 절체 가능
정격출력	150mV
진고조파 왜율	0.002%이하(20Hz~20kHz, 2V출력시)
RIAA 편차	10Hz~100kHz ±0.2dB
SN비	±380V/μsec
하이레벨 앰프부(Aux in~Pre out)	
입력감도/임피던스	Tuner, Aux, DAD, Tape1,2 : 150mV/50kΩ
전고조파왜율	0.002%이하(20Hz~20kHz, 5V출력시)
주파수특성	2Hz~300kHz +0 -3dB, 10Hz~100kHz +0 0.3dB
SN비	100dB
분리도	Volume 최대시 20Hz~1kHz:100dB 20kHz:75dB
톤 콘트롤	턴오버 주파수 : 25Hz/2kHz, 125Hz/8kHz, 증감 포인트 : 0.5dB,±1.0dB,±2.0dB,±4.0dB,±8.0dB
서브소닉필터	16Hz, 12dB/oct, 20Hz, 6dB/oct
기타	
주요사용부품	트랜지스터×171, FET×80, IC×11, 다이오드×123
전원과 소비전력	AC100V, 50Hz/60Hz, 90W
크기와 무게	455x134x392mm, 14.3kg

2.5 아큐페이즈(Accuphase)에서 만든 기기들

2.5.1 아큐페이즈사의 연혁

아큐페이즈(Accuphase)는 트리오(현 켄우드) 창업자인 카스가 형제가 1972년 고급 오디오 기기 전문업체로 켄소닉이라는 회사명으로 창업했다. 아큐페이즈의 오디오 제작의 철학은 '현대를 여행하는 인간의 마음을 촉촉하게 하는 오아시스로 음악 예술을 통해 인간의 영혼을 향상시키고 싶다는 이념 아래 모인 기술 집단'이라고 밝히고 있다.

회사명과 브랜드명이 같은 Accuphase 의미는 Accurate(정확한)와 오디오기술에서 중요한 Phase(위상)의 합성어로 시장의 유행에 영합하지 않고 본질만을 추구한다는 철학이다. 완벽한 생산을 위하여 생산 라인에 컨베이어 벨트를 이용하지 않았다. 그래서 "컨베이어 벨트를 사용하지 않아서 얼마만큼 싸지나요?"가 아니라 "얼마를 기다리면 될까요?"라는 생각이 들도록 하겠다는 창업 이념에 걸맞은 완벽한 제작으로 세계의 오디오사에 남을 만한 수많은 명기를 만들어내었다.

필자는 오래전 아큐페이즈 P-300 파워앰프와 C-200 프리앰프 중고를 구입하여 사용하였는데 기기의 노화와 매칭문제로 그렇게 좋은 인상이 아니었다가 그 후 아큐페이즈 E-405를 들여와 스위치를 처음 켰을때의 그 느낌은 지금도 잊을 수 없다. 아큐페이즈의 기기는 전반적으로 아큐페이즈만의 독특하고 예쁜 음을 내어주는데 사람으로 표현하면 마치 이목구비가 뚜렷한 얼굴에 살짝 화장한 미인이 예쁜 양장에 하이힐을 신고 석조건물의 옆에 서서 매력적인 목소리로 노래를 부르고 있는 것 같은 외모와 음질이라고 표현하면 너무 제작업체의 편에 선 표현일까?

필자에게 아큐페이즈가 던져준 첫인상은 외모의 빼어남은 물론 음질도 오디오계의 미인 사운드로 하이스피드의 해상도가 있으며 경쾌하면서도 꽉 찬 힘 있는 사운드였다.

창업 당시 카스카 형제는 제1호 제품인 프리앰프 C-200, 파워앰프 P-300, 튜너 T-100을 가지고 전국에서 시청회를 열었다. 스피커는 보이스 오브 시어터의 알텍 A-7, 어쿠스틱 서스펜션의 완전 밀폐형 AR Research AR-3a, 스튜디오 모니터인 JBL4320의 각각 특색 있는 스피커 3조를 매칭한 시청회였다. 당시 채널당 100W를 초과하는 앰프가 거의 없는 시대에 채널당 150W의 파워앰프는 음질과 여러 면에서 훌륭했다. 일본 회사원의 월급이 5~6만 엔인 시대에 그 음을 들은 사람들은 23만 엔이나 되는 거금의 파워앰프 P-300을 구매했다.

지금도 앰프를 만들지 않은 오디오 관련 제조사에서는 테스트용으로 아큐페이즈 앰프가 쓰인다. 음색에 색칠이 없고 미래의 확장성, A/S의 보증성, 외형의 아름다움, 힘, 금장패널 등으로 인해 높은 가격임에도 많은 마니아층이 있는 이유다.

아큐페이즈는 1972년에 창립되었기 때문에 타 회사보다 늦게 출발한 관계로 진공관 앰프는 없다. 본서에서는 트랜지스터 앰프 중에서 80년대 초반까지 발매된 기기 중에서 인티앰프인 아큐페이즈 E-202, E-302, 프리앰프인 아큐페이즈 C-200, C-240, C-280, 파워앰프인 아큐페이즈 M-60, M-100, P-300, P-600 등에 대하여 기술한다.

2.5.2 아큐페이즈 프리 파워앰프

■ 아큐페이즈 C-200 프리앰프

아큐페이즈 C-200 프리앰프는 Accuphase 시리즈 제1탄으로 출시된 컨트롤 앰프로 1973년 15만5천 엔에 발매된 앰프이다. 당시의 회사 이름은 켄소닉이었다. 이퀄라이저 회로는 전단직결 방식의 완전 푸시풀 구동으로 NFB(부귀환)를 돌리기 전의 라특성을 개선한 회로 구성을 하고 있다. 또한, 넓은 동적 범위의 입력 신호에 대응하기 위해 이퀄라이저의 종단에 A급 증폭을 하고 플러스와 마이너스 2전원 방식을 채택하여 높은 허용 입력 전압을 확보하고 있다.

좌우 독립형 톤 콘트롤을 장착했으며 턴오버 주파수는 저음, 고음 각각 200[Hz], 400[Hz] 및 2.5[kHz], 5[kHz]로 전환할 수 있다. 변화 특성은 11접점의 로터리 스위치로 10dB씩 하도록 되어있다. 서브 소닉 노이즈[46]를 차단하기 위한 목적으로는 30[Hz] 이하 12dB/oct의 로우 필터가 장착되었다. 테이프를 재생할 때 발생하는 히스노이즈[47]를 잘라 내려고 5[kHz] 12dB/oct의 하이 필터도 장착하였다. 요즈음은 거의 사용하지 않는 기능이기는 하지만 이 C-200 기종에는 3대의 테이프 레코더를 연결할 수 있도록 3계통 테이프 입출력이 있는데 이 중 2대가 상호 더빙이 가능하고 복사 스위치를 독립시켜 소스를 들으면서 전혀 독립적인 상태에서 테이프 레코더 상호 간에 더빙이 가능하다.

전체 증폭단에는 정전압화한 전원을 공급하여 안정도를 향상시켰다. 전면 패널에 탑재한 스피커 전환 스위치는 파워앰프를 손이 닿지 않는 곳에 설치할 때도 별도 판매 전용 릴레이 박스를 이용해 스피커 시스템을 전환할 수 있다.

---

46 LP레코드판이 굽어져 있을 경우나 편심회전 때 음악신호가 변조되거나 음질열화를 일으키는 초저역의 노이즈가 생긴다. 이 신호는 귀에 잘 들리지 않지만 스피커까지 이르게 되면 스피커의 콘지가 흔들거려서 소리가 일그러진다. 이 필터는 스피커 콘지의 진동을 멈추기 위해 30~50Hz 이하의 초저음을 잘라내므로 이 필터를 북 같은 초저역 신호음에 사용하면 녹음신호까지 잘라져 버리는 경우가 있어 반드시 휘어진 레코드 재생 등에만 사용해야 한다.
47 녹음 테이프를 재생할 때 발생하는 자기 테이프 특유의 '씨익'하는 잡음. 녹음되어 있는 내용에 관계없이 항상 일정한 레벨로 나타남.

아큐페이즈 C-200 프리앰프 정격

형식	스테레오 컨트롤앰프
주파수 특성	하이레벨입력 : 20Hz~20000Hz, +0 -0.2dB DISC와 MIC입력 : 20Hz~20000Hz, ±0.2dB
고조파왜율	0.05%이하(20Hz~20000Hz, 정격출력시)
입력감도/입력 임피던스	DISC1:2~6mV/20kΩ, 30kΩ, 47kΩ DISC2:2~6mV/47kΩ MIC:2mV/47kΩ, Tuner:200mV/130kΩ AUX1, 2, Front:200mV/130kΩ Tape Play1, 2, Front:200mV/130kΩ
정격출력/출력임피던스	Main Output:2.0V/200Ω Headphones:0.4V/0.3Ω(음량조정최대, 정격입력시) Tape Rec Output1, 2, Front:200mV/200Ω(DISC입력시) Mono Output:0.42V/38kΩ
최대출력레벨	10V이상(왜율 0.05%)
디스크최대입력	400mV~1.2Vrms(1kHz, 왜0.05%)
S/N(정격출력)	Tuner, AUX, Tape Play:90dB이상(정격입력) DISC, MIC:74dB이상(10mV입력)
톤 컨트롤	저역변화점 400Hz:±10dB(100Hz), 200Hz:±10dB(50Hz) 고역변화점 2.5kHz:±10dB(10kHz), 5kHz:±10dB(20kHz)
DISC저역증대(양감보상회로)	RIAA기준특성에 대하여, 0dB, +0.5dB, +1dB(100Hz)
보상회로	50Hz:+10dB (음량조정-30dB)
필터	DISC서브소닉필터:25Hz, 6dB/oct 로우 필터:30Hz, 12dB/oct, 하이 필터:5kHz, 12dB/oct
사용반도체	트랜지스터×80, 다이오드×35
전원과 소비전력	100V, 117V, 220V, 240V, 50Hz/60Hz. 36W
크기와 무게	445x152x355mm, 14kg

■ 아큐페이즈 C-240 프리앰프

Accuphase C-240 프리앰프는 1978년 39만6천 엔이라는 고가로 발매된 오디오 시스템용 스테레오 컨트롤 앰프이다.

증폭기의 패널 레이아웃은 전면적으로 푸시 스위치를 이용하였고, 회로 구성은 전체 증폭단 대칭형 푸시풀 구동 A급 DC방식이다.

전면 패널에는 회전식 노브 4개, 레버스위치 1개, 푸시스위치 57개로 구성하였다. 특히 입력 선택기는 전자 제어에 의해 회로 내 릴레이를 컨트롤하는 방식으로 페더터치(feather touth)로 전환할 수 있다. 헤드 앰프 전환은 전자 제어 방식의 장점을 활용하고 DISC1, DISC2 카트리지에 맞게 각각 전용으로 ON/OFF를 기억시켜 조작성을 향상시켰다.

헤드 앰프 입력에서 출력까지 그리고 헤드폰 전용 앰프의 모든 증폭 단에 완전 대칭형 푸시풀 회로로 선형성이 뛰어나고 소량의 NFB에서 가장 낮은 왜곡율을 얻는다. 헤드 앰프, 이퀄라이저 앰프, 헤드폰 앰프 등의 각 유닛 앰프 모두 DC 방식이다.

볼륨에는 습동자를 18개의 브러시 상에 구성하고 저항체에는 컨덕티브 플라스틱 소자를 사용하였다. 이 저항체는 열경화성 수지 절연체에 도체성 입자를 도포한 것으로 표면은 매끈하고 강한 막면을 형성한다. 그러므로 접촉 저항이 무려 1/18로 줄어들어 장기간의 사용에도 안정된 볼륨이다.

모드 스위치는 Stereo, Rev, Mono 외에 Blend 포지션이 있다. Blend 포지션은 스피커의 간격이 너무 넓을 때나 부자연스럽게 분리되는 프로그램 소스를 재생할 때 좌우 퍼짐을 10dB로 좁혀 자연스러운 퍼짐이 되도록 한다.

아큐페이즈 C-240 프리앰프 정격

형식	스테레오 콘트롤센터
주파수특성	하이레벨입력 : 20Hz~20000Hz +0 -0.2dB 디스크 입력 : 20Hz~20000Hz ±0.2dB
고조파왜율	0.005%(20Hz~20kHz, 정격출력)
입력감도/ 입력 임피던스	DISC1, 2(Head Amp OFF):2.0mV/100Ω, 47kΩ, 82kΩ, 150kΩ 전환 DISC1, 2(Head Amp ON):0.1mV/100Ω 고정 Tuner, AUX, Tape Play1, 2:126mV/50kΩ
정격출력/ 출력임피던스	(볼륨최대, 정격입력) Output:2.0V/2Ω, Tape Rec1, 2:126mV/500Ω
헤드폰	출력임피던스 : 0.3Ω 출력(8Ω부하) : 0.25W, 1kHz, 왜0.01%
최대출력레벨	(20Hz~20kHz) 10V이상, 왜0.005%
디스크 최대입력	Head Amp OFF:400mVrms, 1kHz, 왜0.005% Head Amp ON:20mVrms, 1kHz, 왜0.005%
최소부하임피던스	Outputs:1kΩ Tape Rec:10kΩ
S/N / 입력환산잡음	하이레벨입력:110dB/-128dBV 디스크입력(Head Amp OFF):85dB/-139dBV
라우드니스 보상	COMP1:+6dB(50Hz), COMP2:+9dB(50Hz) COMP3:+10dB(50Hz),+6dB(20kHz)
디스크 하이트리밍	DISC1, DISC2, 0dB~-8dB연속가변(20kHz)
어테뉴에이터	-10dB, -20dB, -30dB전환식
서브소닉필터	17Hz, 12dB/oct
사용반도체	트랜지스터×159, FET×10, 다이오드×102
전원과 소비전력	100V, 117V, 220V, 240V, 50/60Hz, 80W
크기와 무게	466x188x391mm, 18kg

■ 아큐페이즈 C-280 프리앰프

아큐페이즈 C-280 프리앰프는 1982년 디지털 오디오 디스크의 등장에 대응하여 아날로그와 디지털 디스크를 모두 재생할 목적으로 개발하였다. 발매당시 68만 엔의 고가에 출시한 스테레오 프리앰프이다. 무게만도 프리앰프로서는 매우 무거운 18kg이 넘는다.

회로 구성은 아큐페이즈 전통의 A급 푸시풀 캐스코드 연결방식이다. 캐스코드 연결은 피드백이 적으며 특히 고역에서 좋은 특성이 얻어진다. 이는 소자의 작동 한계까지 직선성이 유지되어 왜곡이 감소하고, SN 비율이 개선되는 등의 이점이 있다.

유닛 앰프의 회로 구성은 공통적으로 헤드 앰프, 이퀄라이저 앰프 및 라인출력 앰프의 3단 증폭회로 구성이다.

각 유닛 앰프는 대칭형 푸시풀 회로로 초고역까지 안정적인 동작을 하도록 하였고, 출력단은 컴프리멘터리 달링턴 푸시풀로 저출력 임피던스와 뛰어난 선형성을 실현한다.

전원부에는 좌우 분리와 이퀄라이저를 분리하도록 4개의 변압기로 완전 독립적인 전원을 공급한다. 이 때문에 필터 회로의 컨덴서 전체 용량은 120,000[μF]나 된다. 방식이 달라 단순하게 그냥 비교하기는 좀 그렇긴 해도 진공관 앰프의 필터 회로가 40[μF] 컨덴서 몇 개 사용되는 것에 비하면 엄청난 용량이다.

이퀄라이저 증폭기에는 대칭형 푸시풀 회로를 채택하고 라인 입력, 라인 출력, 포노 이퀄라이저의 좌우 총 6개 유닛 앰프를 그림과 같이 두꺼운 알루미늄 하우징에 수납하여 외부의 불필요한 신호나 진동을 차단하였다.

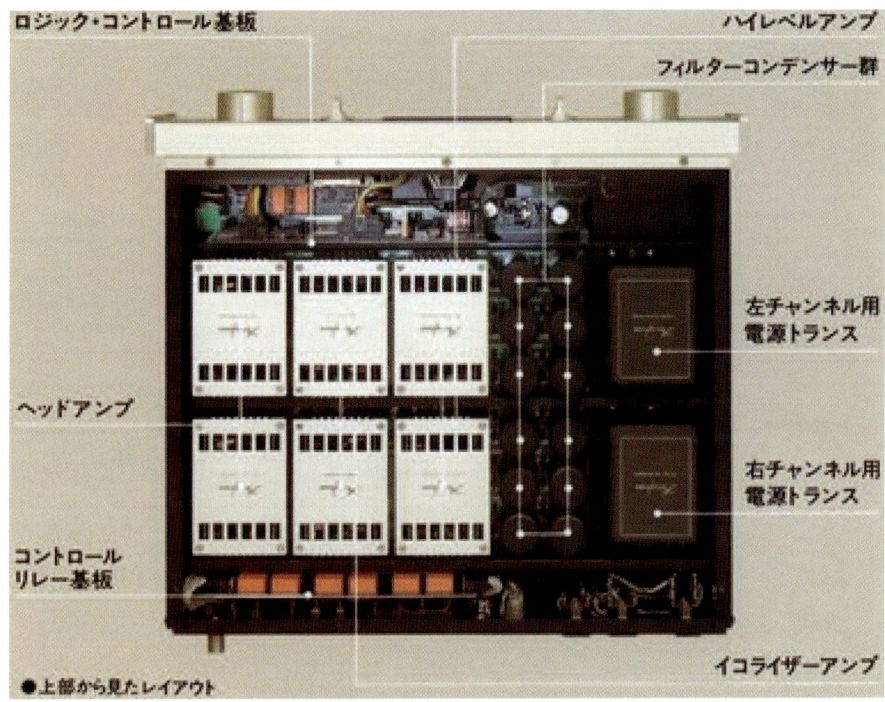

6개 유닛 앰프를 두꺼운 알루미늄 하우징에 수납

전면 패널은 아큐페이즈 전통의 두꺼운 알루미늄을 골드 헤어라인으로 처리하였다.

음질은 선이 분명하고 맑고 깨끗하며 착색되지 아니한 전형적인 아큐페이즈의 소리로 부드럽고 섬세한 고역과 명료한 중역 때문에 지금도 현역기로 사용되며 중고 가격도 꽤 비싸게 거래된다.

아큐페이즈 C-280 프리앰프 정격

형식	스테레오 프리앰프
주파수 특성	Tuner,Line,Tape Play : 1.0Hz~500kHz +0 -3.0dB 20Hz~20kHz +0 -0.2dB Disc : 20Hz~20kHz ±0.2dB
전고조파왜율	0.005%(20Hz~20kHz)
입력감도/임피던스 정격출력/출력0.5V	Disc(Headamp off)MM:2.0mV/0.5mV/47kΩ Disc(Headamp +26dB):0.1mV/0.025mV/10,30,100Ω Disc(Headamp +32dB):0.05mV/0.0125mV/10,30,100Ω Tuner,Line,Tape Play:126mV/31.5mV/20kΩ
정격출력/임피던스	Output(unbalanced):2.0V/1.0Ω Output(balanced):2.0V/600Ω Tape rec:126mV/200Ω(Disc)

형식	스테레오 프리앰프			
	입력단자	정격입력 S/N	입력환산 잡음	EIA S/N
S/N비 입력환산잡음	Disc(Headamp off)MM	85dB	-140dBV	82dB
	Disc(Headamp +26dB)	72dB	-152dBV	76dB
	Disc(Headamp +32dB)	66dB	-152dBV	76dB
	Tuner,Line,Tape Play	110dB	-128dBV	88dB
최대출력레벨 왜율0.005%	Output(balanced):10.0V, Output(unbalanced):10.0V Tape Rec:19.0V			
최대부하임피던스	Output(unbalanced):1kΩ, Tape Rec:10kΩ			
게인	Tuner, Line, Tape Play→output:24dB Tuner, Line, Tape Play→Tape rec output:0dB Disc(Head amp off)MM→output:60dB Head amp +26dB, +32dB절체식			
서브소닉 필터	10Hz, -18dB/oct			
어테뉴에이터	-20dB, -30dB, -∞			
사용반도체	트랜지스터:225개, FET:16개, IC:33개, 다이오드:167개			
전원, 소비전력	AC100V/117V/220V/240V, 50Hz/60Hz, 75W			
크기와 무게	468x171x396mm, 18.1kg			

아큐페이즈 C-280 등에서 얻은 개발 기술을 기본으로 하여 1990년에 80만 엔 이라는 거액에 출시된 C-280V 프리앰프도 관심을 끈다.

C-280V를 위해 특별히 개발한 볼륨은 저항체에 스튜디오용으로 사용되는 CP(컨덕티브 플라스틱) 소자를 사용하였는데, CP저항체는 저항 소자를 인쇄한 뒤 고온 가압 성형하여 저접촉 저항, 저왜곡률을 실현하였다. 저항체와 접촉하는 습동자(브러시)는 금도금 다접점형으로 회전 방식은 브러시가 회전하는 방식이 아니라 브러시를 고정시키고 저항체가 회전하는 구조이다. 이로써 내부 접촉면이 많이 감소하고 접점 윤활유도 불필요해져 내구성을 크게 향상시켰다.

아큐페이즈 280V의 포노는 MM과 MC가 전면 패널 스위치로 전환 가능하여 유용하지만 280V 나온 이후 기종에서는 포노 이퀄라이저가 옵션으로 유닛 추가식이다. 이 유닛 추가식이 되면서 접점 수가 늘어난 탓인지 성능 면에서 이전의 것보다 못하다. 이런 모든 점을 감안하면 280V가 진정한 아날로그 디스크 재생 프리앰프의 마지막이지 않을까 생각된다. 아큐페이즈 280V의 소리는 저음의 무게 중심이 낮으면서 역동적이며 박력이 있고, 부드럽고 섬세한 고역과 명료한 중역 때문에 넓은 음장감을 느낄 수 있어 일본인들이 오디오예술의 극치라고 평하기도 한다.

C-280V의 후계기인 C-290의 소리는 '아큐톤'이라는 아큐페이즈만의 개성이 사라져 브랜드 로고를 벗으면 타사에서 만들어도 될 것 같은 개성 없는 사운드라는 평이 있다.

■ **아큐페이즈 P-300 파워앰프**

아큐페이즈 P-300 파워앰프는 아큐페이즈가 켄소닉 시대인 1973년에 19만 5천엔에 발매한 스테레오 파워앰프 1호기이다. 음악의 미묘한 변화와 막강한 진폭에 대해서도 제대로 추종할 수 있는 앰프를 만들겠다는 목표로 개발됐다. 입력에서 출력까지 전단 직결 푸시풀의 회로 구성으로 NFB(부귀환)를 걸기 전의 라특성을 개선하였다. 대출력 파워 트랜지스터를 각 채널에 6개씩 넣어 트리플 푸시플로 동작한다.

전원부에는 40,000µF 대용량 컨덴서 2개를 장착했다. 출력 단자 이후부터 코드의 단락, 스피커의 이상발생, 앰프 내부의 이상 등이 일어나면 파워 미터 램프가 깜박이면서 릴레이로 차단하는 보호회로가 있다.

턴테이블 모터의 럼블과 초저역의 암 공진에서 일어나는 불필요한 신호나 초고음역의 불필요한 입력 등의 잡음 성분을 잘라내기 위해 17Hz 이하와 24kHz 이상의 신호를 18dB/oct로 없애는 밴드 패스 필터를 내장하고 있다.

대형 파워 미터는 8[Ω]부하 150[W]를 0dB로 눈금하였다. 4세트의 스테레오 스피커를 선택할 수 있는 스피커 선택스위치가 있고, 입력도 2계통 전환이 가능하다. 이 아큐페이즈 P-300의 출현은 아큐페이즈가 좋은 순수오디오를 생산하는 전문업체라는 인식을 심어주기에 충분했고, 선풍적인 인기를 가져왔다.

아큐페이즈 P-300 파워앰프 정격

형식	스테레오 파워앰프
정격출력 (20Hz~20kHz)	4Ω부하 : 200W/ch, 8Ω부하 : 150W/ch, 16Ω부하 : 75W/ch
고조파왜율 (20Hz~20kHz)	정격출력시 : 0.1%이하 -3dB출력시 : 0.05%이하
IM왜율	0.1%이하(정격출력시)
주파수특성(8Ω부하)	20Hz~20000Hz +0 -0.2dB
댐핑팩터	20이상(8Ω부하, 20Hz~20kHz)
정격입력/입력 임피던스	1.0V/100kΩ
S/N비(정격출력시)	100dB이상
스테레오 헤드폰	저출력임피던스 형
오디오 밴드 패스필터	17Hz이하, 24kHz이상, 18dB/oct

2.5 아큐페이즈(Accuphase)에서 만든 기기들

형식	스테레오 파워앰프
파워리미터	프리 · 파워_, 1/2, 1/4, 스위치
사용반도체	트랜지스터×73, 다이오드×88, IC×1
전원	100, 117, 220, 240V/50~60Hz
소비전력	무입력시 : 100W 8Ω 부하정격출력시 : 510W
크기와 무게	445x152x355mm, 25kg

> **잠깐** dB/oct 란?

dB/oct는 decibel per octave의 준말로 로우패스 필터나 하이패스필터, 스피커 네트워크의 감쇄특성을 표시할 때 쓰인다. '옥타브'는 음악용어로 주파수가 2배 또는 1/2이 되는 것을 말한다. 예를 들면 500[Hz]의 1옥타브 위는 1[KHz]이고 2옥타브 위는 1[KHz]의 2배인 2[KHz]이다. 6dB/oct slope란 '한 옥타브당 6dB씩 떨어진다.'는 뜻이다.

필터는 원하는 주파수 대역의 신호만을 통과하거나 제거하기 위한 것인데 -3dB의 시점은 입력 측의 전력(P=VI, 전압과 전류의 곱)이 출력으로 전달될 때 절반이 되는 값이다.

데시벨(dB)의 정의는 어떤 값 P_1에 대해서 기준치가 P_0일 때 $dB = 10 \times \log \frac{P_1}{P_0}$ 이다.

수식으로 표현하면 $P_{out} = P_{in} \times 0.5$ 되는 점은 $P_{out} = 10\log(0.5)$로 3dB이다. 이 말을 전력으로 보면 3dB의 감쇄는 입력의 에너지가 절반만 출력으로 전달되는 경우이다. 그러나 필터 등의 감쇄특성에서는 전력이 아니라 전압을 다루기 때문에 입력신호의 0.707배인 경우를 말한다.

■ 아큐페이즈 M-60 파워앰프

아큐페이즈 M-60 파워앰프는 1975년 29만 엔에 출시된 모노 파워앰프이다. 재생음의 질 향상을 목표로 만든 모노 파워앰프이다. 모노구성으로 한 것은 좌우 채널 간의 상호 간섭을 억제하는 동시에 무게와 크기를 혼자서 다룰 수 있는 무게로 만들기 위해서였다. 회로 구성은 전체 증폭 단을 대칭형 푸시풀로 구성하고 소량의 NFB를 걸어 우수한 상승 특성과 선형성 및 안정성을 달성하고 있다. 이로 인해 TIM 왜곡의 발생을 막고 최대 파워시에도 낮은 왜곡의 출력을 얻는다. 또한, 좋은 음질을 실현하기 위해 NFB 루프 내의 컨덴서를 없애고 DC앰프 구성을 하고 있다.

전원부에는 대형 트랜스와 22,000[μF] 필터 컨덴서 두 개에 고전압을 인가함으로써 저역 출력 특성을 개선했다. 출력 미터는 3[mW]에서 300[W]를 직독할 수 있도록 했고 피크 지시와 볼륨 지시를 스위치로 전환이 가능하다. 볼륨은 그림과 같이 25접점 로터리 스위치인데 -20dB까지 1dB 씩 단계 조정이 가능하다. 방열 효과가 나쁜 곳이나 장기간 대 출력으로 연속 사용할 때 강제 공냉용 팬을 붙일 수 있도록 함으로써 스튜디오 모니터나 홀의 PA용으로 사용할 때에도 편리하도록 했다.

장착된 25접점 로터리 볼륨

아큐페이즈 M-60 파워앰프의 정격

형식	모노 파워앰프
연속평균출력	450W(4Ω), 300W(8Ω), 150W(16Ω)
전고조파왜율	0.1% (20Hz~20kHz)
주파수 특성	20Hz~20kHz +0dB-0.2(정격출력시) 2Hz~90kHz +0 -3dB
상승시간	3μSec
SLEWING RATE	25V/μSec

형식	모노 파워앰프
댐핑팩터	120(40Hz, 8Ω)
입력감도/임피던스	2V/100kΩ(연속평균출력)
S/N	115dB(연속평균출력)
출력미터	대수압축형 50dB(3mW)~+3dB(600W)까지 연속직독 볼륨레벨과 피크레벨
사용반도체	트랜지스터×47, 다이오드×51 IC×3
전원전압	AC100V/117V/220V/240V, 50Hz/60Hz
소비전력	65W(무입력시), 540W(8Ω 부하)
크기와 무게	482×170×345mm, 27kg

■ 아큐페이즈 M-100 파워앰프

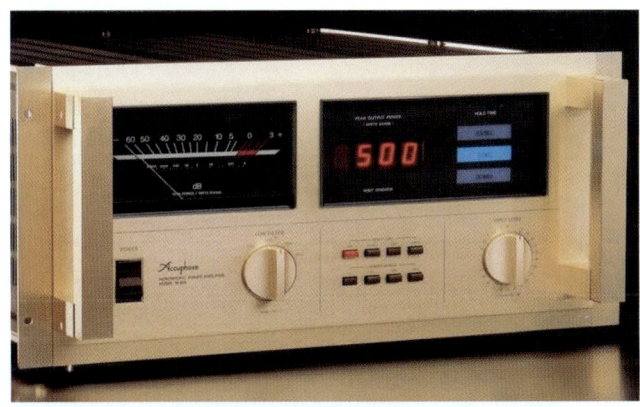

아큐페이즈 M-100은 1981년 대당 50만 엔에 발매한 모노 파워앰프이다.

출력단은 광대역 바이폴라 트랜지스터를 12병렬 푸시풀(총 24개)로 구성하고 있다. 출력 트랜지스터는 좌우의 대형 방열판에 부착하는데 열적 불균형을 방지하기 위해 바이어스 밸런스 회로를 채택했다. 이 바이어스 밸런스 회로는 출력 소자의 베이스에 연결된 소자를 상대방의 방열판에 부착하여 온도를 감지함으로써 바이어스 전류를 제어하는 구조다.

입력회로는 듀얼 FET 푸시풀 입력 회로에 의해 입력에 직류가 발생하지 않도록 입력 컨덴서를 없앴다.

디지털 방식에 의한 피크 파워 직독 장치를 개발하여 파워앰프에 장착하고 있다.

파워 레인지 전환은 4가지이며, 0.001[W]~999[W] 사이를 3자리 숫자로 읽을 수 있다. 디지털 표시 외에 dB와 W값으로 출력을 모니터링할 수 있는 정밀 대형 미터가 장착되어 있다.

볼륨은 통신기용 25접점 로터리 스위치에 금속 피막 저항에 의한 스텝식 어테뉴에이터가 장착되었다.

저역의 원치 않는 잡음을 잘라 내는 로우 필터와 입력 신호에 대해 출력 신호의 위상을 반전시키는 위상 스위치를 장착하였다. 방열 효과가 나쁜 곳에 설치할 경우나 장기간에 걸쳐 대출력으로 구동을 할 때 방열용 팬을 달수 있다. 출력이 채널당 8[Ω]일때 500[W]로 대출력이면서도 음질이 상당히 좋아 음악 애호가들의 선망이기는 하지만 무게가 대당 40kg이 넘어 가격과 이동이 만만치 않다.

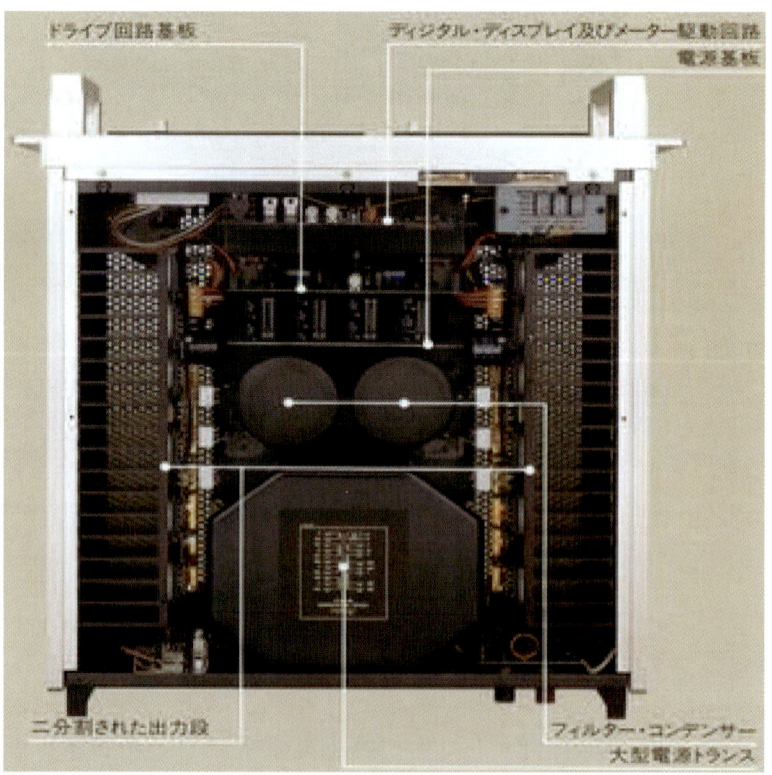

아큐페이즈 M-100 파워앰프의 내부

아큐페이즈 M-100 파워앰프의 정격

형식	모노 파워앰프
연속평균출력	(20Hz~20kHz, 왜율0.01%) 1000W(2Ω), 800W(4Ω), 500W(8Ω), 250W(16Ω)
전고조파왜율	0.01%(2Ω~16Ω, 연속평균출력간, 20Hz~20kHz)
주파수특성	20Hz~20kHz ±0dB(연속평균출력시) 0.5Hz~400kHz +0 -3dB(1W출력시) 0.5Hz~140kHz +0 -3dB(EIA, 1W출력시,-6dB)
게인	28dB
부하임피던스	2Ω~16Ω
댐핑필터(EIA)	300(50Hz, 8Ω)
입력감도/임피던스	2.6V/20kΩ(연속평균출력시), 0.12V/20kΩ(1W출력시)
입력레벨조정	스텝식 에테뉴에이터 0~-20dB간 1dB스텝, -23dB, -30dB, -∞의 25접점
S/N(A보정)	130dB(연속평균출력시, 입력쇼트) 100dB(EIA, 1W 출력시, 입력1kΩ)
로우필터	10Hz/17Hz/30Hz/50Hz, -12dB/oct
출력미터	대수압축 피크지시형, -60dB~+3dB 출력직독
디지털파워 디스플레이	3행 8Ω부하시 피크출력을 W로 표시 레인지 절체로 0.001W~999W을 직독 홀드 타임 0.5초, 3초, 30분
사용반도체	트랜지스터×57, FET×5, IC×21, 다이오드×65
전원전압	AC100V/117V/220V/240V, 50Hz/60Hz
소비전력	175W(무입력시), 780W(8Ω부하500W출력시)
크기와 무게	480x232x476mm, 41.5kg

■ 아큐페이즈 P-600파워앰프

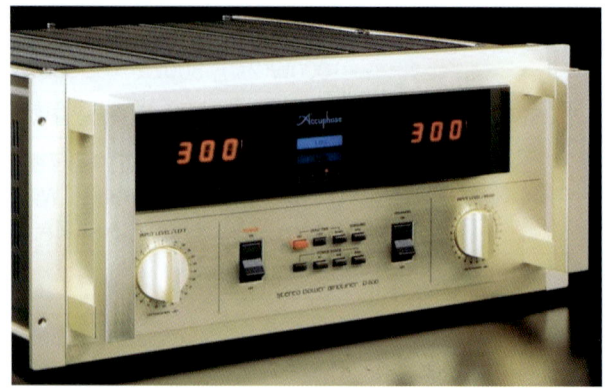

아큐페이즈 P-600 파워앰프는 아큐페이즈가 1983년 65만 엔에 발매한 스테레오 파워앰프이다. 아큐페이즈 P-600 파워앰프는 C-280 프리앰프를 매칭하여 사용하도록 설계되어 있다.

아큐페이즈 P-600 파워앰프는 대출력을 연속 동작하기 위해 200W의 광대역 출력트랜지스터를 채널당 14개, 7병렬 푸시풀로 구성하였다.

정상적인 사용 상태에서 2[Ω]까지의 낮은 부하를 구동할 수 있지만, 업무용 등의 낮은 임피던스로 구동할 때는 저부하 임피던스 동작 스위치가 있어서 1[Ω] 부하에서 채널당 450W의 출력을 얻는다.

드라이브단은 전력증폭용 MOS FET로 구성되어 있어 낮은 임피던스와 대전류 구동을 수행하며 아울러 고역의 특성을 개선하였다.

입력 증폭 회로는 듀얼 FET에 의한 푸시풀 회로를 채택하여 입력 컨덴서를 없앴다.

아큐페이즈 P-600 파워앰프는 아큐페이즈 M-100에서와 같이 피크 값을 읽을 수 있는 디지털 파워미터가 장착되었다. 디지털 파워 미터는 레인지 전환을 통해 0.001W~999W를 직독할 수 있고, 홀드타임은 3초와 30분이 있다. 볼륨은 통신기용 25접점 로터리스위치와 고정밀 저항에 의하여 조절된다.

2.5 아큐페이즈(Accuphase)에서 만든 기기들

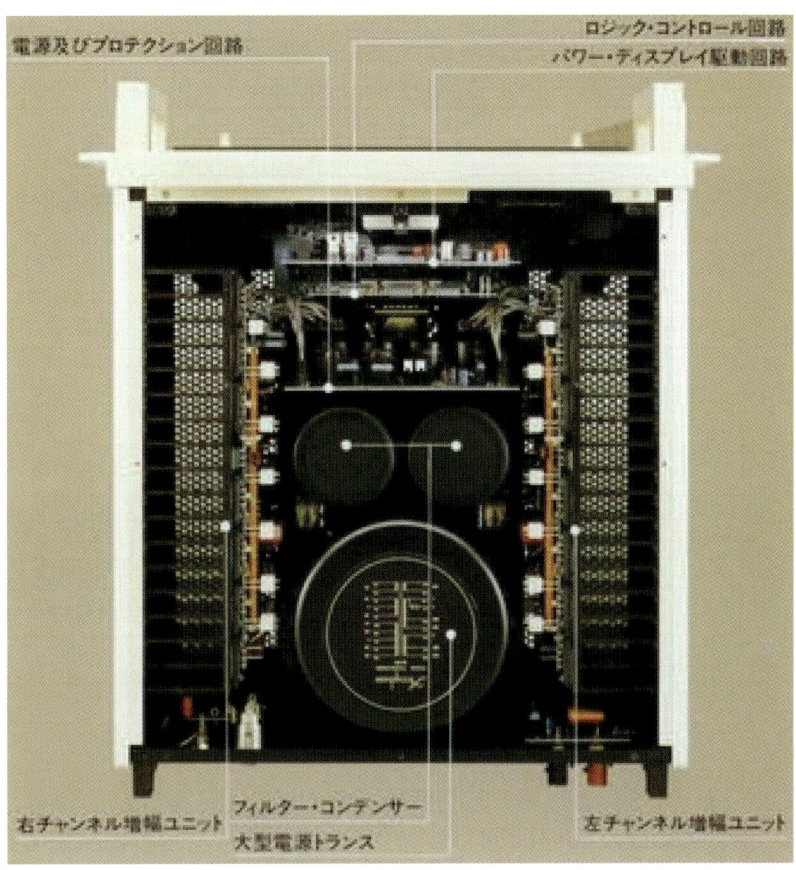

아큐페이즈 P-600 파워앰프의 내부모습

아큐페이즈 P-600 파워앰프 정격

형식	스테레오 파워앰프
연속 평균 출력 (20Hz~20kHz, 왜율0.02%)	스테레오 정상부하동작 : 700W/ch(2Ω), 300W/ch(8Ω) 저부하 동작 : 450W/ch(1Ω) 300W/ch(2Ω) 모노사양 정상부하동작 : 1400W(4Ω), 1000W(8Ω) 저부하동작 : 900W(2Ω), 600W(4Ω)
전고조파왜율	스테레오 사양시 0.02%(1Ω~2Ω), 0.01%(4Ω~16Ω) 모노 사양시 0.02%(2Ω~4Ω), 0.01%(8Ω~16Ω)
IM왜율(EIA)	0.01%
주파수특성	20Hz~20kHz +0 -0.2dB(연속평균출력, 레벨 최대) 0.5Hz~250kHz +0 -3dB(1W출력, 레벨 최대) 0.5Hz~150kHz +0 -3dB(1W출력, 레벨-6dB)
게인	27.8dB(스테레오), 33.8dB(모노)
부하임피던스	스테레오사양 : 1Ω~16Ω, 모노사양 : 2Ω~16Ω

형식	스테레오 파워앰프
댐핑팩터	스테레오 : 300, 모노 : 150
입력감도	스테레오 : 2.0V(8Ω, 300W, 정상 동작시) 　　　　　1.0V(2Ω, 300W, 저부하 동작시) 모노 : 1.83V(8Ω, 1000W, 정상부하 동작시) 　　　　0.91V(2Ω, 900W, 저부하 동작시)
입력 임피던스	20kΩ불평형, 600Ω평형
서브소닉필터	10Hz, −12dB/oct
출력미터	형식 3행 디지털 표시, 피크 직독식 레인지 전환으로 0.001W~999W 로드 임피던스 절체 : 2Ω, 4Ω, 8Ω, 16Ω 홀드 타임 3초, 30분
사용반도체	트랜지스터×90, FET×8, IC×36, 다이오드×104
전원전압	AC100V/117V/220V/240V, 50Hz/60Hz
소비전력	165W(무신호시), 1100W(8Ω부하 정격출력시)
크기와 무게	480x232x476mm, 38.5kg

> **잠깐** 파워앰프의 브리지 연결

파워앰프의 브리지 연결의 원리는 각각의 앰프에 동일 파형으로 역상의 신호를 입력하고 스피커를 양 앰프 출력에 연결함으로써 스피커에 인가되는 전압이 두 배가 되어 원리적으로는 4배의 출력을 꺼낼 수 있다. 간단한 수식이기 때문에 조금 써보면 출력의 공식 $P=\dfrac{V^2}{R}$ 에서 전압이 2V가 되면 $P=\dfrac{(2V)^2}{R}=\dfrac{4V^2}{R}=4\dfrac{V^2}{R}$ 이 되어 4배의 출력이 된다. 또한, 역상 구동으로 인해 짝수차 고조파 왜곡이 없어져 특성이 개선된다는 장점도 가지고 있다. 또한 전원에서 흐르는 에너지가 플러스와 마이너스 교대로 흐르고, 단방향으로만 에너지가 흐르는 것이 없기 때문에 외관상의 전원 변동률이 개선되어 선형성 좋은 에너지를 스피커에 전송할 수 있다.

그러나 실제로 넓은 홀 등에서 큰 출력이 필요할 때가 아니면 파워앰프의 브리지 연결은 필요치 않다. 요즈음 나오는 파워앰프는 가정에서 사용하는데 출력이 부족하지 않을 뿐 아니라 음질면에서도 브리지 연결을 해서 얻어지는 음질이 인간의 귀가 만족할 만큼 좋은 음질의 변화를 느끼는 경우가 별로 없기 때문이다.

■ 아큐페이즈 E-202 인티앰프

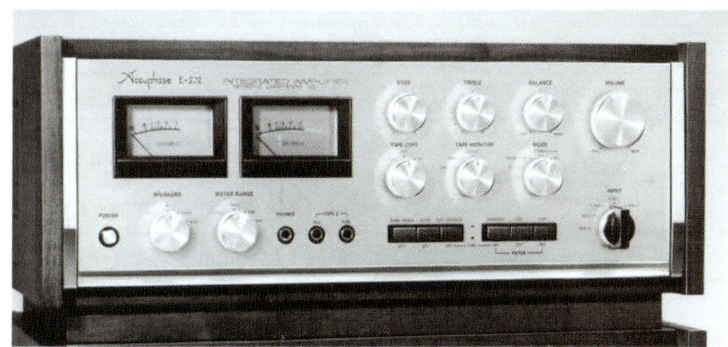

아큐페이즈 E-202 인티앰프는 1974년 19만8천 엔에 발매한 인티앰프이다. 아큐페이즈 P-300, C-200의 기술적 성과를 살려 개발된 인티앰프이다. 출력단은 대형 파워 트랜지스터를 사용한 병렬 푸시풀 구동이며, 또 각 스테이지의 바이어스 전류를 잘 제어하여 소출력 시 음질을 개선하고 있다.

전원 부에는 대형 파워 트랜스와 20,000[μF] 필터 컨덴서 2개가 장착되었다. 출력단 이외의 전체 증폭단을 정전압으로 공급하여 전원 전압의 변동에 대해 안정적인 동작을 한다. 이퀄라이저 증폭기는 정전류 부하형 차동증폭의 직결 3단으로 우수한 선형성을 실현하고, 플러스와 마이너스 두 전원 방식에 의해 허용 입력 전압을 높이고 있다. 또한, C-200에 장착된 로우 인핸스먼트 스위치와 디스크 전용 서브소닉 필터를 설치하고 있어, 로우 인핸스먼트에서는 톤 컨트롤로 보정할 수 없는 부분을 보정하며, 디스크 전용 서브소닉 필터로는 모터 진동이나 암의 공진에 의한 피드백을 방지한다.

톤 컨트롤은 진공관 시대에 설계된 스피커도 사용할 수 있도록 앰프의 댐핑 팩터를 바꿀 수 있는 방식이며 3단계로 전환이 가능하다. 스피커 보호회로가 있어 출력 단자 이후에 코드가 단락되거나 E-202 내부에서 이상이 일어나면 릴레이에 의해 차단됨으로서 스피커를 보호한다.

아큐페이즈 E-202 인티앰프의 정격

형식	스테레오 프리메인앰프
정격출력	140W/ch(4Ω), 100W/ch(8Ω), 50W/ch(16Ω)
고조파왜율	0.1%(정격출력시), 0.05%(-3dB출력시)
주파수특성 (8Ω정격출력시)	Main Amp Input:20Hz～20kHz +0 -0.2dB High Level Input:20Hz～20kHz +0 -0.5dB Low Level Input:20Hz～20kHz +0 -1.0dB
댐핑팩터	Normal:50, Medium:5, Soft:1 (8Ω부하,40Hz)
정격입력/임피던스	Main Amp Input:1.0V/100kΩ High Level Input:160mV/100kΩ DISC1 Input:2.5mV～5mV/30kΩ, 47kΩ, 100kΩ DISC2 Input:2.5mV/47kΩ
정격출력/ 출력임피던스	Preamp Output:1.0V/600Ω Tape Recording Output:160mV/200Ω Headphones:0.28V(적합임피던스:4Ω～32Ω)
S/N	Main Amp Input:94dB(정격입력) High Level Input:80dB(정격입력) DISC Input:74dB(10mV입력)
음량조정연동오차	1dB
톤 컨트롤	턴오버주파수 Bass:400Hz, Treble:2.5kHz 변환범위 Bass:±10dB(100Hz), Treble:±10dB(10kHz)
Volume -30dB	+9dB(50Hz)
DISC로우인핸스먼트	RIAA+1dB(100Hz)
필터	DISC 서브소닉필터 : 25Hz, 6dB/oct 로우 필터:30Hz,18dB/oct, 하이필터:5kHz,12dB/oct
파워미터	100W(0dB, 8Ω부하) 미터레인지: -10dB(10W=0dB),-20dB(1W=0dB)
사용반도체	트랜지스터×53, FET×4, 다이오드×44,
전원전압	AC100V/117V/220V/240V, 50Hz/60Hz
소비전력	무입력시:70W, 8Ω부하 정격출력시:375W
크기와 무게	455x152x355mm, 19.5kg

■ 아큐페이즈 E-302 인티앰프

아큐페이즈 E-302 인티앰프는 1984년 22만 엔에 발매되었다. 아큐페이즈가 수년 동안 고급 분리형 앰프로 쌓아온 기술과 소자를 기반으로 디지털 소스에 대응하기 위한 인티앰프이다.

파워앰프의 출력단에는 트랜지스터 4개에 의한 병렬 푸시풀 구성이며, 이를 드라이브하는 전단에는 MOS FET 드라이브 단을 채택하고 있다. MOS FET는 저출력 임피던스와 높은 드라이브 전압이 요구되는 드라이브단에 최적이어서 노칭 왜곡이 없는 질 높은 출력을 얻는다.

디스크 입력에서 각 스테이지의 유닛 앰프 모두 직결 방식이다. 직결에 의해 발생하는 DC 드리프트 문제는 각 유닛 앰프를 DC 서보에 의해 해소한다. 이퀄라이저 증폭부는 MC 입력시 S/N을 감안하여 입력 FET를 3병렬로 해서 잔류잡음을 감소시켰다. 모든 유형의 MC카트리지에 대응하도록 입력 임피던스를 3단계로 전환하도록 하였다.

입력 교환시에 고역의 열화나 불안정 요소를 유발하는 것을 막기 위해 신호 경로 중간에 릴레이를 배치했다. 소음량 시 청감을 자동 보정하는 기능이 있고, 청감은 방의 음향 특성이나 스피커, 선호도에 따라 세 가지 특성을 선택할 수 있다. 전면의 파워미터는 로그 압축형 피크 지시이고, 서브소닉 필터 등의 기능을 장착했다.

색상은 샴페인 골드컬러의 E-302와 블랙컬러의 E-302B의 두 가지 유형이 있다.

아큐페이즈 E-302 인티앰프 정격

형식	스테레오 인티앰프
연속평균출력	180W+180W(4Ω), 120W+120W(8Ω),
전고조파왜율	0.02%(4Ω), 0.01%(8Ω), 0.01%(16Ω)
IM왜율(EIA)	0.01%
주파수특성(EIA) 정격출력시	Main amp input : 20Hz~20kHz +0 -0.2dB High Level input : 20Hz~20kHz +0 -0.2dB Low Level input : 20Hz~20kHz +0.2 -0.5dB
댐핑팩터(EIA)	120(8Ω, 50Hz)
입력감도/임피던스 (정격출력/1W출력)	Disc MM:2.5mV/0.22mV/47kΩ Disc MC:0.08mV/0.007mV/10, 30, 100Ω High Level input:76mV/7.1mV/40kΩ Main amp input:1.23V/113mV/20kΩ
Disc최대입력	MM:300mVrms, MC:9.5mVrms (1kHz, 왜0.005%)
정격출력/임피던스	Pre output:1.23V/200Ω Tape rec output:76mV/200Ω(Disc입력시) Headphones:0.4V, 적합임피던스:4Ω~32Ω
S/N 입력환산잡음 (신IHF)	Main amp input:102dB, High Level input:82dB Disc MM:80dB, Disc MC:75dB
서브소닉 필터	17Hz, -12dB/oct
어테뉴에이터	-20dB
파워미터	대수압축형피크레벨표시, dB 8Ω부하시 출력직독
부하임피던스	2Ω~16Ω
사용반도체	트랜지스터×86, FET×24, IC×14개, 다이오드×86
전원	AC100V/117V/220V/240V, 50Hz/60Hz
소비전력	55W(무입력시), 450W(8Ω부하정격출력시)
크기와 무게	445x145x370mm, 16.2kg

> **잠깐** 오디오 기기의 정격표에서 출력 전력은?

출력 전력은 인덕턴스가 전혀 없는 저항성 부하로만 측정되는 가장 보편적인 전력을 말한다. 출력전력은 최대값이 아닌 실효값 RMS(root mean square : effective value)로 표기한다. 그것은 실효값이 교류에서 직류일 때와 같은 전력효과(열작용)를 갖는 크기를 말하기 때문이다.

출력전력은 앰프의 출력에 더미저항을 연결하고 앰프의 입력에는 시그널제네레이터를 연결하여 1KHz 레벨을 서서히 증가시켜 오실로스코프로 파형이 찌그러지기 직전의 출력레벨을 측정하여 $P=\dfrac{V^2}{R}$ 의 공식으로 산출한다.

2.6 온쿄(Onkyo)에서 만든 기기들

Onkyo는 1946년 창립된 일본의 음향 전문메이커다. '온쿄'는 '음향(音響)' 이라는 단어의 일본어 독음인 'おんきょう'에서 유래하였다. 온쿄는 스피커도 생산하지만 주로 앰프에 치중하여 생산을 하고 있다.

창립 초기부터 온쿄는 "음악이 간직한 뉘앙스를 제대로 구현하고 그 복잡 미묘한 감정을 청취자에게 전달해야 한다."는 모토로 제품을 생산했다. 특히 순수음을 재현하기 위해 음향 공학 분야의 선구적인 기술들을 꾸준히 접목시켰다. 온쿄는 세계 최초로 조지 루카스의 THX 인증을 받은 앰프를 선보인 것으로 유명하다. 약간 투박한 모양에 엷은 금빛 색상, 동그란 버튼으로 대표되는 특유의 디자인은 고집스럽고 보수적이라는 인상을 주는데 음색에 있어서는 특별히 모난데 없이 온화하고 부드러우며 다소 평범한 소리를 들려준다는 평가이다. 가성비가 상당히 좋아 인기가 있지만, 필자는 온쿄의 제품을 많이 사용하지 않았기 때문에 알려진 것 위주로 기술한다.

온쿄는 동업인 티악과 함께 2012년부터 미국 기타제조업체인 깁슨과 자본업무 제휴를 했고, 깁슨이 최대주주가 된 시기도 있었다. 제휴의 목적은 서로의 브랜드 상품 상호공급 등에 따른 해외 점유율 확대였지만 생각대로 시너지를 내지 못했고 오히려 타격이 된 적도 있었다. 이 기타업체인 미국 깁슨 브랜즈가 미국 연방 파산법 11조를 제기(파산보호)함으로써 그 여파가 온쿄의 대폭적인 실적 악화의 한 요인이 된 것이다. 온쿄의 2017년도 실적은 최종 손익이 약 34억 엔 적자로 5기 연속 적자이며 깁슨은 2018.10 '파산보호'에서 벗어났다.

■ 온쿄 인테그라 A-819RX 인티앰프

온쿄 인테그라 A-819RX는 1984년 11만9천 엔에 발매된 스테레오 프리메인 앰프이다.

보통의 앰프는 입력 신호에 따라 스피커에 전류를 공급한다. 그런데 스피커의 공진점 부근에서는 스피커의 임피던스가 갑자기 변하기 때문에 입력 신호와 스피커 전류 사이에서 때에 따라 ±90° 근처의 위상에서 엇갈림이 발생한다. 이 엇갈난 위상의 스피커 전류는 앰프의 전압 증폭부에 영향을 미쳐 다시 음악 신호의 위상을 흐트러뜨리는 나쁜 결과를 초래한다. 온쿄는 이를 개선하기 위해 스피커 전류의 근원인 파워앰프의 전원부에 자체 파워 인페이즈 트랜스를 부착하고 2개의 트랜스로 드라이브하는 더블 트랜스 드라이브 방식을 채택하여 스피커 전류의 위상 엇갈림에 의해 발생하는 전압을 제거했다.

이 파워 인페이즈 트랜스는 K=0.99라는 결합도가 매우 높은 트랜스로, +-의 역위상의 충전 전류를 결합시켜 일정한 피크를 갖는 충전 전류를 만들어내는 작용을 한다. 따라서 충전 전류로부터 어긋난 위상의 정보는 제거되고 올바른 위상의 정보만 전달된다.

온쿄 인테그라 A-819RX 정격

형식	스테레오 인티앰프
정격출력(20Hz~20kHz)	125W+125W(6Ω), 110W+110W(8Ω)
전고조파왜율 (20Hz~20kHz)	aux→sp out:0.005%(정격출력시, 8Ω) phono MM→rec out:0.003%(3V) phono MC→rec out:0.015%(3V)
혼변조왜율	aux→sp out:0.004%(정격출력시)
파워밴드폭	5Hz~100kHz(IHF-3dB, THD 0.2%, 8Ω)
댐핑팩터	100(1kHz, 8Ω)
주파수특성	phono→rec out(RIAA편차):20Hz~20kHz ±0.2dB aux→sp out:2Hz~100kHz +0 -3dB
입력감도/임피던스	phono MM:2.5mV/47kΩ, 100kΩ phono high MC:2.5mV/100Ω phono MC:180μV/100Ω, 220Ω CD, tuner, aux, tape play:150mV/47kΩ
Phono허용입력 (1kHz/10kHz, 0.05%)	phono MM:210mV/1000mV phono MC:15mV/82mV

형식	스테레오 인티앰프
정격출력전압/임피던스	tape rec1, 2:150mV/560Ω
S/N비(IHF-A)	phono MM:88dB, phono MC:70dB CD, tuner, aux, tape play:100dB
톤컨트롤(Vol -16dB)	bass:±8dB, treble:±8dB
라우드니스	+6dB(100Hz)
서브소닉필터	15Hz, 6dB/oct
뮤팅	-20dB
전원과 소비전력	AC100V, 50Hz/60Hz, 220W
크기와 무게	465x158x391mm, 15.5kg

■ 온쿄 인테그라 M-509 파워앰프

온쿄 인테그라 M-509는 1983년 35만 엔에 발매한 W슈퍼 서보 방식의 스테레오 파워앰프이다. W슈퍼서보 방식은 출력의 + - 양 단자에서 서보로 귀환을 가함으로써 앰프 내부에서 발생하는 왜곡 성분을 제거하는 기법으로 유해한 혼변조 발생을 억제한다.

또 -측 서보는 전원 부분의 각종 임피던스, 예를 들어 커패시터의 내부 저항이나 각 부의 접촉 저항, 리드선이 갖는 저항분 등에 의해 발생하는 잡음 성분을 전기적으로 제거한다.

출력단은 3단 달링턴 구성인 파워 트랜지스터를 사용하는데 파워 트랜지스터의 동작 특성을 온쿄 독자 선형 스위칭 방식을 사용하여 B급으로 작동하면서도 A급에 가까운 특성을 얻는다.

전원부에는 트랜스에 초대형 트윈 와인드 방식을 채택했고, 각 단위 섹션의 전원 공급, 어스라인 등은 두꺼운 동판에 의한 부스(모선) 라인을 이용하는 등 철저한 저임피던스화를 했다. 연속적인 대 진폭 동작에서 소진폭 동작으로의 급격한 변화를 할 때 파워부의 바이어스 전류 값을 불안정하게 만들지 않도록 프리 드라이버 단, 드라이버 단, 파워 트랜지스터 등 3곳의 온도 차를 감지하여 바이어스를 제어함으로써 안정적인 구동을 하도록 한 것이 눈에 띈다.

온쿄 인테그라 M-509 정격

형식	W수퍼 서보방식 파워앰프
실효출력(20Hz~20kHz)	280W+280W(4Ω), 200W+200W(8Ω)
댐핑팩터(1kHz)	280W+280W(8Ω)
전고조파왜율	0.003%이하 (20Hz~20kHz)
혼변조왜율	0.003%이하 (70Hz:70kHz=4:1)
파워밴드폭(IHF-3dB)	5Hz~100kHz
이득	28.5dB
주파수특성	1Hz~100kHz +0 -1.5dB
S/N(IHF-A)	120dB
입력감도/임피던스	1.5V/47kΩ
스피커부하임피던스	4Ω~16Ω
댐핑팩터(8Ω, 1kHz)	200
출력단자	Speaker System-1, System2, Headphone
출력 미터 레인지 전환	x1(0dB=200W), x0.1(0dB=20W)
출력 미터 지시범위	-40dB~-4dB
지시정도	0±1dB, -10±2dB, -20±3dB
사용반도체	트랜지스터×82, FET×4, IC×7, 다이오드×86
전원전압	AC100V, 50Hz/60Hz
AC출력	Power스위치 비연동, 최대600W
소비전력	320W
크기	480x191x439mm, 31kg

■ 온쿄 인테그라 P-309

온쿄 Integra P-309는 1983년 25만 엔에 발매한 프리앰프이다. MC헤드 앰프, 이퀄라이저, 버퍼 등 3개 유닛을 묶어 1단계 방식의 단순한 이퀄라이저 앰프로, 출력 5W급 파워앰프에 필적하는 큰 전류의 A급 앰프를 채택하고 있다.

초단 차동증폭기에는 두 개의 저잡음 FET를 알루미늄 케이스에서 넣어 열적 균형 개선과 함께 외래 열잡음을 억제한다. 또한, 차동부를 파라로 연결함으로써 임피던스를 낮추어 S/N비 향상을 꾀하고 있다.

패널 면에 웨이팅 모니터가 있어 이퀄라이저 맨 마지막단의 A급 푸시풀 트랜지스터와 이퀄라이저 전원부에 사용되는 트랜지스터의 온도를 감지하여 파워 ON 후 바이어스의 안정도, 앰프의 작동 상태를 5단계의 인디케이터로 표시한다.

연장 코드가 가진 인덕턴스나 저항, 연결부에서의 접촉 저항, 크로스톡(누화) 등을 막기 위해 W슈퍼서보 방식을 도입해 프리와 파워 사이의 거리를 전기적으로 제로로 만듦으로서 유해한 성분을 없앴다.

톤 컨트롤은 다이렉트 톤으로 신호 통과 경로 내에 커패시터가 들어가지 않는 방식이므로 음질에 영향을 미치지 않는다.

전원은 좌우 채널의 전원을 완전히 독립시켜 공급하는 동시에, 동일 채널 내에서도 전단과 후단이 전원을 통한 간섭을 막기 위한 전원 전체의 저임피던스화를 시도하여 과도적 혼변조 왜곡 발생을 억제했다.

카트리지 선택기가 있어 사용하는 카트리지에 맞게 최적 부하 임피던스 선택이 가능하고, 레코드를 들으면서 튜너 출력을 녹음할 수 있는 것이 특이하다.

온쿄 인테그라 P-309 정격

형식	W수퍼 서보방식 프리앰프
입력감도/임피던스	Phono MC:130μV/100Ω, 330Ω Phono High Gain MC:2.5mV/100Ω Phono MM:2.5mV/47kΩ, 100kΩ Tuner, AUX, Tape Play:150mV/47kΩ
출력전압/임피던스	Tape Rec:150mV/2.2kΩ Output:1.5V, 최대13V/220Ω
Phono최대허용입력	MC:19mV (THD 0.05%, 1kHz) MM, High Gain MC:380mV
주파수특성	Phono MC:4Hz~150kHz +0.2 -3dB Phono MM:1.8Hz~170kHz +0.2 -3dB Tuner, AUX, Tape:0.8Hz~170kHz +0 -3dB
전고조파왜율	Phono MC(Volume-30dB):0.008%이하 Phono MM(Volume-30dB):0.002%이하 Tuner, AUX, Tape:0.002%이하
혼변조왜율	0.003%이하(정격출력시)
S/N(IHF-A)	Phono MC:70dB, Phono MM:88dB Tuner, AUX, Tape:100dB
톤 컨트롤(Vol-20dB)	Bass:70Hz, ±8dB, Treble:20kHz, ±8dB
필터	High Cut Filter:7kHz, 6dB/oct EQ Subsonic Filter:15Hz/20Hz, 6dB/oct
사용반도체	트랜지스터×71, FET×10, IC×8, 다이오드×50
전원과 소비전력	AC100V, 50Hz/60Hz, 65W
크기와 무게	476x122x415mm, 10.5kg

■ 온쿄 그랜드 인테그라 M-510 파워앰프

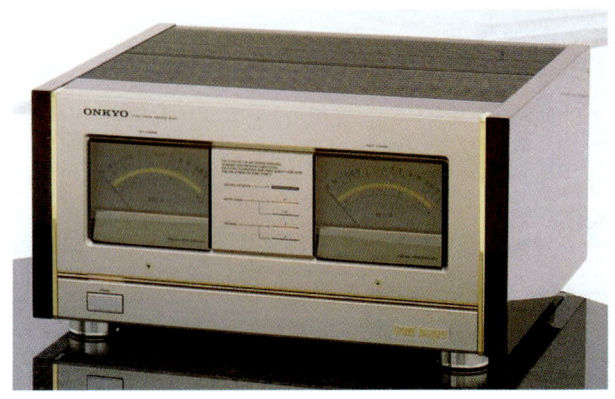

ONKYO Grand Integra M-510는 1984년 85만 엔에 발매한 파워앰프로 더블 트랜스 드라이브 방식을 사용한 스테레오 파워앰프이다.

일반적인 앰프에서는 스피커의 특성으로 인해 위상에 어긋난 전류가 자계, 접지, B전원을 통해 앰프의 증폭부로 돌아온다. 미세한 전류지만 원래 음악 정보에 포함된 바른 위상 정보가 흐트러지는데 이 미묘한 위상차는 음장감도 흐트러지게 한다.

M-510에서는 위상이 어긋난 것이 증폭부로 돌아가지 않도록 전류의 경로에 인페이즈 트랜스를 장착하여 플러스 측에 파형의 전류가 흐르면, 그로 인해 마이너스 측에 역 위상의 동일한 파형의 전류가 흐르게 하여 플러스 측과 마이너스 측이 서로 작용함으로써 전원 전류를 타고 돌아온 성분만을 제거하였다. 이로써 우수한 저음 재생을 실현한다.

이렇게 하기 위하여 좌우 전원 변압기를 독립시키고 신호계 이외의 전원 공급 장치를 위한 변압기 등 총 5개의 전원 변압기로 구성하였다.

33000μF/100V 평활 컨덴서를 4개 사용하고, 출력단에는 고전력 트랜지스터를 한쪽 채널당 14개를 사용하여 채널당 300[W]의 대출력을 얻고 있다.

회로의 기판에는 유리 에폭시 수지 인쇄 기판을 사용하였고 전면 패널에는 좌우 독립 파워미터와 레인지전환 스위치, 2단계 조명 전환스위치가 있다. 웨이팅 표시기도 장착하고 있어 전원을 켜고 나서 워밍업 상태도 확인할 수 있다.

내장된 5개의 트랜스

온쿄 그랜드 인테그라 M-510의 정격

형식	스테레오 파워앰프
정격출력 (20Hz~20kHz)	500W+500W(4Ω), 370W+370W(6Ω) 300W+300W(8Ω)
전고조파왜율	0.005%(정격출력시) (20Hz~20kHz)
혼변조왜율	0.003%(정격출력시) (70Hz:7kHz=4:1)
파워밴드폭(IHF-3dB)	5Hz~100kHz
이득	33.8dB
주파수특성	1Hz~100kHz +0 -1.5dB
입력감도	1V(정격출력시), 0.058V(1W출력시)
입력 임피던스	20kΩ
SN비(A보정)	120dB(정격출력시)
부하임피던스	1Ω~16Ω(뮤직), 4Ω~16Ω(연속)
댐핑팩터	300(8Ω, 50Hz)
입력단자	Variable : 1계통, Direct : 1계통
출력단자	Speaker : 2계통
레인지전환	x1(0dB=300W), x0.1(0dB=30W)
응답속도	100μsec(-∞→0dB)
복귀속도	1sec(-0dB→20dB)
전원과 소비전력	100V, 50Hz/60Hz 720W
크기와 무게	507x264x512mm, 63kg

> **잠깐** 자작을 하는 분들에게 드리는 조언

온쿄 그랜드 인테그라 M-510 시작 트랜스의 일부

사진은 온쿄 그랜드 인테그라 M-510을 만들면서 실험에 사용된 프로토 타입(試作) 트랜스들을 찍은 사진이다. 사진을 보면 사진 상단에 있는 것은 스피커의 위상 특성을 모방한 리액티브 부하(負荷,LOAD)인데, 이를 이용해 인페이즈 트랜스의 프로토타입 실험을 거듭했다고 한다.

자작을 하시는 분들이 어디에서 적당한 회로를 하나 구해 와서 부품자체도 대충 감긴 트랜스나 아니면 고급 출력 트랜스를 구했다고 하더라도 부품의 성질이나 회로의 특성을 잘 모르고 만든다고 할 때 절대로 좋은 소리가 나지 않을 것임은 뻔한 일이다. 그렇지만 애써서 만들었을 때 자신이 생각하는 것보다는 예쁜 소리가 나서 신기해할 수 있지만 자작은 어디까지나 그냥 자작일 뿐이다. 자작은 취미로써 만드는 즐거움만을 가지면 되는 것이다.

2.7 파이오니아(Pioneer)에서 만든 기기들

■ 파이오니아 연혁

1937년 파이오니아 창업자 마쓰모토 바라는 일본 내 최초의 Hi-Fi 다이나믹 스피커 개발에 성공했으며 다음 해 1938년 도쿄도에서 라디오, 스피커 수리업체인 후쿠인상회 전기제작소(福音商会電機製作所)를 설립했다. 1961년 6월부터 파이오니아라는 이름을 사용하여 오늘날에 이르고 있다.

파이오니아는 1973년 롯데 알미늄과 합작으로 롯데파이오니아(롯데전자)를 설립하여 처음으로 대한민국에 진출하였으며, 1991년 롯데와의 합작 관계가 청산된 이후 대리점을 통하여 한국에 오디오 및 비디오 제품을 판매하다가 2004년 12월 한국지사인 파이오니아 코리아를 설립하여 대한민국에 직접 진출하기도 하였다.

■ 파이오니아 A-0012 인티앰프

파이오니아 A-0012 인티앰프는 1979년 19만 엔에 발매된 인티앰프이다. 초광대역에 걸쳐 저 왜곡률로 풀 파워 재생을 실현한 프리메인 앰프이다. 파이오니아 A-0012 인티앰프는 고역 스위칭 특성이 좋은 집단 트랜지스터 RET[48]를 채택했다. 이 RET소자는 고주파 특성이 뛰어난 작은 트랜지스터를 수백 개 병렬

---

48 RET(Resistor equipped transistor) NPN과 PNP트랜지터에 저항을 장착한 것

합성한 것으로, 파괴 강도가 높고, 높은 주파수에서도 낮은 왜곡으로 대출력을 꺼낼 수 있는 장점이 있다. 또한 저역 특성 향상을 위해 DC 증폭기 구성과 함께, 초저역까지 주파수 특성을 늘리면서 중저역의 위상 특성을 향상시켰다.

전원부는 좌우 독립의 대형 트랜스와 18,000μF 컨덴서를 4개 사용하였다. 전원 컨덴서의 접지 라인에는 순동판을 사용하는 동시에 각 회로의 프린트 기판의 구리판을 두껍게 하는 등 철저한 저임피던스 설계를 했다.

증폭방식은 AB급 동작을 채택했는데 3W까지 A급으로 동작하기 때문에 스위칭 왜곡, 크로스 오버 왜곡이 없다.

MC헤드 앰프, 이퀄라이저 앰프, 플랫 앰프, 파워앰프의 4DC 앰프 구성이며, 버퍼 앰프를 포함하면 실질적으로 5DC 앰프이다.

모든 증폭단이 DC이기 때문에 증폭 회로의 NFB 루프 내에 있는 위상 왜곡의 원인이 되는 컨덴서가 없어 광대역에 걸쳐 평면 위상으로 안정적인 동작을 얻는다.

이퀄라이저 증폭기 부에서는 초단 차동 부에 잡음 특성이 우수한 저잡음 듀얼 FET를 채택하였다. 듀얼 FET는 소자 전체가 높은 SN비인 동시에 캐스코드 연결에 의해 FET의 드레인 게이트 사이의 전압을 억제하여 잡음 발생을 막는다.

볼륨에는 습동자와 단자에 내식성이 뛰어나도록 금도금을 하였고 데시벨 표시의 연속 가변형 정밀 볼륨을 달았다. 프리부와 파워부 분할 스위치가 있어 별도 사용이 가능하다.

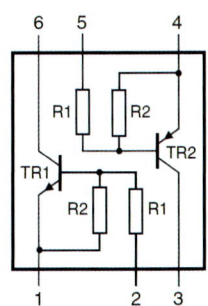

파이오니아 A-0012 인티앰프 정격

형식	스테레오 프리메인앰프
파워앰프부	
실효출력	120W+120W(5Hz~30kHz, THD 0.01%)
고조파왜율	0.01%(실효출력시, 5Hz~30kHz, 8Ω)
혼변조왜율	0.002%(실효출력시,8Ω) (50Hz:7kHz=4:1)
출력대역폭(IHF)	5Hz~40kHz(THD 0.01%),5Hz~100kHz(THD 0.05%)
주파수특성(1W출력)	5Hz~50kHz +0 -1dB
댐핑팩터	70(5Hz~30kHz, 8Ω)
SN비	120dB(IHF)
프리앰프부	
입력감도/임피던스	Phono1, 2(MM):2.5mV/100Ω, 10kΩ, 25kΩ, 50kΩ, 100kΩ Phono1, 2(MC):250μV/100Ω Tuner, Aux, Tape play1, 2:150mV/50kΩ
카트리지 부하저항	Phono1,2(MM):100pF,200pF,300pF,400pF,500pF
Phono최대허용입력	MM:300mV, MC:30mV (1kHz, THD 0.01%)
고조파왜율	0.005%(1V출력), 0.01%(15V출력), (5Hz~30kHz)
주파수특성	Phono:20Hz~20kHz ±0.2dB Tuner, Aux, Tape play:5Hz~300kHz +0 -1dB
SN비(IHF)	Phono MM:91dB, Phono MC:80dB Tuner, Aux, Tape play:100dB
서브소닉필터	15Hz, 6dB/oct, 12dB/oct
전원과 소비전력	AC100V, 50Hz/60Hz 400W, 980W(최대)
크기와 무게	454x167x468mm, 24.7kg

■ 파이오니아 Exclusive C3a 프리앰프

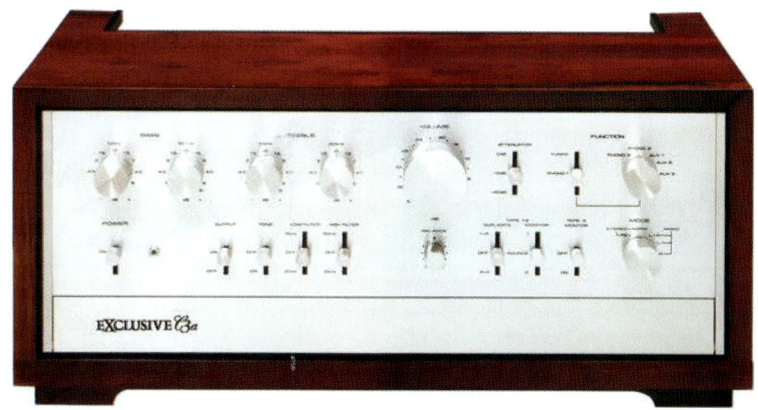

파이오니아 Exclusive C3a 프리앰프는 1981년 43만 엔에 발매되었다. 이퀄라이저 회로는 140[V]의 고전압 설계로 높은 허용 입력이 가능하다.

왜곡 발생을 억제하기 위해 배선재에는 무산소 구리선을 채택했다. 기판에는 기판 내 직류 저항과, 인덕턴스를 감소하기 위해 140μ의 두꺼운 구리판 유리 에폭시 기판을 사용했다. 안정적인 성능과 신뢰성을 확보하기 위해 입출력 단자 및 각 어셈블리의 단자는 모두 금도금하는 등 전도 특성을 크게 향상시켰다.

종래에 도금을 입히기 위해서는 도금할 물체에 미리 니켈 도금을 했는데, 니켈이 강자성체이기 때문에 히스테리시스[49]로 인한 왜곡 발생이 있었다. 파이오니아 C3a에 채택된 핀 잭에서는 니켈이 아닌 비자성체 도금을 밑바탕에 하여 왜곡 발생을 막고 안정적인 접촉 성능을 얻었다.

볼륨에는 아래 그림과 같은 22 접점의 감쇠기식 4련 볼륨을 채택했고 플랫 앰프의 끝과 앰프의 최종단 2곳에서 잔류잡음을 줄이고 있다.

음질은 상당히 고급스러운 소리를 내주어 마니아들이 지금도 현역기로 사용하기도 한다.

---

[49] 히스테리시스 곡선(hysteresis loop, 자기 이력곡선)은 철심(강자성체)을 자화하는 경우에, 자기장의 세기(자속밀도,H)의 변화 철심의 자계의 세기(B)의 변화가 초기 자화곡선과 일치하지 않고 고리 모양으로 곡선을 이루는 것

22 접점의 감쇠기식 4련 볼륨

파이오니아 Exclusive C3a 프리앰프의 정격

형식	스테레오 프리앰프
회로방식	이퀄라이저 앰프 : 차동 1단 3단 직결 A급SEPP회로 플랫앰프 : 차동 1단 3단 직결회로
입력감도/임피던스	Phono1:2.5mV/50kΩ Phono2:2.5mV~10mV/25kΩ, 50kΩ, 100kΩ Phono3:2.5mV/50kΩ Tuner, Aux1, 2, Tape PB1, 2, 3:150mV/100kΩ Aux3:150mV~∞/100kΩ
Phono최대허용입력	Phono1,3:700mV, Phono2:1.4V (고조파왜율0.01%)
출력레벨/임피던스	Tape rec1, 2, 3:150mV/2.5kΩ OutputA, B(R$_L$:50kΩ):2V/600Ω(정격), 15V/600Ω(최대) Headphones(R$_L$:8Ω):170mV/40Ω(Output 100mV시), 500mV/40Ω(최대)
고조파왜율	0.01%이하(2V출력시) (20Hz~20kHz)
주파수특성	Phono:20Hz~20kHz ±0.2dB Tuner, Aux, Tape PB : 20Hz~20kHz +0−−0.5dB 10Hz~90kHz +0 − 1dB
톤컨트롤	Bass 메인 : ±7.5dB(100Hz), 1.5dB스텝 　　　서브 : ±6dB(50Hz), 1.5dB스텝 Treble 메인 : ±7.5dB(10kHz), 1.5dB스텝 　　　서브 : ±6dB(20kHz), 1.5dB스텝
필터	Low cut:15Hz(12dB/oct), 30Hz(18dB/oct) High cut:12kHz(12dB/oct), 8kHz(18dB/oct)
S/N(IHF)	Phono:80dB, Tuner, Aux, Tape PB:90dB이상
어테뉴에이터	−15dB, −30dB

형식	스테레오 프리앰프
사용반도체	트랜지스터×65, 다이오드×48
전원과 소비전력	AC100V, 50Hz/60Hz, 25W
크기와 무게	468x206x342mm, 12.5kg

■ 파이오니아 Exclusive M3a 파워앰프

파이오니아 Exclusive M3a 파워앰프는 A급 증폭으로 1981년 43만 엔에 발매된 품위 높은 음질을 내는 스테레오 파워 증폭기이다.

회로 구성은 차동 증폭기 입력단으로 푸시풀의 프리 드라이버 단을 구동하고, 한쪽 채널당 8개의 파워 트랜지스터(4개 병렬연결)로 구성되어 있다. A급 동작의 푸시풀 회로는 본질적으로 노칭 왜곡이나 크로스 오버의 왜곡이 없기 때문에 NFB를 걸지 않을 때도 왜곡이 적은 우수한 회로이다.

또한, 파워앰프의 전원부에서 크고 작은 전원의 변동이 없기 때문에 저역의 안정도 및 과도 특성이 뛰어나다.

이 파워앰프와 짝을 이루는 파이오니아 Exclusive C3a 프리앰프와 마찬가지로 왜곡 발생을 억제하기 위해 배선재는 무산소 구리선을 사용했고, 기판에는 DCR(직류 저항)과 인덕턴스 감소를 위해 140μ의 구리판 유리 에폭시 기판을 사용했다. 안정적인 성능과 신뢰성을 위해 입출력 단자 및 각 어셈블리의 단자는 모두 금도금을 하였다.

A급 증폭기가 만들어내는 열을 발산하기 쉽도록 샤시 내부를 냉각용 덕트 같은 모습으로 설계하였고, 캐비닛 하단에 2개의 팬을 장착하여 강제 공냉시킨다. 강제공냉시에 나는 팬의 회전음을 억제하기 위해 저전압에서는 저속 동작을 하도록 설계하였다. 보호 회로에는 기존의 릴레이와 전자 회로를 조합하여 설치하였다.

깨끗한 전면 패널의 아름다움과 파이오니아 특유의 중저역에 힘 있는 파워 그리고 A급 증폭기에서만 느낄 수 있는 직선성이 좋은 품위 있는 음질을 느낄 수 있다.

파이오니아 Exclusive M3a 파워앰프의 정격

형식	스테레오 파워앰프
회로방식	차동2단, PP드라이브, 2단 다링톤, 쿼드풀PP 순콤플리멘터리 OCL(A급 동작)
실효출력	50W+50W(8Ω) (20Hz~20kHz, 양채널 구동)
고조파왜율	0.01%이하(실효출력시), (20Hz~20kHz)
혼변조왜율	0.01%이하(실효출력시)
출력대역폭(IHF)	5Hz~100kHz(고조파왜율 0.05%)
주파수 특성	3Hz~60kHz +0 -1dB
입력감도/임피던스	Input1, 2:1V, 2V/50kΩ
출력단자	Speaker:8Ω
댐핑팩터	30이상, 20Hz~20kHz, 8Ω)
서브소닉필터	8Hz, 6dB/oct
S/N비	110dB이상
사용반도체	트랜지스터×59, IC×6, 다이오드×67
전원과 소비전력	AC100V, 50Hz/60Hz, 320W
크기와 무게	468x206x385mm, 27.3kg

■ 파이오니아 Exclusive C5 프리앰프

파이오니아 Exclusive C5 프리앰프는 1983년 78만 엔의 고가에 발매한 프리앰프로 모듈 증폭기 구조를 채택하였다.

Exclusive C5에서는 MC카트리지를 사용하기 위해 MC카트리지용 트랜스도 장착되었다. 트랜스 코어 재료에 나선형 리본 센더스트[50]를 채택했는데 이 소재는 광대역에 걸쳐 평면적인 자기특성을 나타내고 기계적으로도 강하다. 권선에는 직경 0.25mm의 무산소 구리선 2개를 병렬로 감아서 DCR을 감소시키고 수지와 같은 보호용 절연물을 통하지 않고 코어에 곧바로 밀착하여 감음으로써 전송 특성을 좋게 하였다.

입출력부, 증폭기부, 전원부 모두를 좌우 채널로 분할한 모노 구조로 좌우 채널에 각각 2개씩 총 4개의 전원트랜스가 장착돼 있다. 이퀄라이저 앰프 전용과 플랫/버퍼 앰프 전용으로 나누어 정류회로까지 각각 독립된 멀티파워 공급 방식을 채택하여 상호 간섭을 배제하였다. 또 릴레이 제어에도 전용 전원트랜스를 탑재하는 등 1회로 1전원이다.

각 회로는 280μ 두께의 무산소 구리 동박 유리 에폭시 기판을 사용하여 카본이 들어간 전도 수지 케이스에 저장함으로써 외부 및 부품의 진동을 막고 전자기파로 인한 음질 열화를 방지하였다.

---

[50] 알루미늄 4~8%, 규소 6~11%, 나머지는 철로 이루어진 합금

메인 볼륨에는 그림과 같은 40포인트 감쇠기가 황동 케이스에 담겨 있는데 접합부의 접점 재료에는 은 합금을 사용하여 비자성화가 되어 있다.

캐비닛은 천연 나무 캐비닛을 사용하여 멋스러운 외관과 뛰어난 음질로 일본에서는 아직도 현역기로 사용하는 사람이 많다.

파이오니아 Exclusive C5 프리앰프의 내부와 볼륨 사진

파이오니아 Exclusive C5 프리앰프의 정격

형식	스테레오 프리앰프
입력감도/임피던스	Phono MM:2.5mV/50kΩ Phono MC(40Ω):0.2mV/40Ω Phono MC(3Ω):0.06mV/3Ω CD, Tuner, Aux1/2, Tape play1/2:150mV/50kΩ
출력레벨/임피던스	Tape rec1/2:150mV/2.2kΩ Output:1V/33Ω
최대출력레벨	Tape rec1/2:21V(Phono시)이상, Output:15V이상 (왜율0.01%, 20Hz~20kHz)
Phono최대허용입력 (1kHz, 왜율0.1%)	Phono MM:350mV이상 Phono MC(40Ω):28mV이상 Phono MC(3Ω):8.8mV이상
톤컨트롤	Bass:±10dB(100Hz) Treble:±10dB(10kHz)
서브소닉필터	7Hz, 18dB/oct
전원과 소비전력	AC100V, 50Hz/60Hz, 65W
크기와 무게	468x205x439mm, 17.6kg

■ 파이오니아 Exclusive M5 파워앰프

파이오니아 Exclusive M5 파워앰프는 1982년에 43만 엔에 발매한 모노 파워앰프이다. '음악에 취해주시기 위한 앰프'라는 제작 이념과 같이 파이오니아 Exclusive C5 프리앰프와 매칭하여 들으면 참으로 감미로운 소리가 난다.

NFB를 걸지 않고도 좋은 특성을 얻는 파이오니아의 새로운 슈퍼 리니어 회로로 TIM왜곡[51]을 근본적으로 없애고 고역에서 안정성을 확보하였다. 이로써 스위칭 왜곡이나 크로스 오버 왜곡과 같은 왜곡이 원리적으로 발생하지 않는 A급 전력 증폭기이다.

전원 공급 장치의 효율을 높여 A급 증폭기의 어려운 점인 과도한 발열을 없앴다. 전원 변압기의 권선에는 보통 사용하는 권선보다 2배의 단면적을 가진 폴리에스테르 피복의 무산소 구리선을 채택하여 레귤레이션을 개선하고 권선 온도 상승을 반으로 줄였다.

컨덴서는 필름 컨덴서로 중역과 고역의 음질 향상을 꾀했는데 필름의 소재는 유전 손실이 작은 폴리카보네이트[52]와 절연도가 높고 고주파 특성이 뛰어난 폴리프로필렌[53]의 복합 구조이다.

---

51 Transient Intermodulation distortion (TIM) 과도 상호변조 왜곡
52 polycabonate : 전기절연성, 치수안정성, 소화성, 내구성 등이 좋아 전기부품으로 사용
53 polypropyrene : 탄소와 수소로만 된 탄화수소로 열가소성, 범용수지이다.

기판에는 오디오용으로 개발한 유리 에폭시 기판에 지금까지 사용하던 35μ두께의 구리판에서 280μ의 두꺼운 구리판으로 바꿈으로써 도체 저항을 1/8로 줄여 안정된 신호의 전송을 가능하게 했다.

음질은 음악에 취해달라는 제작이념에 맞게 고운 소리가 나는데 일본의 중고 가격의 시세가 만만치 않다.

파이오니아 Exclusive M5 파워앰프 정격

형식	모노 파워앰프
실효출력	300W(8Ω) (20Hz~20kHz)
입력감도/임피던스	1V/50kΩ
파워표시	피크레벨미터
소비전력	250W
크기	468x203x410mm
무게	25.6kg

> **잠깐** 두 귀의 효과와 기능

귀는 눈과는 달리 한쪽의 귀로 듣는 것보다 양쪽의 귀로 듣는 것이 거의 2배의 크기로 들린다. 그리고 판별 감도도 일반적으로 향상된다. 한쪽 귀로 듣는 것 보다는 양쪽 귀로 듣는 것의 효과와 기능은 음의 크기의 가산, 음상의 융합, 칵테일 파티의 효과, 음원의 위치와 거리의 지각, 확산감의 지각이다.

① 음의 크기 가산으로는 감각 레벨이 20dB 이상일 때 두 귀에 같은 크기의 음을 동시에 가하면 음의 크기는 한쪽 귀의 2배 크기가 되지 않는다.

② 음상의 융합으로는 1949년 Göttingen 대학의 Haas와 Harvard 대학의 Wallach가 '두 개의 스피커로부터 음에 의해 생기는 음상에 대한 선행음 효과(Precedent Effect)'라는 보고는 흥미로운 것이다.

그림과 같이 청취자로부터 3m 떨어진 지점에 A, B 스피커를 배치하고 똑 같은 신호를 보내면 음상은 청취자로부터 바로 정면 C에 생긴다. 그런데 한쪽 스피커 B를 34cm 만큼 뒤로 보낸 D의 위치에 두면 B에서의 음은 들리지 않고 A에서만 들리게 된다. 이때 다시 D에 있는 스피커의 신호 레벨을 5dB 증가시키면 다시 음상은 C로 돌아온다는 것은 두 개의 스피커에서 같은 세기의 소리를 내고 있음에도 귀에 먼저 도달하는 스피커 쪽에 음상이 생긴다는 Hass효과이다. 우리가 스테레오로 음악을 듣는 것은 좌우가 다른 신호이기 때문에 Hass효과를 직접적으로 느끼지는 못하지만, 스피커의 위치에 따라서 음상의 변화가 상당히 크다는 것을 말해준다.

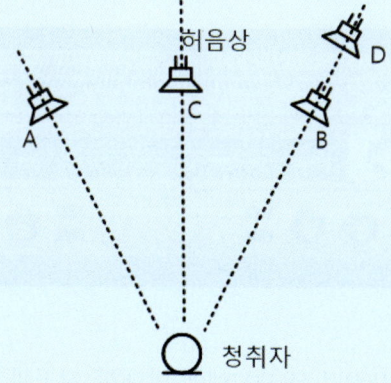

③ 칵테일 파티 효과

두 귀의 효과에서 가장 특징이 있는 성질로 혼잡한 가운데서 많은 사람의 목소리나 잡음이 섞인 상대방의 목소리를 알아듣고 이야기 할 수 있는 현상이다. 어떨 때는 상대방의 말은 건성이고 뒤에서 소곤거리는 말을 완전히 알아듣는 때도 있다. 이것은 다수의 음원이 있을 때 두 귀를 가지고 있으므로 각각의 음원을 공간적으로 따로따로 분리하여 듣거나, 특정인의 말을 알아듣기가 쉽다는 것을 의미한다. 이런 문제는 오래전부터 연구되었지만, 원리를 명확하게 설명하지 못하나 재생 음의 경우 스테레오가 모노보다 약 20% 정도 명료도가 높아지고 음원의 공간적 분리의 효과도 좋아진다.

2.8 트리오/켄우드(TRIO/KENWOOD)에서 만든 기기들

트리오는 1946년 나가노현 고마가네시에 유한회사 카스가(春日)무전기상회를 설립해 고주파 코일(라디오 수신기 부품)을 제조하기 시작한 것이 회사의 시작이다. 1947년에 상표를 TRIO로 한 것은 음악에 관련된 사업 내용에 걸맞은 브랜드를 염두에 두고 선정한 것이다. 친족 경영(카즈네, 동생 지로, 숙부 久夫 3명)이 삼중주처럼 조화를 이루겠다는 바람도 담겨 있었다. 1960년에는 브랜드 이름에 맞춰 회사명도 트리오 주식회사로 변경하였다. 'KENWOOD'브랜드는 트리오사가 1961년에 일본 국외 전용 브랜드로 채택된 것이다. 미국 사무소를 설치했을 때 TRIO라는 상표는 이미 등록되어 있었기 때문에 급히 브랜드 이름을 생각해봐야 했는데, 좋은 이미지가 있는 허리우드의 WOOD에 단어 연결이 잘되고 고급스러운 KEN을 합쳐 KENWOOD라고 명명했다. 1972년 창립자 중에서 카스카 형제가 사내 쿠데타로 회사를 나와 아큐페이즈를 설립하였다.

■ 트리오 WX-700 리시버앰프

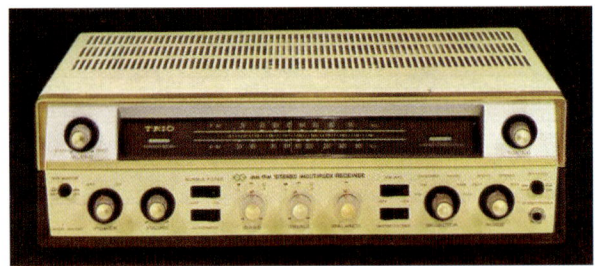

TRIO WX-700은 1969년 59,900엔에 발매한 진공관 리시버앰프이다. 튜너와 FM MPX가 있어서 스테레오 방송을 수신할 수 있는 당시 고급 스테레오 리시버이다. FM 튜너부에는 3련 바리콘과 이중으로 잡음 제한회로(리미터)를 넣어 깨끗하고 명료한 선국이 되도록 하였다. 라우드니스 컨트롤, 노이즈 필터, 테이프 모니터 기능, 스테레오 폰 잭, FM · AFC(FM자동 안정장치) 등의 기능이 있다. 출력진공관은 6BQ5의 고신뢰관인 7189 진공관으로 채널당 25W를 내주므로 웬만한 현대의 스피커도 구동할 수 있다. 소리 또한 깔끔하면서도 부드러운 중저음이 좋다.

2.8 트리오/켄우드(TRIO/KENWOOD)에서 만든 기기들

TRIO WX-700 리시버앰프 정격

형식	AM/FM 멀티 스테레오 리시버
출력	뮤직파워 : 30W+30W, 25W+25W(무왜)
수신주파수	FM:76~90MHz, AM:535~1605kHz
감도	FM:19μV/84MHz(S/N 20dB), 2.5μV/84MHz(S/N 30dB), AM:2μV/1MHz(S/N 10dB)
이미지비	FM:45dB이상(84MHz), AM:60dB以上(1MHz)
주파수특성	오디오부:20Hz~50000Hz 0.5dB이내(출력500mW) FM부:20Hz~20000Hz 0.5dB이내
FM멀티 섹션	주파수특성:50Hz~15000Hz 0.5dB 이내 분리도:38dB 이상(400Hz), 왜율:1% 이하(400Hz)
이득(각 출력25W)	MAG : 2.2mV, TAPE HD : 1.9mV(500Hz) XTAL : 2mV, AUX : 140mV
톤 컨트롤	50Hz:+11dB~-10dB, 10kHz:+11dB~-10dB
라우드니스 콘트롤	100Hz:+10dB, 10kHz:+4dB (Volume -30dB)
노이즈 필터	10kHz:-10dB
럼블 필터	50Hz:-7dB
이퀄라이저	RIAA(MAG), NARTB(테이프헤드)
잔류잡음	MAG, Tape Hed:40mV, AUX:5mV
입력단자	MAG, Tape HD, AUX, XTAL, Tape Play, Tape Rec
사용진공관	6BA6×3, 6BE6×1, 6AU6×2, 6AL5×1, 6AQ8×3, 12AX7×4, 7247×1, 6AN8×2, 7189×4, EM84×2
전원과 소비전력	AC100V/117V, 50Hz/60Hz, 200W
크기와 무게	450x140x355mm, 15.6kg

■ 트리오 KA-9900 인티앰프

TRIO KA-9900는 1978년 20만 엔에 발매한 트랜지스터 인티앰프로서 트리오의 DC앰프 및 하이스피드 앰프 등의 기술을 집약하여 개발한 인티앰프이다.

DC 앰프를 다단으로 구성한 트리오 자체 스트레이트 DC 앰프를 채택했으며, Tuner 입력에서 스피커 단자 사이에 저역 커팅용 컨덴서가 없는 구조이다. DC구성의 MC헤드 앰프부에는 저잡음용 트랜지스터를 병렬로 연결한 전단 콤프리멘터리 푸시풀 회로이다.

입력에 사용된 FET는 MM카트리지를 사용할 때 우수한 SN비율이 얻어진다. 이퀄라이저 앰프도 DC구성이다.

Phono1은 임피던스 3단 전환 기능이 있고, 볼륨에는 컨덕티브 플라스틱을 이용한 4련 볼륨을 장착했다.

톤 컨트롤 회로에는 로우 노이즈 IC를 이용한 트리오 고유의 NF-CR형 회로를 채택했다. 파워앰프부는 차동3단 및 전단직결 ICL·OCL회로로 구성되고 DC 앰프로 되어있다.

파워앰프부 전원공급 장치에는 18,000μF의 대용량 전해 컨덴서 4개와 대형 트랜스 2개를 이용한 좌우 2전원 방식이다. 이 방식에서는 만약 한쪽 채널에 큰 신호가 들어오면 전원 공급 장치를 통해 반대 채널로 영향을 미쳐 음상 정위를 방해하는 동적 누화(크로스 토크)의 발생을 억제한다.

TRIO KA-9900 인티앰프의 정격

형식	인티앰프
정격출력	150W+150W(8Ω, 20Hz~20kHz), 180W+180W(4Ω,1kHz)
전고조파왜율(8Ω)	0.01%(정격출력시, 20Hz~20kHz, Vol-20dB) 0.004%(정격출력시, 1kHz)
혼변조왜율	Tuner, Aux, Tape : 0.0045%(정격출력시,8Ω)
주파수특성	Tuner,Aux,Tape→SP(스트레이트DC on):DC~400kHz -3dB Tuner,Aux,Tape→SP(스트레이트DC off):1Hz~400kHz -3dB
출력대역폭(IHF)	Tuner, Aux, Tape→SP단자:5Hz~100kHz(왜율0.03%, 8Ω)
댐핑팩터	100(Tuner, Aux, Tape→SP단자, DC~20kHz, 8Ω)
입력감도/임피던스	Phono MM→SP단자:2.5mV/33, 47, 100kΩ Phono MC→SP단자:0.1mV/100Ω Tuner, Aux, Tape→SP단자:150mV/50kΩ
SN비(IHF-A)	Phono→SP단자:90dB(2.5mV입력) Phono MC→SP단자:70dB(0.1mV입력) Tuner, Aux, Tape→SP단자:105dB
톤 컨트롤	Bass:±7.5dB(150Hz, 75Hz), Treble:±7.5dB(10kHz, 20kHz)
라우드니스콘트롤	+3dB, +6dB, +9dB(Tuner, Aux, Tape→SP단자)
변환응답	상승타임:0.8μs(Tuner, Aux, Tape→SP단자) 슬루레이트 : ±230V/μs(Tuner, Aux, Tape→SP단자)
Phono RIAA편차	20Hz~20kHz ±0.2mV
전고조파왜율	0.005%(정격출력시, 20Hz~20kHz, 8Ω)
SN비(IHF-A)	110dB
입력감도/임피던스	1.0V/50kΩ
전원과 소비전력	AC100V, 50Hz/60Hz, 400W
크기와 무게	460x161x463mm, 25.8kg

■ 켄우드 KA-1100SD 인티앰프

KENWOOD KA-1100SD는 켄우드가 1984년 12만9천 엔에 발매한 인티앰프이다. 이 앰프는 Super DLD(Dynamic Linear Drive) 회로를 채택하였다. Super DLD회로는 장착된 4개의 전원 회로를 모두 활용하여 어떤 출력 시에도 항상 전원 용량이 4개 전원의 평균된 값이 되도록 한 것이다.

입력 8계통과 그래픽 이퀄라이저 등이 다이렉트로 접속할 수 있는 어댑터가 IN-OUT 단자에 있다. 또한, 각 접점 스위치와 균형 볼륨을 스위치 하나로 패스하는 CD다이렉트 스위치를 장착하여 신호 경로를 단순화함으로써 CD의 소리를 보다 충실하게 재생한다.

앰프부터 스피커 단자까지 NF루프를 걸면 패턴과 배선재 임피던스, 위상보상 코일, 릴레이와 스피커 전환스위치 접점 등 지금까지 NF루프 밖에 있던 모든 파트를 루프 안으로 들여왔다. 또한 모든 접지를 증폭기의 스피커 단자에 집중시켜 GND 라인의 패턴이나 부품에 의한 상호 간섭 증가를 막고 있다. 톤 컨트롤은 켄우드 방식의 NF-CR 형식을 채택하고, 라우드니스 컨트롤은 30Hz, 60Hz, 90Hz에서 각각 3dB, 6dB, 9dB의 전환이 가능하다.

KENWOOD KA-1100SD 인티앰프의 정격

형식	Super DLD 인티앰프
정격출력	150W+150W(8Ω, THD 0.004%)
전고조파왜율 (20Hz~20kHz)	Phono→SP단자: 0.004%(정격출력시) Tuner,AUX,Tape→SP단자: 0.004%(정격출력시, 8Ω)
혼변조왜율	Tuenr,AUX,Tape→SP단자:0.003%(정격출력시8Ω)
주파수특성	Tuner,AUX,Tape→SP단자:DC~200kHz +0 -3dB
댐핑팩터(50Hz)	1000
입력감도/임피던스	Phono MM:2.5mV/47kΩ, MC:0.1mV/100Ω Tuner, AUX, Tape:150mV/47kΩ
SN비	Phono MM→SP단자:88dB MC→SP단자:78dB Tuner, AUX, Tape→SP단자:108dB
톤 컨트롤	Bass 200Hz:50Hz ±10dB, 400Hz:100Hz ±10dB Treble 3kHz:10kHz ±10dB, 6kHz:20kHz ±10dB
서브소닉필터	18Hz, 6dB/oct
Phono RIAA편차	±0.2dB(20Hz~20kHz)
출력레벨/임피던스	Adaptor Out:150mV/680Ω, Tape Rec:150mV/680Ω
전원과 소비전력	AC100V, 50Hz/60Hz, 370W
크기와 무게	440x158x383mm, 14.7kg

▶ 잠깐 NF-CR형이란?

이 방식은 포노 앰프에서 사용하는 방식으로 앞서 1장의 RIAA에서 설명했듯이 레코드는 정보가 담겨져 있는 미세한 홈을 카트리지의 바늘이 따라가도록 새겨놓은 판이다. 바늘이 홈을 따라가면 좌우로 진동하게 되고 그 진동이 카트리지 내부에서 전기신호로 변환된다. 그런데 레코드에 정보를 기록할 때 주파수는 진동수로 기록하면 되지만 음량은 홈이 좌우로 흔들리는 진폭으로 기록한다. 작은 음량은 작은 폭으로 흔들리고 큰 음량은 큰 폭으로 흔들리는데 레코드의 홈이 좌우로 너무 크게 움직이면 여러 문제가 나타난다. 예를 들어 선폭이라고 할 수 있는 1개의 홈이 차지하는 폭이 넓어져 기록할 수 있는 양이 줄어들게 되고 바늘이 좌우로 크게 흔들리는 데에도 한계가 있다. 특히 저역은 고역보다 에너지가 커서 좌우 진폭이 고역보다 크고 음량이 커지면 커진 만큼 진폭이 커져 레코드에 적은 정보를 기록 할 수밖에 없다. 그래서 저역을 감소시켜 기록하면 홈의 좌우 진폭이 작아져 바늘이 진동하는 데 문제없고 한 면에 기록할 수 있는 정보의 양도 대폭 늘어난다. 재생시에는 레코드에 기록할 때 저역을 줄인 만큼 역으로 고역을 줄여 정상적인 소리로 만드는데 미국 음반제작협회(RIAA)에서 정한 스펙이 일반화되어 사용되었다.

RIAA가 규정한 스펙대로 고역을 감소시킬 때 감소 방식에 따라 고역을 접지로 바이패스하여 감소시키는 방법과 부귀환으로 감소시키는 방법이 있는데 컨덴서(C)와 저항(R)을 이용해 접지로 고역을 바이패스 하는 방식을 CR형이라고 하고 출력단에서 초단으로 역상의 신호를 보내 고역을 상쇄하는 방식을 NF(Negative Feedback)형이라고 한다.

CR형은 회로 구성이 비교적 간단하지만 소리가 거칠고, NF형은 음색이 곱고 깔끔하지만 회로구성이 까다롭고 발진대책이 필요하다. 예전에 저가형 앰프에는 CR형을 고급형에는 NF형을 사용하다가 CR형과 NF형을 결합시킨 회로가 나오게 되었다.

■ 트리오 700C 프리앰프

TRIO 700C 프리앰프는 1974년 22만 엔에 발매한 슈프림 시리즈의 컨트롤 앰프이다. 700C에서는 라특성을 충실히 하고 NFB를 얕게 걸어 음질 향상을 꾀했다. 모든 회로가 2전원 직결방식으로 되어 각각의 회로가 교류적, 직류적으로 회로끼리 영향받는 것을 배제하고 있다. 이퀄라이저부는 초단 PNP 차동증폭회로로 직결 5단, ±50[V]의 고전압을 걸어 최대 출력 30[V]로 다이내믹레인지를 확보한다.

메인 볼륨에는 넓은 범위에서 노브의 회전 각도에 대한 음량의 변화가 일정하고 2dB 단계의 감쇠기와 15dB 변화의 감쇠기의 2단 절환식이다. 이 두 개의 감쇠기를 결합하여 60dB 범위에서 정확한 2dB 단계의 직선 컨트롤이 가능하다.

톤 컨트롤은 차동형으로 CR절환회로이며 기본 증폭 회로는 100Hz/10kHz (50Hz/ 20kHz)로 2dB 단계로 변화한다. 또한 턴 오버는 Bass/Treble 각각 2단계 전환식이다. 턴 오버 스위치를 OFF로 했을 때나 컨트롤 노브를 0으로 했을 때는 완전한 플랫 앰프가 된다.

출시된 지 오래되었지만 깔끔한 패널의 디자인으로 요즈음 보아도 보기 좋은 모습이며 소리 또한 상당히 좋아서 마니아들의 관심을 끄는 프리앰프이다.

TRIO 700C 프리앰프의 정격

형식	콘트롤 앰프
최대출력전압	8Vrms (1kHz, 50kΩ부하)
기준정격출력전압	1.5Vrms
전고조파왜율	0.04% (1.5V출력, 50kΩ부하)
혼변조왜율	0.04%
입력감도 (1.5V출력시)	Phono1, 2:1.5mV, Tuner:150mV Aux1, 2, 3:150mV, Tape play:150mV
SN비	Phono1, 2:70dB(5mV입력), Tuner:85dB(150mV입력) Aux1,2, 3:85dB(150mV입력), Tape play:85dB(150mV입력)
입력 임피던스	Phono1, 2:50kΩ, 30kΩ, 600Ω 전환, Tuner:150kΩ Aux1, 2, 3:150kΩ, Tape play:150kΩ

톤 컨트롤	Bass Turnover 200Hz: 50Hz±10dB, 2dB 스텝
	              400Hz: 100Hz±10dB, 2dB스텝
	Treble Turnover 3kHz : 10kHz±10dB, 2dB스텝
	              6kHz: 20kHz±10dB, 2dB스텝

로우필터	fc:18Hz, 36Hz전환, 12dB/oct
하이필터	fc:7kHz, 12kHz전환, 6dB/oct
전원과 소비전력	AC100V, 50Hz/60Hz, 10W
크기와 무게	472x177x318mm, 9.5kg

▪ TRIO 700M 파워앰프

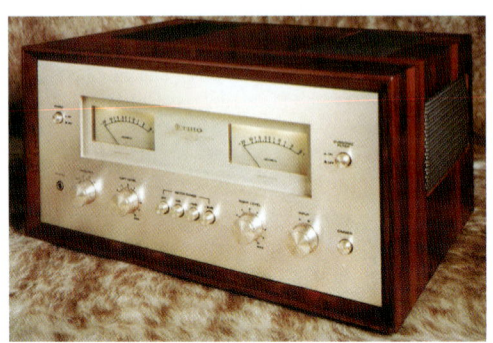

TRIO 700M 파워앰프는 1974년 30만 엔에 발매된 트리오 슈프림 시리즈의 스테레오 파워앰프이다.

700M은 NFB를 뺀 상태에서의 모든 응답에 있어서 라특성을 충실히 한 후 적당한 NFB를 걸고 있다. 이에 따라 높은 신호 레벨이나 임피던스 변동, 왜곡 등도 항상 안정적인 동작을 실현한다.

전원 변압기는 600[VA] 이상의 대용량으로 높은 자속 밀도에 강한 오리엔트 코어이다.

냉각을 위해서 대형 방열판 4개를 공기 유통이 좋은 형태로 배치하여 쿨링팬을 달지 않고도 장시간 연속 작동할 수 있도록 하였다.

보호회로는 3중 구성으로 되어 있는데 트랜지스터 보호, DC감지 릴레이로 스피커 보호, 전원 스위치 회로의 서지방지회로에서 전체 회로가 완전 작동가능 상태가 될 때까지 러시 전류를 억제한다.

대형 파워미터는 소출력에서도 읽기 쉽도록 -20dB, -10dB, 0dB 및 OFF의 4단 레인지 절환식이다.

2.8 트리오/켄우드(TRIO/KENWOOD)에서 만든 기기들

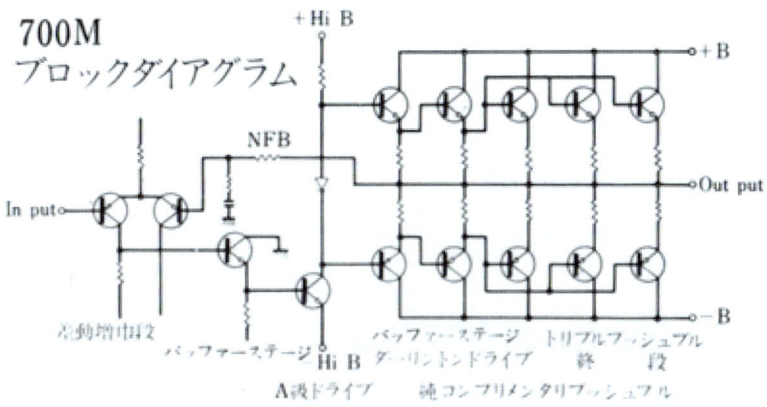

TRIO 700M 파워앰프의 블록 다이어그램

TRIO 700M 파워앰프의 정격

형식	스테레오 파워앰프
실효출력	170W+170W(8Ω, THD 0.1%)(20Hz～20kHz)
전고조파왜율	0.1%(8Ω, 20Hz～20kHz, 정격출력시) 0.05%(8Ω, 1/2 정격출력시)
SN비	100dB(8Ω), 115dB(8Ω, IHF-A커브)
잔류잡음	0.5mV(8Ω)
입력감도	1V(170W출력, 8Ω)
입력 임피던스	50kΩ
댐핑팩터	40(8Ω)
정격부하임피던스	4～16Ω
주파수특성	20Hz～20kHz +0 -0.5dB
서브소닉필터	12dB/oct(fc:18Hz)
AC아웃렛	Switched:2계통, Unswitched:2계통
전원과 소비전력	AC100V, 50Hz/60Hz, 350W
크기와 무게	440x200x360mm, 27kg

잠깐 일본 어느 가정의 리스닝 룸 엿보기

사진은 전면에 CD, LP레코드의 소스류와 랙에 여러 기기들이 잘 정리되어 있는 모습이다. 사진 우측면에는 1인 음악감상용 의자가 있다. 사진에는 보이지 않지만 1인 음악감상용 의자 뒤에 소파가 있으며, 또 사진에는 보이지 않지만 사진의 좌측면에 세 종류의 스피커가 배치되어 있다. 이러한 배치는 기기를 조작할 때 마다 앞으로가지 않고 바로 옆에서 조작하도록 하여 편리함을 추구하였다. 이분이 소장하고 있는 기기들은 본서에서 대부분 소개하는 기기 들이어서 소유자분의 성향을 짐작할 수 있다. 소장하는 기기는 다음과 같다.

[소장한 기기 명세]
- 메인앰프 : 아큐페이즈 P300X, 데논 POA-1000B
- 프리앰프 : 아큐페이즈 C400X, 데논 PRA-1000B, 야마하 C-2a
- 프리메인앰프 : 럭스만 38FD-MK2, 데논 PMA10Ⅲ L
- 레코드플레이어 : 데논 DP-80 트윈 암
- 튜너 : 럭스만 50A
- 카트리지 : 오토폰 MC20MK2, 데논-103D 슈어 VN35MR

2.9 테크닉스에서 만든 기기들

■ 테크닉스 SE-A1 파워앰프

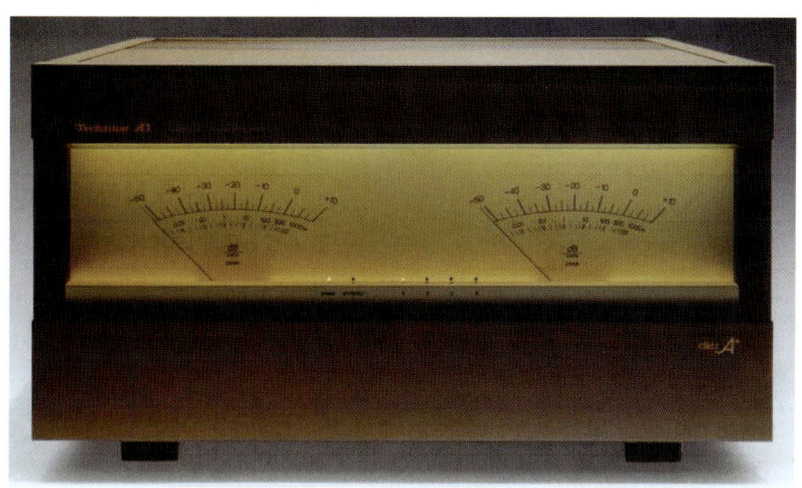

테크닉스 SE-A1 파워앰프는 1977년 주문생산형태로 100만 엔의 무척 비싼값에 발매한 A+급 동작 스테레오 DC 파워앰프이다. A급 증폭기는 증폭소자의 직선 부분을 신호의 전체 사이클에서 사용하고 있기 때문에 스위칭 왜곡이나 크로스 오버 왜곡이 원리적으로 존재하지 않아 음질적으로 이점이 있다. 그러나 무신호시에도 피크 전류의 절반을 상시 흘려야 하므로 증폭 회로로서는 효율이 나쁘다는 단점을 가지고 있다. SE-A1에 채택된 A+급 동작에서는 상시 전류를 필요로하는 A급 앰프의 접지 전위를 플로팅시키고 필요에 따라 별개로 마련한 전원 앰프에서 고전압을 오디오 신호 진폭으로 동기화하여 공급하는 방식으로 대출력을 내도록 하였다. 전원부는 직류저항이 적은 대용량 토로이드 트랜스를 좌우 각1개씩 장착하고 전해 컨덴서는 A+급에 100,000μF를 4개, 전원 앰프용으로 22,000μF를 4개 장착하였다. 1채널에 4전원, 총 8전원의 2모노 방식으로 구성되어있다. 입력 및 출력 커플링 컨덴서와 NFB 루프내 컨덴서를 없앤 DC앰프 구성을 하여 우수한 파형을 전송한다.

DC 성분이 스피커에 들어가지 못하도록 스피커 단자와 회로를 분리하는 보호회로와 스피커 단자를 잘못 접촉했을 경우 전류리미터가 작동하여 출력트랜지스터를 보호하도록 되어 있다.

SE-A1에 채택된 A+급 동작은 필요에 따라 전원 앰프에서 고전압을 오디오 신호 진폭으로 동기화하여 공급하는 방식이어서 강제 공랭식을 하지 않아도 채널당 350[W]의 대출력이 나오지만 전원부의 크기가 커서 문제없다. 앰프자체의 무게가 매우 무거워 취급하기 불편하나 음질은 상당히 좋으며 중고 가격도 일본에서는 2,000만원 내외의 매우 비싼 가격에 거래된다.

테크닉스 SE-A1 파워앰프의 정격

형식	스테레오 DC파워앰프
실효출력	350W+350W(4Ω), 350W+350W(8Ω) (20Hz~20kHz)
전고조파왜율	0.003%(정격출력시, 20Hz~20kHz)
출력대역폭	5Hz~100kHz(8Ω, 양채널구동, 0.01%)
주파수특성	20Hz~20kHz +0 -0.05dB, DC~200kHz +0 -1dB
SN비(IHF-A)	120dB
잔류잡음	500μV(150μV, IHF-A)
댐핑팩터	100(8Ω)
입력감도/임피던스	1V~10V(연속가변)/47kΩ
부하임피던스	A or B or C or D:4Ω~16Ω, A+B+C:16Ω A+B or B+C or A+C:8Ω~16Ω
전원과 소비전력	AC100V, 50Hz/60Hz, 1kW
크기와 무게	450x249x550mm, 51kg

■ 테크닉스 SU-A2 프리앰프

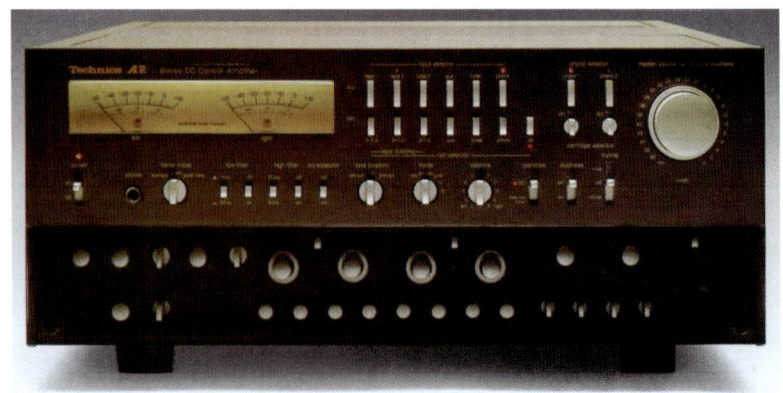

테크닉스 SU-A2 프리앰프는 1977년 주문생산형태로 160만 엔의 무척 비싼값에 발매한 프리앰프로 모든 단을 A급 동작에 의해 저왜곡화를 실현한 프리앰프이다. 스위칭 왜곡이나 크로스 오버 왜곡을 완전히 제거하기 때문에 각 스테이지를 모두 A급으로 동작시키고 있다. 이로 인해 Phono MM에서 출력 단자까지 20Hz~20kHz, 1[V] 출력으로 정격 왜율 0.003% 정도로 낮다. MM용으로, 저잡음 듀얼 FET와 MC프리앰프에는 저잡음 트랜지스터 M67L, M68L을 새로 개발해서 장착함으로써 높은 SN비를 가져왔다. 테크닉스 SU-A2프리앰프는 DC증폭기 구성을 채택하고 포노 이퀄라이저에서도 커플링 컨덴서를 없앴다.

전원부에는 직류 저항이 낮은 대형 토로이드 트랜스가 사용되었고, 볼륨에는 컨덕티브 플라스틱 10련 볼륨을 사용하였다. Phono1, 2 독립형 입력 감도, 입력 레지스턴스, 커패시턴스 선택기와 레벨 컨트롤이 가능한 헤드폰 전용 앰프 등을 장착하였다.

테크닉스 SU-A2 프리앰프의 정격

형식	스테레오 DC콘트롤앰프
입력감도/임피던스	Phono1,2 MM: 2.5mV/22k, 33k, 47k, 75k, 100kΩ/100p, 150p, 200p, 300p, 500pF Phono1,2 MC:100μV/10,22,47,100,220Ω Tuner, Aux1,Tape:150mV/47kΩ, Mic:2mV/600Ω
최대허용입력(1kHz)	Phono MM:500mV, Phono MC:20mV, Mic:200mV
전고조파왜율 (20Hz~20kHz)	Tuner,Aux,Tape,Phono MM:0.003%(VRmax, 10Voutput) 0.003%(VR-30dB, 1Voutput) Phono MC,Mic:0.005%(VRmax, 10Voutput) 0.005%(VR-30dB, 1Voutput)
SN비(IHF-A)	Phono MM:95dB(2.5mV입력),107dB(10mV入力) Phono MC:80dB(100μV입력, 입력환산잡음전압:-160dBV)
주파수특성	Phono MM:DC~20kHz, RIAA ±0.2dB Phono MC:30Hz~20kHz, RIAA ±0.2dB Tuner, Aux, Tape:DC~20kHz +0 -0.2dB Mic:20Hz~20kHz +0 -1dB
필터특성	Equalizer subsonic fileter:30Hz, -12dB/oct High fileter:8kHz, 12kHz, -18dB/oct Low fileter:15Hz, 30Hz, -18dB/oct

형식	스테레오 DC콘트롤앰프
전원과 소비전력	AC100V, 50Hz/60Hz, 240W
크기와 무게	450x205x574mm, 38.5kg

> ● 잠깐 앰프의 특성표에서 볼수 있는 주파수 응답이란?
>
> 하나의 앰프 내에서 주파수 대 왜곡의 정도를 말한다. 완전한 앰프라면 모든 신호를 주파수에 상관없이 동일하게 증폭을 시킨다. 실제적으로 앰프가 모든 청취 가능한 신호를 최소한의 변형으로 제어하기 위해서는 약 5Hz에서 50kHZ까지의 응답을 필요로 한다.

2.10 소스 기기류

2.10.1 튜너

현대에서는 주택가에도 고층 건물들이 많아서 FM 방송의 송출전력이 특히 건물들에 의한 전파의 반사, 간섭, 회절 등 여러 인자의 영향을 받는다. 이렇게 FM방송을 수신하는데는 제약이 있다. 그래서 좀 더 선명하고 깨끗하고 부드러운 고품질의 음을 수신하려고 오디오 파일들은 이런저런 튜너들을 기웃거리면서 바꿈질하게 된다. 튜너는 단순히 증폭하는 기기가 아니라 어디까지나 소비자가 거주하는 곳에서 송신소의 전파를 받아 처리하는 기기여서, 눈에 띄는 몇 회사의 튜너만 소개한다.

일본제의 튜너를 구입할 때 주의할 점은 일본의 FM 수신주파수는 78~90[MHz]이고 우리나라의 수신주파수는 88~108[MHz]이다. 따라서 수신 주파수가 겹치는 부분이 적어 일본제 튜너를 구입해 한국에서 들으려면 방송국이 1개 정도밖에 잡히지 않는다는 것에 유의해야 한다. 일본제의 같은 모델이라도 미국에 수출되었던 모델은 우리나라와 수신주파수가 같다. 기술이 좋은 사람은 아날로그 일본제 튜너의 발진 코일이 국내의 발진 코일보다 조금 더 감겨 있기 때문에 긴만큼을 풀어 잘라내고 조정을 잘하여 국내와 같은 수신주파수 대역을 맞추기도 하지만 튜너의 패널에 있는 주파수 창도 국내에 맞게 바꾸어야 하므로 매우 번거롭고 기술을 필요하는 작업이다.

■ 마란츠 튜너

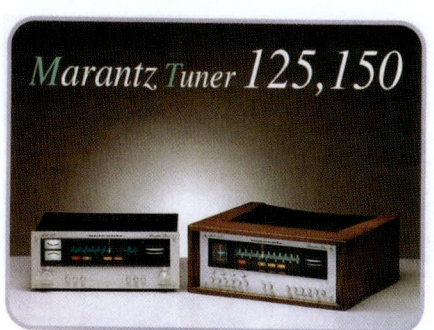

마란츠(Marantz) 튜너 125, 150

오디오 역사상 가장 유명한 튜너는 마란츠의 튜너 모델 10B라고 해도 이의를 달 사람은 없을 것이다.

이 튜너는 진공관식 튜너로 오래되었는데도 튜너로서의 완벽함은 물론 오랜 세월이 지난 지금 보아도 모양이나 성능에서 월등함을 인정하지 않을 수 없다. 이 마란츠 모델 10B를 만드는 시간과 비용이 너무 많이 들어가 회사를 일본의 슈퍼스코프에게 넘길 수밖에 없었다고 하는 일화는 유명하다. 마란츠 모델 10B는 지금도 고가이고, 좋은 모델이지만 미국제조여서 본서의 콘셉트에 맞게 이 마란츠 모델 10B를 계승하여 일본에서 만든 마란츠 모델 100시리즈 튜너들을 소개한다. 이 모델 100시리즈 튜너들은 가성비가 뛰어나고 제품의 전면에 마란츠 로고가 크게 새겨져 있어 구입자들의 마음을 흐뭇하게 했던 제품이다.

100시리즈의 튜너는 모델 120, 125, 150 등이 있다. 모델 125와 모델 150의 차이는 튜닝 디스플레이에 있다. 모델 125는 두개의 미터를, 모델 150에는 오실로스코프를 채택한 점을 빼고는 내부는 대동소이하다.

모델 150의 경우 오실로스코프의 음극선관(CRT:Cathode Ray Tube)등 튜너를 구성하는 각 부분을 확실하게 차폐하여 외부로부터의 간섭과 각 단 사이의 간섭을 배제하였다.

마란츠 튜너의 자이로 터치 튜닝

위의 그림처럼 마란츠 튜너들은 그 자체로 대형 플라이휠 역할을 하는 자이로 터치(GRYO- TOUCH) 튜닝을 하게 되어있는데 이 튜닝 노브는 마란츠만의 독특한 외관과 방송국을 선택할 때 부드럽게 튜닝할 수 있어 사용자들로부터 많은 사랑을 받아왔다.

마란츠 모델 150의 오실로스코프는 3.5인치의 크기로 FM의 오디오 신호, 멀티패스, 튜닝을 표시하는 것 외에도 뒷 패널에 준비된 2CH 스테레오나 4CH의 입력 신호를 디스플레이할 수 있도록 되어 있다.

이것의 조정과 표시 상태를 알기 위해서 앞 패널 왼쪽에 입력의 게인 조정이 달려 있고 수평 수직 조정 손잡이가 달려있다.

마란츠 모델 150의 뮤팅 스위치는 단순하게 ON-OFF만 하게 되어 있으나 마란츠 모델 125는 뮤팅을 3단계 조정할 수 있도록 되어 있어 전계가 약한 지역이나 난청지역에서 사용할 때 편리하다.

마란츠 튜너는 대형 바리콘을 사용하였는데 디지털 튜닝방식에서 사용하는버랙터(Varactor)[54]가 해결할 수 없는 독특한 음질적 장점이 있다. 보노의 신호를 스테레오로 분리하기 위한 MPX의 뒤 버퍼에는 일반 포노 이퀄라이저에 해당하는 음질 보정 회로를 추가하여 세밀한 해상력을 가지게 하였으며, 당시로서는 최신 기술이었던 PLL(Phase Locked Loop)방식을 채택하여 스테레오 분리도를 기존의 튜너들이 40db 내외인 것에 비해 55db까지 향상시켰다.

이 100시리즈 녹턴(Nocturne)타입의 튜너들은 동작시 불이 켜졌을 때 패널의 창에서 비춰주는 강렬함이 상당히 매력적이어서 오디오 파일들에게 항상 기억에 오래 남아 있는 메모리 모델이다.

---

[54] PN접합의 전위장벽용량(공핍층의 존재로 생긴 정전용량)에 가해진 역방향전압의 크기에 의해 공핍층의 두께를 변화시켜 정전용량의 값을 가감하는 소자

■ 럭스만 튜너

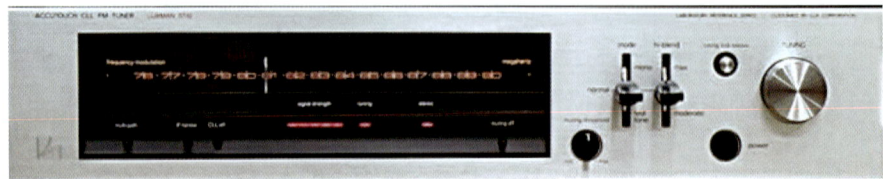

럭스만 5T10 튜너는 아날로그식 튜너의 최전성기이며 디지털식 튜너가 나오려는 시점인 1978년에 108,000엔에 발매한 튜너이다.

5T10은 럭스만 아날로그식 튜너 중 차별화된 브랜드인 Laboratory Reference Series의 아날로그 대표주자이기도 하다.

모든 수신 주파수에 대해 높은 동조 정밀도와 안정성을 보장하기 위해 럭스만 고유의 CLL 방식을 탑재했는데 이 방식은 방송국의 전송 주파수를 기준으로 튜너의 프론트 엔드에서 IF단은 물론, 검파단까지 포함한 전체적인 제어 방식이어서 온도 등 외부 조건에 강하고 안정적인 수신을 가능하게 한다. CLL회로는 방송국의 중심 주파수에 딱 맞추기 위한 캡처 레인지와 안정적인 수신 상태를 확보하기 위한 록 레인지를 가지고 있기 때문에 방송국의 전파가 일단 캡처 레인지 안에 들어와 잠기면 강력한 피드백 회로의 작용으로 정확하게 동조 수신 상태를 유지하게 된다.

이 튜너는 우수한 제반 특성을 발휘시키기 위해 FM 전용 5련 바리콘을 사용하고 있는데 시장에는 별로 나오지 않는다.

럭스만 5T10 튜너의 정격

형식	FM튜너
IHF 실용감도	1.7μV(9.8dBf)
50dB 콰이팅감도	3.2μV(15.2dBf)
SN비	80dB
주파수 특성	mono, stereo:20Hz~17kHz −0.5dB
왜율	mono: 0.05%(wide,100Hz), 0.05%(wide,1kHz) 0.07%(wide,6kHz), 0.15%(narrow,1kHz)

형식	FM튜너
	stereo: 0.07%(wide,100Hz), 0.06%(wide,1kHz) 0.1%(wide,6kHz), 0.4%(narrow,1kHz)
캡쳐비	wide:0.8dB, narrow:2dB
2신호선택도	wide:30dB, narrow:90dB (±400kHz)
IF방해제거비	100dB
이미지비	100dB
분리도	wide: 45dB(100Hz), 50dB(1kHz), 45dB(10kHz) narrow: 30dB(1kHz)
출력전압/임피던스	fix:1V/100Ω, variable:0V~1V/100Ω~1.25kΩ
전원과 소비전력	AC100V, 50Hz/60Hz, 20W
크기와 무게	442x101x400mm, 7kg

■ 트리오/켄우드 튜너

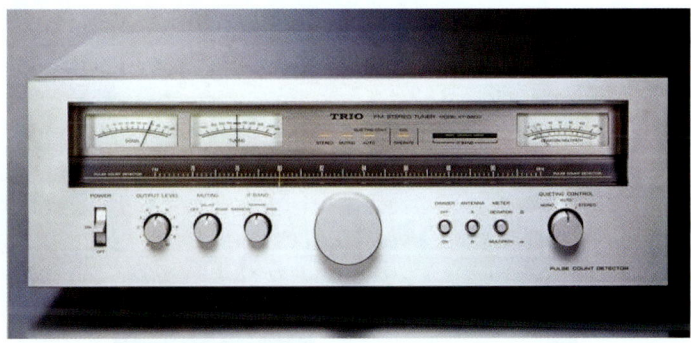

TRIO KT-9900 튜너

TRIO KT-9900 튜너는 FM 복조[55]와 스테레오 복조라는 두 가지 복조 과정에서 발생한 음질 열화 요인을 없앤 FM 스테레오 튜너로 1978년 20만 엔에 발매하였다. 스테레오 복조를 개선하기 위해 샘플링 홀드 MPX를 채택했는데 KT-9900 샘플링 홀드 MPX에서는 스위칭 파형으로 방형파 대신 펄스 파형을 채택했으며 38kHz 피크만 정확하게 샘플링하고 있다. 다음 샘플링 신호가 올 때까지

---

55 복조 (demodulation) : 통신계에 있어서, 변조하여 전송되어 온 수신 신호에서 원신호를 꺼내는 조작이다. 따라서 복조방식은 변조방식과 쌍이 된다.

샘플링 신호를 홀드해 평균 레벨을 올리고 SN비를 개선하고 있다.

튜닝 노브를 돌려 원하는 전파를 포착한 곳에서 손을 떼면 왜곡 최소 지점으로 끌어들여 원하는 FM 방송국을 선택해준다.

프론트엔드에는 에어 갭의 넓은 주파수 직선형 9련 바리콘을 채택하고 더블-더블-트리플 튠으로 구성했다.

오토 콰이팅 컨트롤을 장착하고 있어 입력 신호의 레벨에 따라 L/R의 블렌드 양을 가변하며 SN이 50dB 이하가 되지 않도록 자동으로 조정하고 있다.

트리오 KT-9900 튜너 정격

형식	FM튜너
안테나 임피던스	300Ω평형, 75Ω불평형
감도	75Ω:10.8dB)/0.95μV(IHF), 300Ω:10.8dBf
SN비	mono:90dB, stereo:84dB(100%변조, 1mV입력)
선택도(IHF)	wide:35dB, normal:60dB, narrow:60dB(300kHz)
캡쳐비	wide:0.8dB, normal:1.0dB, narrow:1.5dB

형식	FM튜너
스테레오분리도	wide:60dB, normal:55dB, narrow:50dB(1kHz)
주파수특성	10Hz~16kHz +0.2 -0.5dB
출력전압/ 임피던스	FM(1kHz, 100%변조) Variable:0V~1.5V/60Ω Fixed:0.75V/60Ω
전원과 소비전력	AC100V, 50Hz/60Hz, 50W
크기와 무게	460x161x463mm, 15kg

■ 켄우드 L-01T 튜너

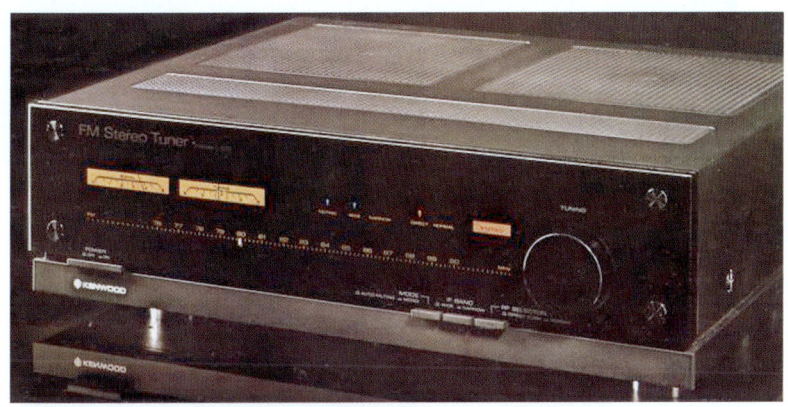

켄우드 L-01T 튜너는 1979년 켄우드에서 16만 엔에 출시한 튜너이다. 펄스 카운트 및 샘플링 홀드 MPX와 같은 우수한 회로 기술을 기반으로 비자성체화를 추구한 FM 스테레오 튜너이다. L-01T 튜너는 처음으로 비자 성체에 의한 인클로저를 채택했다. 이제까지의 튜너에서는 검파 회로 또는 MPX회로는 +B전원과 접지 사이의 출력 임피던스에 의해 +B라인에 오디오 신호를 발생시키고 있어서 이 신호 성분은 전원 공급 장치를 통해 국부 발진 회로에 피드백되어 잡음 성분이 되었다. L-01T 튜너에서는 국부 발진 회로의 전원을 검파부 또는 MPX 회로의 전원과 분리한 독립 전원 오실레이터를 채택하여 검파회로와 MPX 회로에서 전원을 통한 신호 피드백을 막고 깨끗한 FM 신호가 되도록 했다.

에어 갭의 넓은 주파수 직선 고정밀 7련 바리콘을 사용했으며, 국부발진회로와 바리콘을 일체화하고 바리콘의 회전 각도에 맞게 눈금 정확도를 개선하고 있다.

터치 튜닝 방식이어서 선국 노브에서 방송국에 동조를 취한 후 손가락을 떼면 약 2초 후에 시그널 미터, 튜닝 미터의 조명이 사라진다. 듣는 중에는 다이얼 스케일의 동조 포인트와 조작 표시기, 스테레오 표시기만 켜진다. 서보 록을 내장하고 있어서 일단 동조를 취하면 동조가 어긋나지 않는다.

■ 켄우드 L-02T 튜너

KENWOOD L-02T 튜너는 켄우드가 1982년 30만 엔의 고가로 발매한 튜너로서 세계 최고의 저왜곡률과 고 SN비를 개발 주제로 하여 신기술인 논스펙트럼 IF시스템, 논스텝 샘플링 홀드 MPX 등을 사용함으로써 오랜 과제였던 수신 특성과 오디오 특성의 양립을 실현한 최고급 FM스테레오 튜너이다.

WIDE 밴드에서도 높은 선택도를 가지면서 낮은 왜곡을 달성하는데 샘플링 홀드 MPX를 기반으로 더욱 완성도를 높이고 위상 특성 개선 및 왜곡 감소에 성

공했다. 입력 신호를 RF 증폭부를 통하지 않고 믹서단으로 직접 입력하는 시스템이다.

전원 공급 장치부는 캔우드 L-01T에서 채택된 국부 발진 회로의 전원 분리 방식을 더욱 발전시켜 각 스테이지마다 독립적인 전원 공급 장치로 했다. 따라서 전원 변압기는 총 6권선의 2변압기 구성으로 했는데 특히 프론트 엔드를 독립 전원으로 했기 때문에 다른 스테이지에서 전원을 통한 영향이 없다.

보다 정교한 튜닝 동작을 할 수 있도록 다이얼 스케일 판을 좌우로 2mm씩 움직일 수 있는 조정자를 설치하고 있으며, 2계통의 절환식 안테나 단자를 탑재하고 있다. 이 기종은 매우 정밀한 튜닝과 깨끗한 음질, 밀리거나 흐트러지지 않는 동조 등으로 많은 매니아 층을 유지하고 있다.

캔우드 L-02T 튜너의 정격

형식	FM 스테레오 튜너
안테나 임피던스	A, B2계통:75Ω불평형
감도(75Ω)	normal:10.7dBf(IHF)/0.95μV(IHF) direct:25.2dBf(IHF)/5.0μV(IHF)
SN비 50dB감도	normal mono:15.8dBf(IHF)/1.7μV(IHF) stereo:37.2dBf(IHF)/20μV(IHF) direct mono:31.2dBF(IHF)/10μV(IHF) stereo:51.6dBf(IHF)/105μV(IHF)
SN비	mono:98dB, stereo:88dB
캡쳐비	wide:0.9dB, narrow:2.5dB
실효선택도(IHF)	wide:45dB, narrow:65dB(±300kHz)
스테레오분리도	wide 1kHz:60dB, 50Hz~10kHz:50dB, 15kHz:45dB narrow1kHz:47dB, 50Hz~10kHz:35dB
주파수특성	15Hz~15kHz +0.2 -0.5dB
IF방해비	normal:120dB (84MHz)
출력레벨 임피던스	고정출력:0.75V/1Ω이하, Σ출력(가변):1.5V/1Ω이하
전원과 소비전력	AC100V, 50Hz/60Hz, 28W
크기와 무게	480x147.5x423mm, 12.4kg

■ 아큐페이즈 T-100 튜너

아큐페이즈 T-100 튜너는 켄소닉이 1973년 13만5천 엔에 발매한 AM/FM 스테레오 튜너의 1호기이다. Accuphase 시리즈로 1호기인 파워, 프리앰프인 P-300, C-200과 동시에 발표했다. 수신기로서의 성능과 오디오 기기로서의 성능이라는 상반된 성능을 양립하기 위해 당시 최신 고주파 기술과 새로운 소재를 아낌없이 투입하였다.

프론트 엔드에서는 5련 바리콘과 2단 복동조 회로, 단간 완전 차폐 메커니즘, 국부 발진 버퍼등의 회로 구성과 고주파 회로와 혼합 회로에 듀얼 게이트 FET를 이용하여 입력 동적 범위를 넓혔다. 오디오 신호를 좌우 스테레오 신호로 분리하는 MPX에는 코일과 컨덴서에 의한 동조 회로를 시도하지 않고 입력 파일럿 신호의 위상과 서브 캐리어 발진기를 자동으로 동기화하는 페이즈 록 루프 복조 회로를 채택했다. 멀티패스(고스트)가 있으면 특히 스테레오 수신시 왜곡이 발생해 양질의 수신을 할 수 없기 때문에 이를 개선하기 위해 신호 강도계나 센터 튜닝미터 외에 독립적으로 멀티패스 미터를 서브 패널 내에 설치하고 있다.

또한, 프론트 엔드 및 중간 주파 회로는 MOS 및 J형 FET를 이용한 좀 사치스러운 회로 구성으로 되어 있다. 전면 서브패널 내에 2단형 뮤팅 전환 스위치, 스테레오 노이즈 필터, AM-FM 독립형 출력 레벨 컨트롤, 다이얼 라이트 컨트롤 등이 있으며, 멀티패스 미터는 서브패널을 열면 자동으로 켜진다.

방송국 장비처럼 멋진 제작으로 내부에는 각 블록별에 금속 덮개가 덮여있다. 이 금속 덮개를 분리하면 각 블록별로 기판화되어 커넥터에 박혀있는 구조여서 부품 투입량에 비해 조정 지점이 적어 유지보수는 쉽다. 업무용 기기와 같은 제작으로 부품 교환도 간단하여 곧바로 신품 성능으로 되돌릴 수 있다.

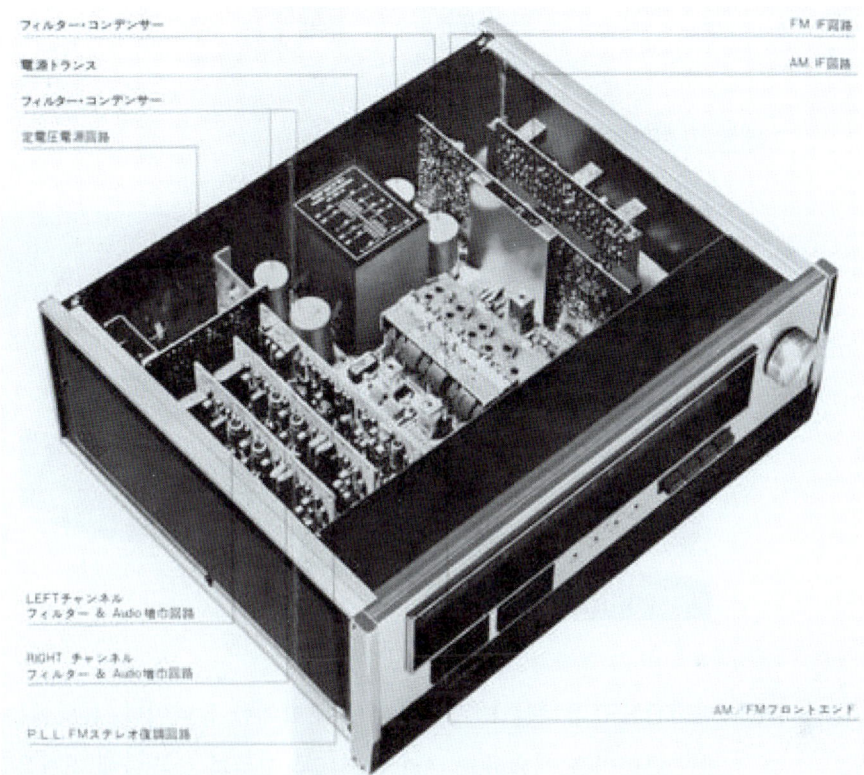

아큐페이즈 T-100 튜너의 정격

형식	FM/AM튜너
FM스테레오 감도	S/N 40dB:20μV, S/N 50dB:45μV
포화점고주파왜율	100Hz:0.2%이하, 1kHz:0.2%이하, 10kHz:0.5%이하 (500μV입력)
주파수특성	20Hz~15000Hz +0 -1dB
스테레오분리도	100Hz:35dB, 1kHz:45dB, 10kHz:30dB
스테레오절체입력전압	5μV, 20μV(뮤팅 · 스위치)
출력임피던스	고정출력단자:200Ω, 가변출력단자:2.5kΩ
FM안테나 임피던스	밸런스:300Ω, 언밸런스:75Ω

형식	FM/AM튜너
미터 3개	신호강도계, 센터튜닝, 멀티패스미터
사용바리콘	FM : 주파수직선형 5련
사용반도체	FET×7, 트랜지스터×45, IC×9, 다이오드×43
전원소비전력	100V/117V/220V/240V,50Hz/60Hz, 26W
크기와 무게	445x152x355mm, 14kg

■ 데논 TU-850 튜너

DENON TU-850 튜너는 1977년 7만 엔에 발매한 튜너이다. 튜닝에는 드럼식 롱 스케일 다이얼을 채택하고 프런트 엔드부 고주파 증폭단에 저잡음 듀얼 게이트 MOS FET를 이용해 높은 S/N과 방해 제거 능력을 얻고 있다. 게다가 실리콘 다이오드의 상승 특성을 보상하기 위해 다이오드에 고정 바이어스를 가하여 낮은 왜곡을 실현한다. 녹음 레벨 검사용 발진기가 장착되었고, 레벨 미터에 의한 파워 증폭기 출력 레벨 및 다중 경로 측정이 가능하다. 다중 경로 단자에 오실로스코프 또는 프리메인 증폭기를 연결하여 다중 경로를 측정할 수 있고, 하이브렌드 스위치로 인해 스테레오 수신시 S/N개선이 가능하다.

데논 TU-850 튜너의 정격

형식	FM스테레오 튜너
회로방식	수퍼헤테로다인방식
수신주파수범위	76MHz~90MHz
중간주파수	10.7MHz
실용감도(IHF)	1.7μV(9.8dBf)
S/N50dB감도	mono:3.3μV(15.6dBf), stereo:30μV(34.7dBf)
실효선택도	wide:35dB(400kHz), narrow:65dB(300kHz)
이미지 방해비	120dB
캡쳐비	wide:0.8dB, narrow:1.5dB
주파수특성	20Hz~15kHz +0.2 -1.5dB
SN비	mono:84dB, stereo:82dB
전고조파왜율(1kHz)	mono:0.05%(wide), 0.1%(narrow) stereo:0.06%(wide), 0.3%(narrow)
스테레오분리도	wide:55dB(1kHz), 45dB(10kHz) narrow:45dB(1kHz), 40dB(10kHz)
출력전압/임피던스	고정:1V/1.7kΩ,가변:0~1V/1.7kΩ이하(100%변조)
레벨체크출력전압	고정:0.5V, 가변:0~0.5V (440Hz)
전원과 소비전력	AC100V, 50Hz/60Hz, 14W
크기와 무게	434x164x400mm, 8.9kg

■ 데논 EXCLUSIVE F-3 튜너

데논 EXCLUSIVE F-3는 데논에서 1978년 25만 엔에 발매한 고가의 튜너이다.

오디오 기기의 본래 목적인 음악의 아름다움을 실현한다는 모토로 많은 실험과 시청을 하여 만든 FM튜너이다.

수정 발진기를 내장한 APC(자동 위상 컨트롤)에 의한 록 튜닝을 채택하고 있어 동조한 주파수는 그대로 잠기기 때문에 튜닝이 용이하고 어긋남을 막고 있다.

프론트 엔드부는 FM용 7련 바리콘과 선별된 듀얼 게이트 MOS FET로 구성되어 있다.

데논 EXCLUSIVE F-3의 정격

형식	FM스테레오 튜너
회로방식	MOS FET RF2단, 7련 바리콘 APC방식 PLL+더블 NFB방식의 MPX
실용감도	mono:4μV(S/N 50dB), 2.2μV(IHF) stereo:45μV(S/N 50dB)
S/N비	wide: 80dB(mono), 75dB(stereo) narrow:80dB(mono), 75dB(stereo)
캡쳐비	wide:1.0dB, narrow:2.0dB
분리도	wide: 50dB(1kHz), 40dB(50Hz~10kHz) narrow: 40dB(1kHz), 35dB(50Hz~10kHz)
주파수특성	20Hz~10kHz +0 -0.2dB, 20Hz~15kHz +0 -0.5dB

형식	FM스테레오 튜너
뮤팅동작레벨	5μV~1.6mV가변
안테나	300Ω불평형, 75Ω불평형
출력레벨/ 임피던스	Fixed:650mV/3kΩ, Variable:70mV~2V/5kΩ 4ch MPX:400mV/1kΩ
사용반도체	트랜지스터×71, FET×10, IC×20, 다이오드×57
전원과 소비전력	AC100V, 50Hz/60Hz, 25W
크기와 무게	468x206x389mm, 16.6kg

■ 온쿄 인테그라 T-419 튜너

온쿄 인테그라 T-419 튜너는 1979년 15만 엔에 발매된 FM튜너이다.

프론트 엔드부는 입력단 트리플 동조의 고정밀 7련 바리콘을 사용하고, IF부는 수신 구역의 전파 사정의 차이를 생각하여 입력 트리플 구성을 그대로 WIDE(고감도)와 NARROW(높은 방해파 배제 성능)의 대역폭 2단 전환을 하도록 하여 깨끗한 수신이 된다.

대역폭은 S/N 검출 회로에 의해 자동적으로 WIDE(4소자 필터)와 NARROW(8소자)로 전환되어 전파 사정의 차이에 따른 최적의 오디오 특성으로 수신하도록 되어 있다.

오디오 부는 전체 회로를 서보 운영형 DC증폭기로 구성한다. DC앰프를 컨트롤하는 서보 앰프에는 저 잡음 연산 증폭기 IC를 사용하였고, 완벽한 동조를 위한 쿼츠록 방식, 터치 센서 튜닝, DC 액티브 로우 패스 필터 탑재 등의 여러 기능을 장착하여 당시의 튜너로서는 수작이다.

온쿄 인테그라 T-419 튜너 정격

형식	FM 스테레오 튜너
실용감도(75Ω/IHF)	RF Wide:0.95μV/10.8dBf, RF Narrow:1.75μV/16.1dBf
S/N50dB감도(75Ω)	RF Wide:1.7μV/15.8dBf
S/N비	mono:90dB stereo:86dB
주파수특성	20Hz~15000Hz +0.2 -0.8dB
안테나임피던스	75Ω
스테레오분리도	1kHz:58dB(IF Wide) 48dB(IF Narrow) 100Hz~10kHz: 50dB(IF Wide) 40dB(IF Narrow)
출력전압/임피던스	가변출력:0~1200mV/최대80Ω. 450mV/6kΩ
사용반도체	IC×53, 트랜지스터×116(7FET), 다이오드×71
전원과 소비전력	AC100V, 50/60Hz, 36W
크기와 무게	435x108x384mm, 9kg

> ▶ 잠깐 **빈티지 오디오의 튜닝**

어떤 분이 자신이 가지고 있는 중저가의 빈티지 오디오를 튜닝했더니 음질이 매우 좋아졌다고 한다. 궁금해서 그분의 말을 자세히 들어보니 퓨즈를 하이파이 튜닝 슈프림으로 교체하여 소리가 한결 부드러워졌다는 것이다. 그러면서 전압의 연결이 220[V]여야 하는데 240[V]에 연결되어 있어서 220[V]로 옮겼더니 저음이 단단해졌다느니, 전원입력 결선이 100[V] 연동 콘센트를 거쳐 들어가게 되어 있어서 이 선을 잘라 직결하였더니 소리가 더 좋아 졌고, 접지가 안 되어 있어서 접지를 벨덴 선재로 하였더니 음질이 좋아졌다 등을 말했다. 뭐라고 답할 수 없어서 그냥 듣고만 있었는데 그런 것 하나하나 바꿀 때 마다 음질이 좋아졌음을 느낄 정도였다면 그 앰프는 아마 지금까지 전세계에서 출시된 어떤 앰프도 따라가지 못하는 최고 수준의 앰프가 되었을 것이다. 이분이 만진 곳 중에서 퓨즈와 콘센트를 거치지 않고 직결한 것과 전원을 220[V]로 옮긴 것은 음질과는 아무 관계가 없다. 접지가 안 되어 있는 것을 접지하게 되면 좋은 점이 생길 확률보다 나쁜 점이 생길 확률이 더 높다. 본서의 앞부분에서 여러 각 회사들이 접지의 방식과 위치에 따른 여러 문제점 즉 험, 왜율, 크로스토크, 용량성 증가 등 많은 부분에서 노심초사했음을 보았을 것이다. 오디오 기기에 대해 잘 모르면 그냥 듣고 즐기는 기기로만 사용하면 되는 것이다.

■ 파이오니아 TX-9900 튜너

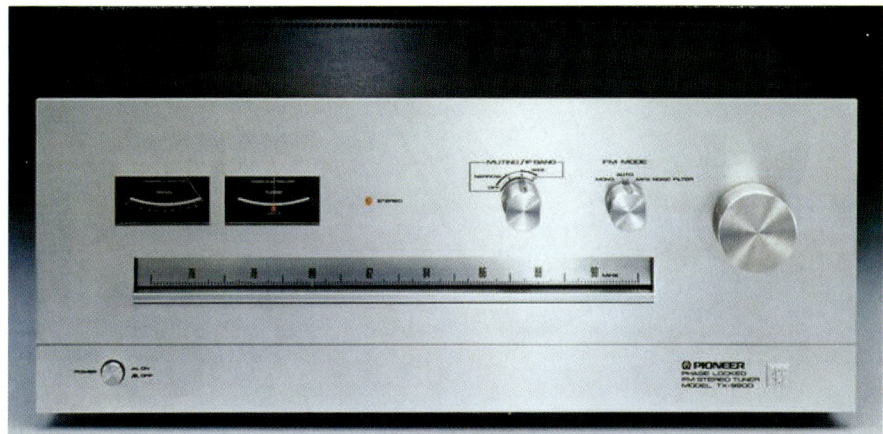

파이오니아 TX-9900 튜너는 파이오니아가 고충실도를 가진 FM수신기를 만든다는 목적으로 1975년 14엔에 발매한 FM튜너이다.

프론트 엔드 부에는 FM 전용 7련 바리콘을 채택하고 있다. 이 7련 바리콘은 3개의 듀얼 게이트 MOS FET와 조합되어 싱글 튠, 더블 튠, 트리플 튠의 3단 구성을 통해 선택도를 높인다.

시그널 강도 미터와 록 미터가 장착되어 방송을 받으면 잠금 미터의 바늘은 중심을 가리키면서 동조점을 나타내는데 최상의 동조점이 얻어지면 잠금 표시기가 붉게 켜지고 정확하게 수신되었음을 나타낸다.

TX-9900에서 사용하는 IC는 SN이나 왜곡 점에서 PLL 회로의 완성도를 더욱 높이도록 설계되어 있다. 또한, 날카로운 하이커팅 특성을 가진 로우패스 필터로 인해 캐리어 누설 억압 비율이 높아서 재생 대역의 주파수특성이 평탄하도록 하고 있다. 릴레이를 이용한 2단의 뮤팅 회로를 채택하였는데 레벨 1에서는 동조가 어긋났을 때 소음을 억제하거나 방송국 간 잡음을 억제하는 일을 하며, 레벨 2에서는 미약한 신호 수준의 방송파도 억제하고 레벨이 큰 신호만 수신하도록 되어있다. 약 전기장에서 스테레오 수신시 생기기 쉬운 고역 잡음을 취소하는 MPX 잡음 필터도 장착되었다.

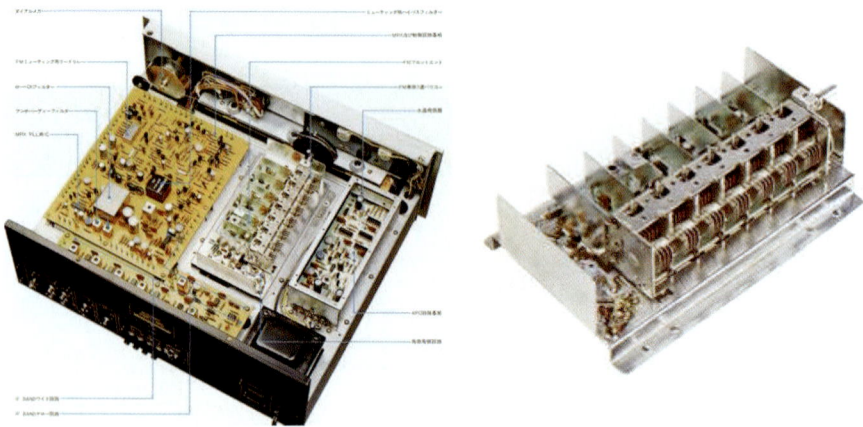

Pioneer TX-9900 튜너의 정격

형식	FM 스테레오튜너
회로방식	MOS FET RF2단, 7련바리콘, APC방식 페이스록 튜닝, IF BAND절환부 7단리미터, 초광대역 검파기, PLL MPX
실용감도	mono:5μV(S/N 50dB)/2μV(IHF). stereo:50μV(S/N 50dB)
S/N	wide:80dB(mono),75dB(stereo),narrow:75dB(mono),70dB(stereo)
캡쳐비	wide:0.8dB, narrow:2.0dB
실효선택도	wide:35dB(400kHz), 20dB(300kHz) narrow:65dB(300kHz), 12dB(200kHz)
분리도	wide:50dB이상(1kHz), 40dB이상(50Hz~10kHz) narrow:40dB이상(1kHz), 35dB이상(50Hz~10kHz)
주파수특성	50Hz~10kHz +0.2 -0.5dB, 20Hz~15kHz +0.2 -1.0dB
뮤팅동작레벨	5μV/28μV
안테나	300Ω불평형, 75Ω불평형
출력레벨/임피던스	Fixed:650mV/5kΩ, Variable:70mV~2V/3.5kΩ
사용반도체	트랜지스터 ×49, FET×9, IC×15, 다이오드×41
전원전압	AC100V, 50Hz/60Hz, 22W
크기와 무게	420x165x385mm, 11.3kg

■ 산스이-X1 튜너

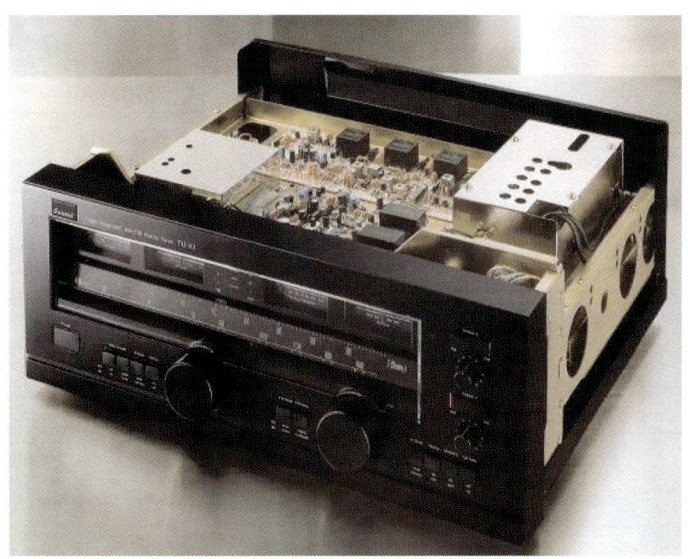

산스이 TU-X1 튜너는 1979년 13만5천 엔에 발매한 FM부와 AM부를 완전히 독립하여 분리한 FM/AM 튜너이다. 고정밀 7련 바리콘, 듀얼 게이트 FET사용의 FM 프론트 엔드와 FM부에 새로운 개발의 트리플 베이스 달링턴 차동 IC 채택, WIDE-NARROW의 2단계 전환이 가능하도록 하였으며 AM 동기화 검파로 인한 혼신 배제 능력을 향상시키고 Hi-Fi 수신이 되도록 한 튜너이다.

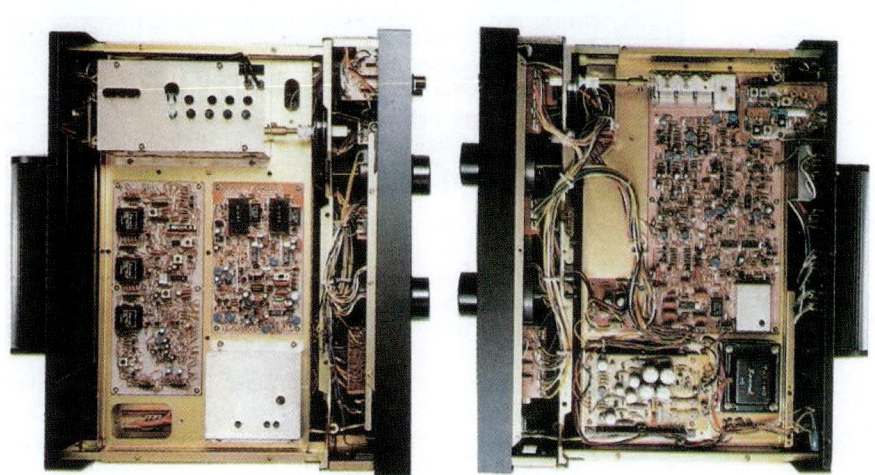

〈FM部〉　　完全に独立分離配置されたFM/AMブロック群　　〈AM部〉

산스이 TU-X1 튜너의 정격

형식	FM/AM 튜너
실용감도(IHF)	MONO:8.7dBf(HF 1.5μV), STEREO:14.5dBf
50dB콰이팅 감도	MONO:12.5dBf, STEREO:34dBf
S/N비	MONO:86dB이상, STEREO:83dB이상 험과 노이즈(65dBf):80dB이상
주파수특성	모노:20Hz~15kHz(+0.2dB, -0.5dB) STEREO:20Hz~15kHz(+0.2dB, -0.5dB)
왜율 (50dB콰이팅)	MONO 100Hz:0.7%이하, 1kHz:0.7%이하, 6kHz:1%이하 STEREO 100Hz:0.7%이하,1kHz:0.7%이하,6kHz:1%이하
캡쳐비	0.9dB이하 (WIDE)
선택도(IHF, 400kHz)	55dB이상(WIDE), 80dB이상(NARROW)
스테레오분리도	100Hz:45dB이상, 1kHz:50dB이상, 10kHz:40dB이상
출력전압/임피던스	고정출력:200mV, 가변출력:0~1.5V(2.5kΩ)
소비전력	25W
크기와 무게	480x197x450mm, 16.2kg

■ 산스이 TU-9900 튜너

산스이 TU-9900 튜너는1975년 89,800엔에 출시하였는데, 모든 전파 상태에서도 안정적인 수신을 하도록 만든 FM/AM 튜너이다. 프론트 엔드부에는 주파수 직선형 FM 5련 바리콘과 저잡음 듀얼 게이트 MOS FET 3개, 트랜지스터 1개를 사용하고 있다. 안테나 감쇠기 스위치도 장착되어있어 원거리 수신 지역이나 강전계의 근거리에서도 안정적인 수신을 가능하게 한다. IF부에는 수신대역 전환기가 장착되어 있어 음질과 수신성능을 양립시키고 있다. 음질 중시

의 광대역시는 6폴 블록 필터 2단을, 협대역시는 인접교란 배제능력이 우수한 협대역 4폴 세라믹 필터를 사용했다. 초광대역 검파 회로와 MPX부에는 차동 복조 회로와 위상 특성의 우수한 PLL 방식을 채택했다. 이로써 넓은 대역에 걸쳐 선형성이 좋으며 프리 메인 앰프와 동등한 낮은 왜곡률을 가능하게 했다.

약 신호 입력시 해당 신호 레벨로 인해 좌우의 블렌드 양을 자동으로 변화시킴으로써 노이즈를 없애는 방법으로 청감상 좋게 들리도록 하였다. 시그널 미터와 센터 튜닝 미터가 장착되어 있다.

이외 1979년에 발매한 산스이 TU-D707 튜너도 눈여겨 볼만하다.

산스이 TU-9900 튜너의 정격

형식	FM/AM튜너
FM튜너부	
감도(IHF)	1.5μV
전고조파왜율	mono(wide): 0.06%이하(1kHz), 0.06%이하(50Hz) 0.08%이하(10kHz) stereo(wide): 0.08%이하(1kHz), 0.1%이하(50Hz) 0.15%이하(10kHz)
SN비	mono: 80dB이상, stereo:76dB이상
선택도	narrow: 90dB이상(400kHz), 60dB이상(300kHz) 20dB이상(200kHz) wide: 55dB이상(400kHz), 22dB이상(300kHz) 5dB이상(200kHz)
캡쳐비	wide:1dB이하, narrow:3dB이하
스테레오 분리도	50dB이상(1kHz,wide), 30dB이상(1kHz,narrow)
주파수특성	30Hz~15kHz +0.5 -0.8dB
출력전압	FM:0~1V(100%MOD)
소비전력	20W
크기와 무게	460x176x310mm, 9.6kg

2.10.2 레코드 플레이어(턴테이블)

CD(compact disk)는 카라얀이 베토벤 교향곡 9번을 담기 위해 직경 12cm의 판에 72분 분량을 녹음하여 1982년 발매한 것이 최초이다. 그 CD발매 이후 30년이 넘어가자 아날로그 레코드와 레코드 플에이어는 생산과 제조에서 거의 사라진 것으로 보인다. 그런데 최근에 국내나 해외에서 극히 일부 제한적으로 매우 고급품의 레코드 플레이어와 LP레코드의 생산이 이뤄지고 있다. CD의 총생산 매수와 비교하면 비교할 수 없을 정도로 작지만 다양한 기획에 의한 아날로그 레코드가 출시되고 있다. 이 사실은 지금도 레코드 플레이어로 레코드판을 애청하는 팬이 건재하고 있다는 것을 말해준다. 이는 CD이후 30년이 훌쩍 지난 지금도 레코드판에는 아직 버리지 못하는 매력이 있다는 증거다. 레코드판의 매력이란 과연 무엇일까? 옛날부터 레코드를 듣고 있던 습관이 지금도 계속되고 있기 때문이다. 레코드판 소리, 레코드의 큰 재킷, 턴테이블, 톤암, 카트리지 같은 기기적인 것이나 레코드를 걸기의 일련의 행위 등이 CD에는 없는 매력이 있는 것이 틀림없다.

이렇게 레코드판이나 레코드 플레이어에는 뭔가 세계 공통의 보편적인 매력이 있다.

아날로그 LP음반을 들으려면 먼저 레코드 플레이어 즉 턴테이블이 있어야 한다. 텐테이블은 오랜시간을 거치면서 구동하는 방식이 변해왔다. 턴테이블에서 돌아가는 원판인 플래터(Platter)를 어떤 방식으로 돌리느냐 하는 것에 따라 크게 아이들러방식, 벨트방식, 다이렉트(직접) 구동방식으로 나뉜다.

이렇게 구동 방식이 변하게 된 이유는 플래터를 돌리는 과정 중에서 발생하는 균일하지 못한 속도의 문제를 해결하려고 하는 시도였고, 또 하나는 S/N비의 문제였다.

플래터를 일정하게 돌리는 정도를 나타내는 것이 와우 앤 플러터(Wow & flutter)라고 하고 이 수치가 작을수록 속도의 불균형이 적다는 말이다. 이 와우 앤 프러터를 주파수로 분해하면 주파수가 낮은 것을 와우라고 하고 높은 것을 플러터라고 한다.

아이들러 방식은 모터와 프래터 사이를 아이들러라고 하는 원형 고무가 돌리게 되는데 모터와 플래터 사이가 가깝고 아이들러의 상태, 모터의 속도 불균일, 아이들러의 불균일, 시간 경과에 따른 고무 탄성의 변화, 전원주파수의 불균일 등 여러 요인에 의해서 플래터의 속도가 일정하지 않게 나타나는 현상이 발생한다. 턴테이블의 정비가 완벽할지라도 이러한 극미의 진동도 카트리지는 가차없이 집어낸다. 그것이 카트리지의 할 일이다. 그래서 모터를 싱크로너스 모터를 사용하고 좀더 멀리 떨어뜨려 벨트로 구동을 하게 되었다. 이 방식도 모터의 진동이 좀 덜 전달되었지만 속도를 완벽할 정도로 일정하게 하지는 못하였다. 그래서 나온 방식이 직접구동방식(다이렉트 드라이브, DD)인데 플래터와 모터가 한 몸인 까닭에 속도검출회로를 사용하여 순간순간 속도를 제어함으로써 더욱 정밀하게 일정한 속도를 유지할 수 있다.

S/N비는 회전모터의 축이 정확하게 수평을 유지하지 못하거나 모터의 진동이 플래터에 전해질 때 이 회전 잡음은 앰프로 전달되고 이는 스피커에 나타나 신호대 잡음비인 S/N으로 표시된다. 이를 dB로 표시하고 표시값이 클수록 더 좋은 턴테이블이다.

균일한 속도를 유지하기 위한 방법으로는 관성질량을 높이기 위하여 무거운 플래터를 사용하거나 S/N비를 높이기 위해 벨트 드라이브 방식에서 플래터를 공중에 띄우는 방식을 취하는 회사도 있으나 모두 기계적인 부분에서 완벽하지는 못하다. 관성질량을 높이면 스핀들 베어링의 마찰 잡음이 늘어나 S/N비가 나빠지기 때문이다. 그러나 가장 이상적인 방법은 아이들러 방식과 벨트 방식, 다이렉트 구동방식 중에서 다이렉트 구동방식이다. 다이렉트 구동방식이 그 원천이 디지털이어서 LP가 대중에서 사라지고 일부 마니아들만 듣게 됨으로써 기술의 발전은 더 되지 않고 있는 사이에 요즈음 발매되는 턴테이블에는 기술방식이 상대적으로 간단한 벨트방식을 이용한 고가의 턴테이블이 나오고 있다.

본서는 요즈음 발매되는 매우 성능 좋은 고가의 턴테이블이 아니라 아날로그 전성기에 나온 턴테이블을 몇 가지만 소개한다.

> **▶ 잠깐** 레코드 플레이어를 구동할 때……
>
> 레코드를 들으려면 먼저 마음가짐이 상당히 중요한 것 같다. 마음의 여유와 시간의 여유가 있어야 한다. 제대로 된 음을 들으려면 보통 수동 암을 사용하는 경우가 많다. 마음이 안정되어 있을 때 레코드 플레이어에 LP판을 올려놓게 되는데, 우선 재킷에서 주의 깊게 판을 꺼내 그 판의 중심 구멍을 통해 턴테이블의 스핀들을 본다. 구멍에서 보이는 스핀들의 시선이 가이드가 되어 한 번에 턴테이블에 올려놓는다. 레코드는 한번에 스핀들에 들어가도록 하지 못하고 여기저기 찾아서 끼우다 보면 LP판의 구멍 주위의 라벨 면에 흠집이 생겨 추한 수염을 달게 된다.
>
> 턴테이블을 돌리고, 조심스럽게 바늘을 판위에 내려놓는다. 바늘이 판 표면을 미끄러지는 소리에 이어 홈에 떨어지는 소리가 난다. 연주가 시작되기 전의 홈을 지나는 바늘 소리의 프롤로그와 함께 벌써 수십 번 반복된 연주가 다시 새롭게 눈 앞에 펼쳐지기 시작한다. 잠시 후 좋아하는 음악에 저항 없이 마음에 녹아들 때 이미 정신적으로 더욱 편안해져 있다.

■ 마란츠 Tt1000 턴테이블

Marantz Tt1000 턴테이블은 마란츠가 1980년 39만 엔에 발매한 고급턴테이블이다. 3층 구조 캐비닛을 채택한 다이렉트 드라이브 플레이어이다. 질량이 다른 물질을 샌드위치 구조로 사용하면 진동 에너지를 열에너지로 변환시킬 수 있다는 진동 이론에 착안하여 8mm 두께의 알루미늄 판 위아래로 놓인 두툼한 15mm 중량 7.5kg의 특수 유리를 붙인 삼층 구조이다.

이렇게 하면 원치 않는 하울링이나 잔향 등이 발생하지 않는다. 턴테이블 시트에는 고무 같은 내부 손실이 큰 소재로 진동을 흡수하는 방법이 아니라 진동

자체를 아예 적용하지 않는 구조다. 모든 카트리지의 성능을 충분히 발휘할 수 있도록 컴플라이언스[56]에 따라 암의 실효 질량을 바꿀 수 있는 질량 가변 방식 다이내믹 밸런스형 톤 암을 채택하고 있다. 무게 3.4kg의 중량급 턴테이블을 드라이브하는 모터는 강력한 자기 회로에 의한 1.6kg의 기동토크로 시작 후 반 회전만에 정상 회전에 이르도록 설계되어 있다.

불필요한 진동의 영향이 없는 추적을 보장하기 위해 암베이스에는 덩어리 알루미늄을 절삭하여 사용하고 이 부분을 회전시킴으로써 유효 길이 190mm에서 230mm까지의 톤 암을 유니버설에 부착할 수 있다. 여기에 왼쪽 깊숙한 곳에 마련된 서브암 공간을 이용해 더블 암으로 업그레이드하는 것도 가능하다. 충분한 업소버 능력을 가진 에어 서스펜션 유형의 인슐레이터와 높이 조절, 턴테이블의 수평 기준을 정확하게 설정할 수 있다. 전원 유도로 인한 유해함을 전혀 받지 않고 저왜곡의 재생을 하도록 독립 파워 서플라이를 구성하여 무진동 설계를 하였다. 파워스위치 및 속도 전환스위치는 터치 센서 방식의 채택과 스톱 버튼으로 턴테이블을 제어하는 전자 브레이크 방식이다.

이 턴테이블은 겉보기가 아름다운 것처럼 성능도 좋다. 1980년 당시 marantz는 'ESOTEC 시리즈'로 고급 메인 앰프나 프리앰프 등을 출시하였는데 유리와 알루미늄의 적층 구조에 의한 방진, 제진 효과를 '설계의 기본'으로 한 고성능, 고음질의 턴테이블 개발 계획의 일환으로 출시된 턴테이블이다.

조작은 터치센서를 사용하여 손가락 끝으로 단추를 가볍게 만짐으로써 이루어진다. 턴테이블은 중량급이지만 상승은 빠르고, 플래터는 5mm 두께의 경질 유리 시트를 포함해 무게 3.4Kg이다. 모터는 전자기 브레이크가 달린 하이토크 브러시리스 DC 모터로 시동 토크는 1.6Kgcm이다. 음질은 두말할 것도 없지만 중고가격이 만만치 않게 비싸게 거래된다.

---

[56] 휨과 비틀림 응력의 비로 표시하는 물질 상수

서보모터

Marantz Tt1000 턴테이블의 정격

형식	다이렉트드라이브 플레이어
구동모터	PLL쿼츠 록 DC서보
와우앤 플러터	0.023%(WRMS)
S/N비	73dB이상
사용 톤 암	다이나믹 밸런스 형
턴테이블무게	2.7kg
유리시트 무게	0.7kg
소비전력	15W
크기와 무게	510x167x430mm, 26kg

> **잠깐** LP 레코드 판과 바늘의 마모

레코드판을 중요하게 다루는 사람이 정비된 레코드 플레이어로 재생하는 한 좋아하는 판을 반복해서 몇 번이고 듣는 행위로서는 레코드판이 닳아서 못쓰는 일은 없다. 레코드 비닐판과 다이아몬드 바늘의 경도는 비교할 수 없을 정도로 차이가 많이 나지만 다이아몬드 바늘이 마모되어 쓸 수 없게 되더라도 레코드 비닐판은 거의 손상되지 않는다. 비닐판 그루브(groove:음구)와 그 홈을 추적하는 다이아몬드 바늘과의 접촉면에서 도랑에 걸리는 바늘 끝의 단위 면적당 압력과, 부드러운 비닐의 변형과 복원의 관계에 그 비밀이 있다.

■ 데논 DP-100 턴테이블

DENON DP-100 턴테이블은 1981년 70만 엔에 주문생산하여 발매한 턴테이블이다.

구동 모터에는 방송국 플레이어용으로 3상 AC서보 모터를 사용했다. 이 강력한 모터에 의해 턴테이블이 돌기 시작한 지 불과 0.4초 만에 33 1/3 회전이 된다. 또, AC 3상 구동 방식에 의해 진동 및 역전 토크의 원인이 되는 회전 자기장의 3차 고조파를 제거할 수 있었다.

이러한 구동방식은 로터와 스텝터 사이에 간격의 차이가 있더라도 자속이 항상 균일해지는 권선 방식으로 프레임까지 포함한 일관된 내진 구조에 의해 높은 SN 비율을 달성한다. 샤프트 부에는 직경 14mm의 특수 스테인레스 스틸이 사용되었으며, 열처리 및 고정밀 연마를 한 후에 랩 마감 처리가 되어 있다.

구조적으로는 상단과 하단의 턴테이블을 스프링과 플루드 댐퍼로 연결하고 하단은 모터의 로터에 고정되어 레코드를 얹는 상단은 모터 또는 프레임에서 진동으로부터 차단된 구조다.

서보 메커니즘에는 DENON 쿼츠와 PLL 신디사이저 IC를 결합한 더블 PLL 서보 방식인데 DENON 쿼츠에서는 1000개의 펄스 신호를 응용하는 DENON 자기 기록 감지 방식이다. 이것은 펄스 감지용 헤드 2개를 대향하는 2곳에 달아 쿼츠 발진기의 정확도를 유지하면서 발진 주파수를 정확하게 바꾸도록 한 것이다. 프레임에는 총 중량 13kg의 두꺼운 알루미늄 주물을 사용하여 바닥이나 음압의 영향을 덜 받는 구조로 되어 있다.

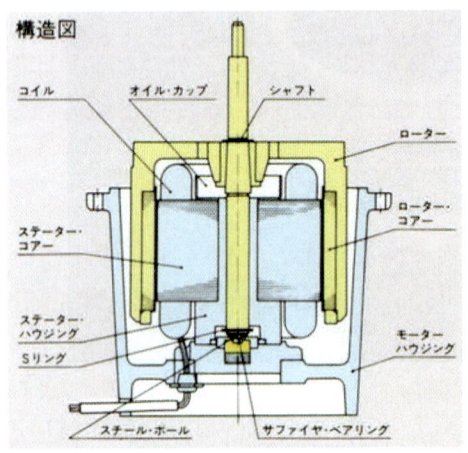

DENON DP-100 턴테이블의 정격

형식	더블 PLL 서보턴테이블
구동방식	양방향 서보 · 다이렉트드라이브
모터	아웃로스터형 3상AC서보모터
스피드제어방식	주파수 검출에 의한 속도 서보 및 위상 서보
회전수	33 1/3, 45, 78rpm
회전수 편차	0.002% 이하
회전수가변범위	규정 스피드에 대해 ±9.9%(0.1% 피치)
스피드 절환	전자식
와우앤플래터	0.003%w.rms이하(회전계), 0.02%w.rms이하(JIS)
SN비	90dB이상(DIN-B)
기동토크	10kg-cm
기동시간	0.4초 이내(33 1/3)
브레이크	전자식브레이크
턴테이블	33cm, 상부·하부 공동 알루미늄 다이캐스팅제, 6.5kg 플루드 덤프 방식 이중구조
관성모멘트	1,260kg-cm^2
프레임	알루미늄 주물
인슐레이터	코일 스프링 및 플루드 댐핑

형식	더블 PLL 서보턴테이블
전원과 소비전력	AC100V, 50Hz/60Hz, 25W
크기와 무게	570x285x465mm, 46kg

> **잠깐** MM형과 MC형 카트리지는 어떻게 다른가?

그림의 데논 DL-103R의 카트리지를 살펴보면 카트리지의 아랫부분에 조그맣게 튀어나온 가는 금속 부분을 캔틸레버(Cantilever)라 하고, 그 끝에는 다이아몬드나 사파이어로 만든 바늘(Stylus)이 달려있다. 캔틸레버의 보이지 않는 다른 쪽 끝은 자석이나 코일에 붙어 있다.

다음 그림에서 보듯이 캔틸레버는 허공에 떠 있을 수 없으므로 중간에 고무 서스펜션으로 지지 된다. 이 캔틸레버 바늘의 반대편에 자석이 붙어 있는 카트리지를 MM(Moving Magnet)형 카트리지라고 한다. MM형 카트리지는 자석 주위에 고정된 코일이 있는데, 바늘이 LP판 위의 음구를 따라가면서 패인 형상에 따라 연결된 자석이 똑같이 진동하면서 고정된 코일에는 전류가 유도된다. MC(Moving Coil)형 카트리지는 MM형과는 반대로 캔틸레버의 끝에 자석 대신 코일을 붙여 놓고 주변에 자석을 고정한 것이다. 자석과 코일은 멀리 떨어져 있어서 자력은 폴 피스라는 금속을 통해 코일 주변에서 자기장을 형성하게 된다. MC형 카트리지의 캔틸레버는 짧으며 코일이 달린 끝단은 댐핑 고무로 지지되고, 피아노 와이어로 팽팽하게 당겨진다. MC형도 원리 면에서는 MM과 같다. 바늘이 소릿골인 음구의 파형에 따라 진동하면 코일이 자석에 대해 상대 운동으로 음악 신호인 즉 교류 전류가 발생하는 것이다. MM형과 MC형의 차이는 단지 고정된 코일에 대해 자석을 움직이는가 아니면 고정된 자석에 대해 코일이 움직이는가 하는 차이다.

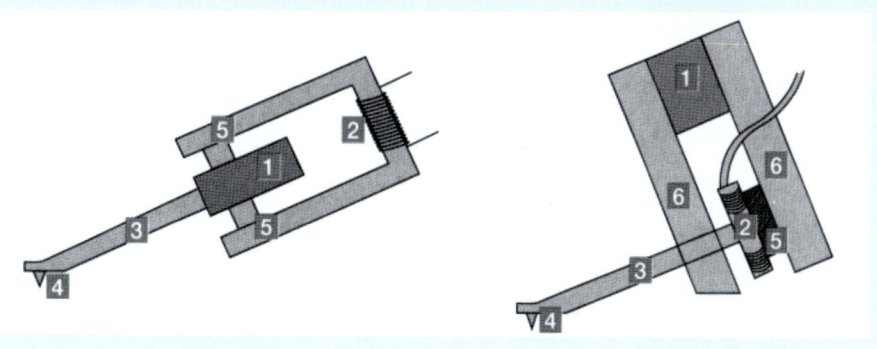

[MM형 카트리지]   [MC형 카트리지]

1. 자석 2. 코일 3. 캔틸레버 4. 바늘 5. 댐핑고무 6. 폴 피스

MM형은 코일이 바늘과 떨어져서 고정되어 있으므로 코일을 충분히 많이 감을 수 있다. 따라서 출력 전압이 수 mV 정도로 비교적 높다. 게다가 바늘이 코일과 연결되어 있지 않아 바늘만 분리할 수 있어 바늘이 무디어졌을 때 갈아 끼우기 쉽다. MC형은 코일이 바늘과 연결되어 있고, 바늘을 분리할 수가 없다. 캔틸레버를 피아노 와이어로 지지하므로 캔틸레버의 길이를 짧게 만들 수 있다. 코일도 10회 내외로 감기 때문에 가벼워 운동계에 좋다. 캔틸레버를 더욱 가볍고 강성을 좋게 하려고 보론이나 특수 합금을 쓰기도 하는데 운동계가 가벼우면 LP 음반의 수명과 음질 면에서도 해상도의 증가와 광대역 재생에 좋다. 그러나 굵기가 가는 코일을 쓰더라도 보통 십 수 바퀴 정도밖에 감지 못하므로 MC형 카트리지의 출력 전압은 매우 낮아 MM형에 비해 1/10 정도이다. 따라서 MC 카트리지의 낮은 출력 전압을 높이려면 승압 트랜스나 헤드 앰프가 필요하다.

■ 켄우드 L-07D 턴테이블

KENWOOD L-07D 턴테이블은 1979년 38만 엔에 발매하였다. 1978년 오디오 페어로 공개된 R-6197을 기반으로 제품화한 L시리즈 레코드 플레이어이다. 구동 방식에는 다이렉트 드라이브 방식이며 서보 회로에 쿼츠록을 도입하여 와우앤 플러터 특성을 개선하고 있다. 진폭이 큰 음구를 바늘 끝이 추적할 때 생기는 동적 부하 변동에 의한 음질 열화를 개선하기 위해 주파수 성분의 낮은 회전 변동을 쿼츠로 잠그고, 트랜전트한 부하 변동을 관성으로 잠그는 더블 록 방식을 채택했다.

구동 모터에는 슬롯리스의 쿼츠 PLL서보 모터로 베어링 오일의 점성 변화와 같은 부하 변동에 대해 자동으로 위상 보정을 수행하는 다이내믹 보상기를 내장하고 있다.

정격 회전수의 3% 시점에서 제어 방식을 자동으로 전환하는 더블 서보 커플링을 채택했으며, 정속 회전수 3% 이내의 기동시에는 위상 제어 동작에서 강력한 토크를 얻고 3% 이상의 정상시에는 큰 잠금 레인지 및 위상 레인지를 확보한다. 또한, 3% 안팎에서 회로 커플링을 DC에서 AC작동으로 자동변환하도록 되어 있다.

턴테이블은 세 가지 소재로 구성한 고강성 복합 방진 턴테이블을 사용했다. 알루미늄 다이캐스트의 턴테이블 뒷면에 4mm 두께의 두랄루민을 압착하고, 테이블 시트에는 5mm 두께의 스테인리스를 채택한 구조이다. 이들 소재는 서로 공진 주파수가 다르기 때문에 모든 음악 대역에 걸쳐 우수한 방진 특성을 발휘한다. 또한 테이블 시트 소재의 스테인리스는 비자성체이므로 MC형 카트리지도 안심하고 사용할 수 있다.

레코드 플레이어에는 바늘 끝 → 톤암 → 암 기반 → 캐비닛 → 턴테이블 → 바늘 끝이라는 메카니컬 서킷(픽업 루프)인데, 이 정확도가 플레이어의 퀄리티를 좌우하므로 턴테이블과 톤 암 사이에 경질 알루미늄 프레임을 삽입하고, 턴테이블의 받침점인 센터 샤프트에는 경질 스테인레스를, 턴테이블의 무게에 의한 스러스트 부의 점성 저항을 적게하기 위한 모터에는 마그네트 플로트(magnet float) 방식을 채택했다.

전원부는 세퍼레이트 구조로 되어 있으며 전원부가 픽업 루프에서 멀어지게됨에 따라 전자기 유도를 막아 음질 향상을 도모한다. 본체에는 속도 전환 스위치, 스타트 스톱 전환 스위치가 부착되어 있고 전원에는 전원 스위치, 다이내믹 파라미터 전환 스위치가 부착되어 있다. L-07D에는 J 타입 유니버설 톤 암이 장착되어 있지만 캐비닛부는 두 번째 암을 추가하여 사용할 수 있게 되어 있다.

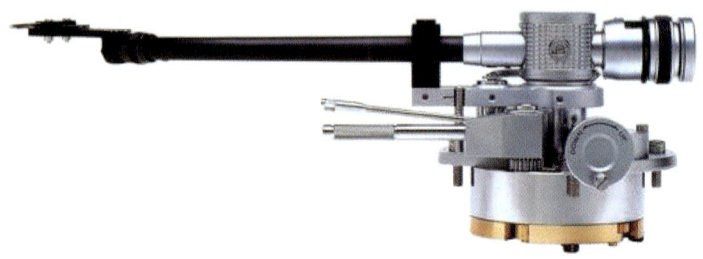

L-07D의 구조와 톤 암의 모양

KENWOOD L-07D 턴테이블의 정격

형식	직접구동방식 턴테이블
모터	쿼츠 PLL 서보 슬롯리스 DC 모터
최대토크	2.5kgcm 이상(전자 브레이크 내장)
턴테이블	33cm 알루미늄 다이캐스트+두랄루민 복합구조, 2.9kg
턴테이블 시트	비자성체 스테인리스 2.6kg
관성모멘트	$1.025 ton \cdot cm^2$
회전수	33 1/3, 45rpm
와우앤 프래터	0.01%이하(로터리엔코더), 0.004%이하,(FG직독법), 0.016%이하(WRMS)
SN비	94dB(DIN-B), 65dB(JIS)
트랜전트부하특성	0.00015%이하(400Hz,33 1/3,20g·cm부하), 0.00008%이하(1kHz, 33 1/3, 20g·cm부하)
정상부하특성	0%(침압120g까지)
기동특성/정지특성	2.5침압내
회전수편차	0%(측정한계외)

형식	직접구동방식 턴테이블
톤암형식	스태틱 밸런스 유니버설 타입 J자형 암
암 실효장	245mm
오버행	15mm
침압가변범위	0~2.0g(0.1g스텝)
적용카트리지무게	0~9g(부속쉘 사용시), 9g~22g(서브웨이트)
적용카트리지무게	10g~34g
부속 쉘	카본 파이버 적층 헤드쉘 12g
암높이조정	6mm
전원과 소비전력	AC100V, 50Hz/60Hz, 10W
크기와 무게	555x160x470mm 33kg

> **잠깐** 밸런스 접속과 언밸런스 접속

프리앰프를 사용하다 보면 어떤 제품에는 밸런스드(Balanced)입력이 있다. 우리가 일반적으로 사용하는 RCA 단자인 언밸런스드 단자와는 달리 밸런스드 단자는 XLR 입력이라고 하는 3핀의 커넥터로 접속이 된다. 만약 밸런스드 출력이 있는 소스 기기와 밸런스드 입력이 있는 프리앰프가 있다면 연결하여 사용할 수 있다. 밸런스 출력이 있는 기기도 대부분 언밸런스의 RCA 단자도 있다. 밸런스드 연결의 장점은 외부 노이즈 유입에 대해 장점이 있는데 연결해야 할 케이블의 길이가 길어지면 길어질수록 밸런스드 연결이 유리하지만 가정에서 일반적으로 사용할 때는 잘 느끼지 못한다.

언밸런스드 입력과 밸런스 입력

■ 테크닉스 SL-1000mk3 턴테이블

Technics SL-1000mk3 턴테이블은 1982년 테크닉스에서 50만 엔에 발매한 레코드 플레이어다. 테크닉스 턴테이블 SP-10mk3, 톤암 EPA-100mk2, 턴테이블 SH-10B5를 합친 것이다. 턴테이블은 거대한 기동 토크를 가지면서 회전 정확도가 높은 저속 전자 정류자 브러시리스 DC 모터를 채택했다. 최대 16kg·cm의 시동 토크를 달성하고 10kg의 턴테이블을 0.25초, 회전각 30도에서 정속 회전한다.

정지는 메카니컬 브레이크와 역회전 구동 회로를 순간적으로 작동시키는 전자 브레이크를 병용하고 있어 턴테이블을 0.3초 만에 정지시킨다. 알루미늄 다이캐스팅과 구리 합금에 의한 2층 구조의 턴테이블로 정부하에 대해서는 회전 속도의 변화가 없으며 모터의 로터 마그넷을 턴테이블과 일체화한 자체 일체 구조 DD 모터를 채택하여 회전 특성이 매우 안정적이다.

고정밀 아연 다이캐스팅 및 알루미늄 다이캐스팅으로 무진동 및 무공진화를 실현했다. 본체와 분리한 전원 공급 장치에서 턴테이블의 모든 작업을 원격 제어할 수 있다. 톤 암에는 세계 최초의 보론 타이타니엄 파이프를 사용했으며 기계적 강도를 높이고 굽힘이나 꼬임 등의 유해한 부분 공진을 억제했다. 더욱이 헤드 쉘은 보론 섬유와 알루미늄을 복합 생성한 보론 알루미늄 헤드 쉘을 채택하여 경량 및 고강성을 실현했다.

Technics SL-1000mk3 턴테이블의 정격

형식	쿼츠 신디사이저 D.D. 턴테이블 시스템
구동방식	다이렉트 드라이브
구동모터	브러시리스 DC 모터
제어방식	쿼츠 제어
턴테이블	32cm 구리합금+알루미늄 다이캐스팅, 10kg
회전수	33 1/3, 45, 78.26rpm
회전수미조방식	±9.9%(0.1%스텝)
기동토크	16kg·cm
기동특성(33 1/3rpm)	0.25초에 정속회전
브레이크	전자브레이크, 기계적 브레이크
부하변동	10kg·cm이내 0%
회전수편차	±0.001%이내
와우플레트	0.015%W.R.M.S(JIS C5521)
SN비	92dB DIN-B(IEC 98A weighted)
톤암형식	제어 가변 동적 댐핑 방식
회전축감도	5mg(수평, 수직초동감도)
암높이 조정기구	44mm~62mm
침압조정범위	0~3g
쉘무게	9.5g
적용카트리지 무게	5g~10g
전원과 소비전력	AC100V, 50Hz/60Hz, 25W
크기와 무게	561x175x466mm, 44.0kg

■ 나카미치 tx-1000 턴테이블

Nakamichi tx-1000 턴테이블은 나카미치가 1981년 110만 엔(암과 카트리지 별매)에 발매한 최고급 컴퓨팅 턴테이블이다.

단순히 기기만 대형이 아니라 레코드 재생의 이상을 요구한 하이테크 기구인 '앱솔루트 센터 서치 시스템(Absolute Center Search System)'을 장착하는등 뛰어난 메카니즘 기술과 모터 기술을 투입하여 만들어 낸 고성능 플레이어이다. 이 앱솔루트 센터 서치 시스템은 레코드 판의 중심구멍의 어긋남을 미크론 단위로 감지하여 자동으로 보정함으로써 완전한 참 원형 상태에서 음구를 추적할 수 있게 해주는 기구이다. 나카미치의 자료에 따르면 아무리 플레이어 자체의 회전 정확도를 올려도 레코드판의 중심구멍이 틀어져 있으면 와우 플러터나 변조 잡음이 증가하고, 톤암이 왼쪽 오른쪽으로 흔들림으로써 좌우 채널 사이의 위상이 어긋나 음색이 탁하고, 음상이 움직여 퍼진 것처럼 들린다. 만약 레코드판의 편심량이 0.34mm라고 한다면, 플레이어의 와우 플러터 값이 0.001%라도 실제 와우 플러터 값은 레코드의 중심에서 가까운 최내주에서는 약 0.15%에 달하기 때문에 이 기술을 사용하였다.

레코드를 얹고 센터 서치 명령을 하면 센서 암이 레코드 판 위에 나타나 최종 홈을 추적하여 센터 어긋남을 광학적으로 감지하고 내장 마이크로프로세서에 의해 그것을 연산하여 약 10초 만에 레코드의 센터 어긋남을 20미크론 이내로 보정한다. 조정 상태, 편심량은 왼쪽 디스플레이 패널에 표시된다. 메인 드라이브 모터에는, 나카미치가 자랑하는 슈퍼 리니어 토크 모터를 장착하였다. 이 모터는 로터 마그네트를 균일하게 착자하지 않고 별 모양으로 착자함으로써 코일로 흐르는 전류의 변화가 사인웨이브(정현파) 모양이 되도록 특수한 구조로 하여, 이에 따라 와우 플러터 중 기존의 DD 모터로 문제되던 플러터 성분(세세한 주기의 회전 변동)이 억제되어 극히 적은 S/N비율을 가져온다.

모터의 축반이에는 신개발 PRC(Pressure Regulation Chamber) 오일 버스 방식을 채택했는데 매끄러운 회전을 얻기 위해 안정된 윤활유를 공급하는 것으로, 온도 변화에 의한 윤활유의 팽창, 수축에 맞추는 프레셔 레귤레이션 챔버가 항상 안정된 윤활유 상태를 유지한다. 이 모터에 쿼츠 PLL 제어권을 조합하여 와우 플러터는 0.003%가 실현되었다.

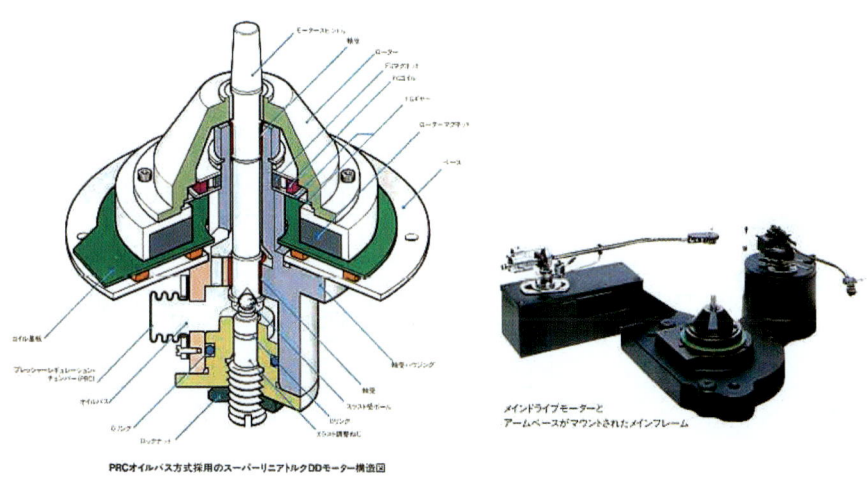

TX-1000에서는 톤암 기반, 메인 드라이브 모터가 동일 프레임 위에 있고 이 프레임은 특수한 인슐레이터를 통해 본체에서 3점으로 매달아져 떠다니는 형태로 에어 서스펜션 방식을 채택하고 있다.

매우 진보된 메커니즘 구조를 채택한 TX-1000은 레코드 재생의 이상을 추구하고 톤암의 왼쪽 오른쪽의 흔들림을 방지하여 회전 정확도를 극한까지 높이는 데 성공했다. 또 다른 흡착식 디스크 스태빌라이저를 결합하면 상하 방향의 흔들림도 해소할 수 있다.

재생음은 매우 매끄럽고 음장 퍼짐이 있는 굉장한 것이었다. 2년 후인 1983년에는 앱솔루트 센터 서치 시스템을 단순화해 소형 경량화된 DRAGON-CT가 40만 엔에 출시되었다.

Nakamich tx-1000 턴테이블의 정격

	TX-1000	DRAGON-CT
구동방식	다이렉트 드라이브	←
드라이브모터	Qualtz PLL DC, 코알레스 슈퍼리니어 토크 DD모터	←
센터서치 턴테이블	메탈라이즈드 유리 (직경29cm, 무게1kg)	유리(직경31.3cm, 무게1.1kg)
메인턴테이블	알루미늄(30cm, 3.8kg)	알루미늄(31cm, 1.4kg)
턴테이블 매트	별매TM-100(러버 매트)	고무(30.3cm, 220g)
와우 플래터	0.003% 0.02%(센터서치후)	0.008% 0.03(센터서치후)
S/N비	78dB이상	←
크기	본체:680×208×515mm 전원부:125×85×325mm	546×230×421mm
무게	본체:40kg, 전원부:5kg	20kg

APPENDIX

A.1 진공관

A.2 일본의 주요 메이커 연보

A.3 일본 오디오 명기 100선 책자의 기기

A.4 빈티지 아날로그 수리 전문점 소개

A.5 진공관 파워앰프 RATTI-50

A.6 일본 오디오 기기 사용을 위한 복권 다운 트랜스

A.1 진공관

A.1.1 진공관의 용어

- 고전관 : 1950년대 이전의 진공관을 말하며 항아리, 가지, 공 모양 등을 하고 있다.

- 구관 : 1950~1970년대 생산한 진공관이다.

- 신관 : 1980년대 이후에 생산한 진공관으로 중국의 슈광, 러시아 소브텍, 스베틀라나, 슬로바키아의 테슬라 등이 있다.

- 선별관 : 진공관 중에서 전기적인 특성이 좋은 관을 추려 놓은 것이다.

- NOS(new old stock) : 사용하지 않은 구관이다.

- 고신뢰관 : 특수 목적을 위해 제작된 성능 좋은 관이다.

- 군용관 : 군수용으로 제작된 관으로 내구성이 좋다.

- 금속관 : 금속으로 밀봉된 진공관으로 일반적으로 유리관보다 음질이 좋다.

- 먹관 : 유리관 내부가 검은색으로 칠해진 관이다.

- 페어 매치관 : 전기적인 특성인 플레이트 전류 i_P 와 상호컨덕턴스 gm 이 비슷한 관을 짝 지워 놓은 관이다.

- 쿼드 매치관 : 스테레오 푸시풀이나 파라 푸시풀에 사용하기 위해 전기적인 특성인 플레이트 전류 i_P 와 상호컨덕턴스 gm 이 비슷한 관을 짝지워 놓은 관

- 호환관 : 서로 바꾸어 쓸 수 있는 특성이 비슷한 관이다.

- 금핀 : 진공관 아래 핀이 금으로 도금된 진공관이다.

- 2극관 : 주로 정류용으로 사용하는 관으로 플레이트와 필라멘트로 구성된 진공관이다.

- 3극관 : 플레이트와 필라멘트 사이에 그리드(grid)를 넣어 전류의 변화가 가능하게 한 관, 증폭용으로 사용한다.

- 4극관 : 플레이트와 그리드 사이에 스크린(screen) 그리드를 삽입한 관으로 진공관 내부에는 그리드, 스크린 그리드가 함께 들어있다.

- 5극관 : 플레이트와 스크린 사이에 억제(suppressor) 그리드를 삽입한 관으로 진공관 내부에는 그리드, 스크린 그리드, 억제 그리드가 함께 들어있다.

- ST관 : 초기에 제작된 진공관은 전구와 같은 형태였으나 내부 구조가 약해 1933년경 항아리형 진공관 ST(Standard Tube) 진공관이 개발되었다. ST관은 윗부분이 잘록해 내부 구조물이 움직이지 않도록 하는 운모를 잡아 주고 있다. 핀은 4핀, 5핀, 6핀, 7핀의 4종류이며 크기가 매우 큰 편이다.

- GT관 : GT(Glass tube)관은 베이스에 8핀으로 구성되어 있다. 그 중심에는 핀을 제대로 꽂기 위한 가이드 키가 있다. GT관용의 소켓은 8핀밖에 없어 구별과 사용이 쉽다는 장점이 있다. GT관의 상당 부분은 MT관으로 대체되었다. 그러나 MT관이 너무 작아 적합하지 않은 큰 전류가 흘러 발열이 많은 정류관이나 대형 출력관은 지금도 GT관이 사용되고 있다.

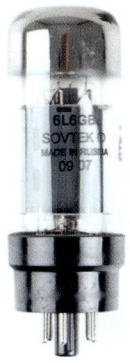

- MT관 : 세계 제2차 대전중에 개발된 소형관으로 MT는 미네추어(minature)의 약자로 진공관이 크기가 작고, 가볍다. 능률이 좋으며 높은 주파수까지 사용할 수 있도록 고안되었다. 자동화를 통한 품질의 평준화를 이루었으며 핀은 7핀과 9핀의 2종류이다.

A.1.2 오디오의 대표적인 출력관

오디오에 사용되는 출력관을 말하려면 먼저 3극관에 대해 말을 하지 않을 수 없다. 3극관은 히터, 그리드, 플레이트로 된 가장 단순한 모양의 구조이다.

2A3, 300B, 211, 845, 6C33C-B, 205D, 45 등으로 고전관들은 출력이 작지만 독특한 분위기와 소리를 갖고 있다.

(1) 3극관

2A3관(동등, 유사관 6A3, 6B4G, 2A3W, 5930, 6A5G)

 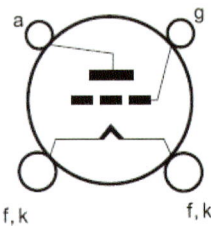

RCA에서 1930년대에 가정용 전축이나 소형 극장의 토키 시스템용으로 개발한 3극 직열형 진공관이다. 300B와 더불어 3극관의 대표적인 진공관이다. 히터 전압은 2.5[V]에 전류는 2.5[A]로서 교류로 점화해도 험에 강하다.

당시 웨스턴 일렉트릭이 발매했던 WE300A와 히터 전력을 제외하면 상당히 유사한 규격이다. 출력은 싱글로 구성할 때 3.5W로 작은 출력이지만 풀레인지 스피커와 연결하면 좋은 음질을 내준다. 300B에 비해 훨씬 차분하고 결이 고우면서 중후한 느낌으로 현악기의 재생이 뛰어나다.

동등관이거나 유사관은 히터 전압만 다른 6A3이나 8핀 타입이고 방열과 구조인 6B4G, 2A3W, 5930, 6A5G 등이 있다.

2A3의 명관으로는 RCA 제품으로 진공관의 아래에 JAN이라고 새겨진 것을 볼 수 있는데, 이는 'Joint Army&Navy'의 약어로 미국 육군과 해군에 납품되었다.

■ 300B관

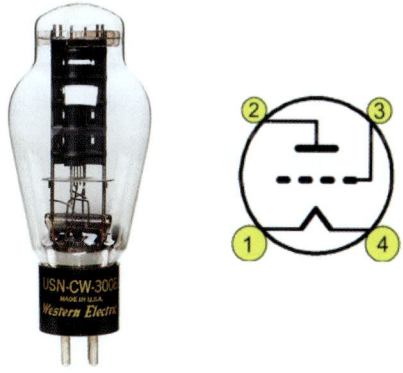

오래된 출력관 중에서 가장 높은 인지도와 인기가 있는 진공관이다. 1930년대 초반 미국의 웨스턴일렉트릭(WE)에서 극장용으로 개발되었고, 히터 전압은 5[V]로 8[W]의 출력을 얻을 수 있어 당시엔 고 출력관이었다. 음질은 2A3에 비해 화사하고 섬세하지만, 저역이 부족한 느낌이 난다. 풀레인지 스피커와 연결하면 좋은 음을 들을 수 있다. 가격은 2A3에 비해 고가로 관의 불빛이 매우 아름답다. 지금도 자작파에게 인기가 높고 메이커에서도 앰프를 제작하고 있다.

300B관은 1937~1969년까지 웨스턴 일렉트릭에서 생산되다가 단종되었다. 단종된 지 5년이 지난 1974년 NASA의 요청에 따라 웨스턴 일렉트릭에서 재생산하기도 했다. 현재는 중국이나 러시아에서 만들고 있는데 관의 편차가 심하다.

300B의 명관으로는 웨스턴 일렉트릭에서 만든 WE300B이며, 그중에서도 1차 생산 중단되기 전인 1969년 이전에 제작된 것이다. 아랫면에 WE300B 글자가 새겨진 것은 각인관이라고 하여 더 고가에 거래된다.

■ 211관, 845관

211관은 무선 통신이나 의료기나 발진 회로 등에 사용되던 대형 3극 출력관이며, 845는 오디오용으로 개발되었던 대형 3극 출력관이다. 히터 전력은 두 관 모두 10[V]에 3.25[A]다. 플레이트 전압이 1000[V]나 되며, 싱글로 사용할 경우 25[W] 수준의 대출력을 낼 수 있고 푸시풀로 구성하면 100[W]라는 엄청난 출력을 낼 수 있다. 두 관 모두 대형 4핀 소켓을 사용하고 핀 배열도 같지만, 바이어스 전압이 다르므로 완벽하게 호환되지 않는다. 211의 음색은 단정하고 섬세한 느낌이며 845는 호방하고 시원한 느낌이다.

한편 송신관들은 용접봉으로도 사용되는 토륨 텅스텐(Thoriated Tungsten)으로 필라멘트를 제작하는 경우가 많은데, 열에 매우 강하고 점화되었을 때 일반 진공관보다 훨씬 환한 독특한 분위기를 나타낸다. 또한, 업무용으로 개발되어서 출력이 세고 내구성과 분위기가 좋아 자작 파들에게 인기가 있다. 그러나 일반 진공관보다 훨씬 고전압에서 동작하므로 제작하는 것이 기술적으로 그리 간단하지는 않다.

6C33C-B관

1979년9월6일 음속의 3배로 날을 수 있다는 구소련의 최신예 전투기였던 MIG-25가 일본에 망명했던 사건이 있었다. 서방의 과학자들은 당시 베일에 가려져 있던 소련의 군수 산업의 실체와 특히 미그기가 가진 능력을 한눈에 알 기회이기 때문에 수많은 전문 과학자들이 파견되어 미그기를 낱낱이 분석했다. 이때 전투기 속 핵심 부분인 스코프에서 기이한 외형의 6C33C-B 진공관을 발견했다.

이 진공관은 무엇보다도 덩치가 크고 머리에 3개의 꼭지가 달려있어 과학자들이 관심을 두고 살폈는데 전자기파의 간섭을 배제하기 위한 목적으로 사용되었을 것으로 결론을 내렸다. 후일 이 진공관은 하이엔드 오디오용으로 큰 인기를 끌었다.

6C33C-B의 특징은 3극관으로서 두 개의 필라멘트를 갖는 대형 방열관으로 히터 전류가 KT88의 네 배나 되어 매우 밝고 많은 열이 난다. 또한, 군용 전투기에서 사용되었던 만큼, 열에 의한 변형은 물론 진동에 매우 강하다. 그 외 진공관의 임피던스가 현저히 낮아서 출력 트랜스를 생략한 OTL구성으로 앰프를 만들 수 있었다. 이 진공관은 구소련 출신의 엔지니어인 빅토르 코멘코(Victor Khomenko)가 미국으로 건너와 BAT를 창업하면서 이 진공관을 사용하여 주목을 받게 되었다. 6C33C는 내부저항이 $80[\Omega]$으로 3극관인 300B가 $700[\Omega]$, 5극관인 EL34가 $15[K\Omega]$인데 비해 매우 낮다. 내부저항이 낮으면 많은 전류를

흘릴 수 있고, 임피던스가 낮은 만큼 전극 간의 간격이 매우 좁아서 간격의 편차에 따라 전류량도 크게 변동한다. 따라서 앰프에 사용할 때는 잘 선별된 관을 사용해야 한다. 맑고 투명한 해상도 높은 고역은 물론 저역은 단단하고 묵직한 소리를 낸다.

(2) 5극관, MT관, 빔관

■ 6BM8관(ECL82)

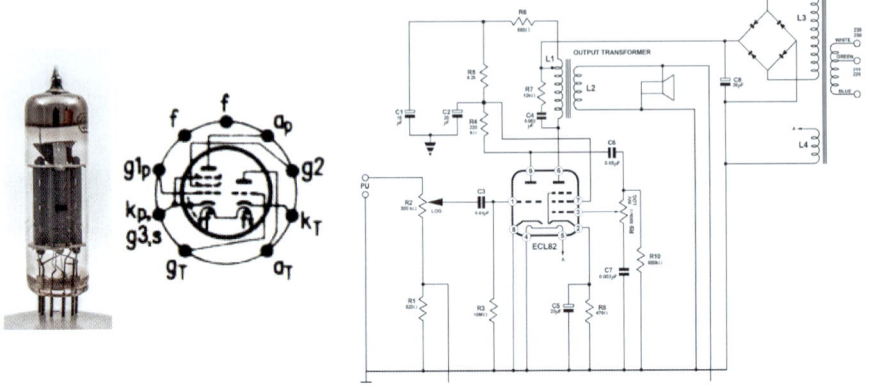

60년대에 개발된 진공관으로서 그림의 핀 배열에서 보듯이 1개의 진공관 안에 좌측에는 5극 진공관, 우측에는 3극 진공관이 함께 들어있는 형태이다. 2개의 진공관을 사용하지 않으므로 기기를 심플하게 설계하기 좋아 일본에서 리시버나 릴데크에 많이 사용되었다. 싱글 4W 정도의 출력에 풀레인지 스피커와 연결하면 부드러운 저역, 고역과 중역이 예쁜 소리를 내준다. 회로도는 실제 사용되는 회로의 실례를 보여준다.

■ 6V6관(6V6G, 6V6GT, 7408)

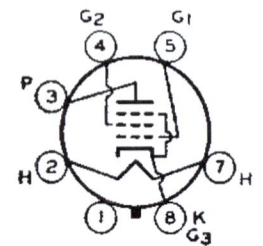

가정용으로 개발되어 있어 장전축에 많이 사용된 5극 진공관으로 싱글일 때 5W 정도의 출력을 내준다. 가격이 저렴하고 구관들은 중저역이 돋보인다.

GE, RCA의 관이 좋으며 보겐이나 벨 등의 회사에서 사용했다.

■ 6BQ5(EL84, 7189, 7320)관

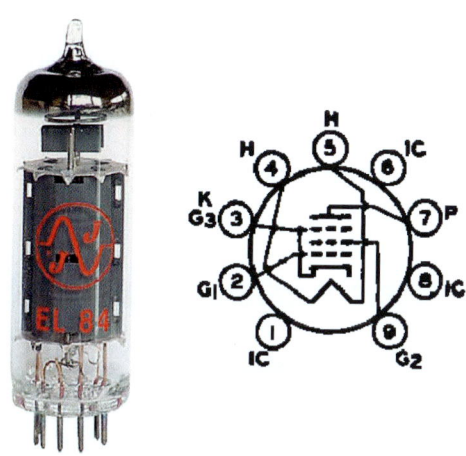

3~5W 출력으로 진공관 리시버나 소형 인티앰프에 많이 사용되었다. 1940년 대 필립스에서 개발한 5극 MT관으로 일제 리시버나 인티앰프에 많이 사용되었다. 출력은 싱글일 때 5W 정도로 화려한 고역이 예쁘고, 중역이 약간 두껍게 느껴진다. 멀라드, RCA, GE, 텅솔, 텔레풍겐 등이 좋으며 스코트, 파이롯트, 피셔 등의 회사에서 사용했다.

■ EL34(6CA7)관

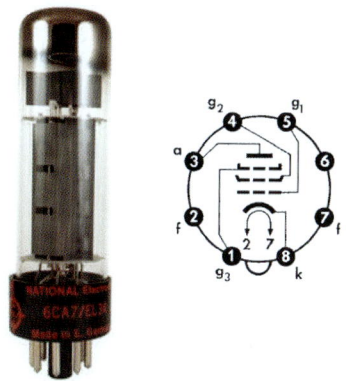

필립스에서 오디오용으로 개발한 5극관으로 유사관인 6550, KT88, KT66, 6L6 등을 대표하는 진공관이다. 감미로운 여성적인 소리로 11W의 출력을 내준다. 마란츠 8B, 마란츠 9, 다이나코 ST-70, 럭스만 MQ-70 등에 사용되었다.

■ KT66관

영국의 GEC에서 개발된 5극 빔 출력관으로서 싱글일 때 10W 정도의 출력관이다. 호환관으로 7581, KT66 등이 있다. 중역대가 좋아서 보컬의 목소리가 또렷한 소리를 내준다. 진공관 오르간이나 기타 앰프의 헤드 등 다양하게 사용되었고 Quad-2, LEAK 파워앰프에 사용되었다.

■ 6L6관(1614,1622, EL37)/5932(6L6WGA)/5881(6L6WGB)/7581(6L6GC)

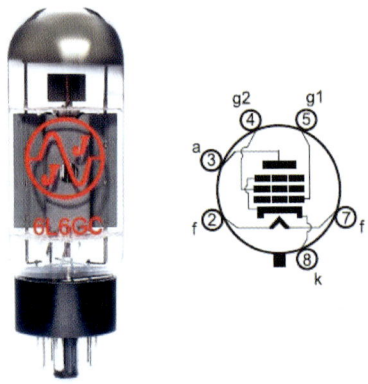

1930년대 RCA가 개발한 진공관으로 6L6(금속관), 6L6G(항아리관), 6L6GA(항아리관), 6L6GB(GT), 6L6GC(GT) 등이 있다. 출력은 12~25W로 후기형으로 갈수록 높아진다. 제조회사는 RCA, 텅솔, GE 등이고 초기형인 6L6G, 6L6GA은 부드럽고 풍성한 느낌인 데 비해 후기형인 6L6GB, 6L6GC는 중고역이 뚜렷하고 저역에 힘이 있다. 피셔 70AZ, 매킨토시 MC-40, MC-240, 알텍 인티앰프 등에 사용되었다.

▪ 7591관

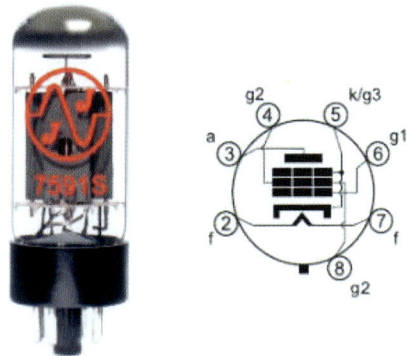

6L6진공관에서 파생되었고 푸시풀일 때 25W 내외의 출력을 내어준다. GE, 웨스팅하우스, 실바니아 관들이 좋고 저역은 물론 중고음이 돋보이는 좋은 음을 내어준다. 산스이 1000A, 매킨토시, MC-225, 피셔 500, 800, X-101, X-202 등에 사용되었다. 진공관의 크기도 다양해서 교환할 때 높이나 소켓의 간격을 먼저 확인하고 구입해야 한다.

▪ KT88관

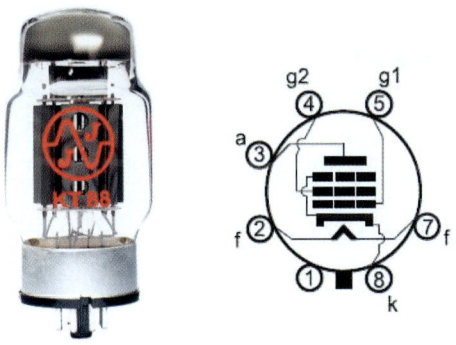

5극 빔 출력관으로 KT계열 중 싱글로 20W, 푸시풀로 구성하면 50W가 나온다. KT88은 미국에서 개발된 호환관인 6550에 비해 고역 특성과 밸런스는 좋으나 내구성은 호환관인 6550보다는 조금 부족하다. 캐리 SLA-70, 매킨토시 MC-75, MC-275, 자디스 JA30 등에 사용되었다.

■ 6550관

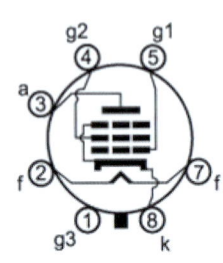

1950년대 미국에서 오디오용으로 개발한 진공관으로서 저역에서 힘이 있으며 충실하고 박력이 있다. 고역도 나름 충실해서 재즈나 팝에 상당히 좋은 소리를 들려준다. 중고역의 섬세함은 KT88에 비해 좀 떨어지지만, 박력이 있고 내구성 또한 좋다. 오디오리서치나 콘라드존슨 파워앰프, 매킨토시 MC-60 등에 사용되었다.

A.1.3 일본에서 개발한 관들

(1) 50CA10/ 6C-A10

50CA10 진공관은 NEC가 개발한 최후의 3극 출력관이다. 50CA10의 개발 당시 1967년 최초모델은 TV용 편향 출력관의 용도로 사용되었다. 발매 후 3회 진화되었는데 플레이트가 직사각형으로 옆에 3개의 구멍을 크게 냈고 방열대책으로는 흑화 니켈을 사용했다. 럭스만이 핀을 12핀으로 특수주문해서 럭스만 38FD등에 사용함으로써 맑고 깨끗한 소리로 인하여 큰 반향을 일으킨 관

NEC의 50CA10과 핀의 모습

이다. 겉에서는 12핀이지만 내부에서 3극관으로 접속되어 있다.

(2) 도시바 6G-A4

1954년부터 1966년까지 생산하였는데 유리관이 둥글고, 게터는 차폐용 마이카에 2개가 붙어 있다. 전극 재료와 구조는 도시바의 6BX7관과 동일하며, 플레이트는 카본이 흑화한 편평 타원형으로, 중앙에 T자형 방열핀이 있다.

도시바 6G-A4

(3) NEC 6R-A8

이 진공관은 6G-A4와 같은 사양이다. 산스이 SAX-30등에 사용되었다.

NEC 6R-A8 1969~1972

(4) 8045G

8045G는 1974년에 럭스만과 NEC가 공동개발한 최후의 오디오용 3극 출력관이다.

이즈음 일본에서 생산된 파워용 진공관은 플레이트 최대손실을 큰 값으로 하기 위하여 플레이트 재료에 4~5중 피복재가 사용되었다. 보통의 민수용 진공관은 알루미늄 피복철을 사용하는 데 비해 8045G는 5중 적층 금속판(알미늄, 구리, 철, 구리, 알미늄)을 사용하고 있다. 8045G관은 8핀 GT관으로 매니아들을 위해 베이스에 메탈 마감하였다. 1978년경에 NEC는 이 진공관 제조를 끝냈는데 럭스만이 발매한 수량은 제한적이었다. 럭스만이 8045G를 탑재하여 생산한 파워앰프들은 6550관이나 KT88로 약간의 회로 조정으로 개조할 수 있다.

8045G 관(NEC-LUXMAN)

A.1.4 도시바 6GB8 5극관

진공관 전성기 시대인 1960년 초기에 일본에서 영업용 고급재생장치에 사용하려고 개발한 대형 출력관이다. 빔 4극관 구조로 플레이트 손실 35W, 스크린 손실 10W 등 수신용 출력 진공관으로서는 출력이 경이적인 최대급 용량이다. 출력은 6BQ5의 10배, 7591의 3배, 6L6GC, 6CA7, KT-88보다 월등히 커서 푸시풀 동작으로 130W의 출력이 가능하다.

이 진공관은 저전압 대전류 동작이 가능하여 플레이트 전압 400[V] 이하의 동작에서 큰 출력을 얻을 수 있어 설계가 용이하다. DENON POA-1000B 파워앰프에 사용되면서 큰 호평을 받았다.

도시바 6GB8

A.1.5 3극 출력관 비교표

Type	Heater	Ebmax (V)	Ppmax (W)	Ikmax (mA)	Mu	Gm (mmho)	Ip150 (mA)	Style
45	2.5V1.5A-D	275	10	-	3.5	2.05	90	ST
6F6/1613	6.3V0.7A	350	10	-	6.8	-	48	GT-US
6BX7	6.3V1.5A	500	10*2	60	10	7.6	140	GT-US
6CW5/EL86	6.3V0.76A	250	12(1.75)	100	8	-	260	MT-9P
6BQ5/EL84	6.3V0.76A	300	12(2)	65	19	-	80	MT-9P
6GA4	6.3V0.75A	350	13	-	10	7.0	220	GT-US
2A3	2.5V2.5A-D	300	15	-	4.2	5.25	170	ST
6B4G	6.3V1.0A-D	325	15	-	4.2	5.25	-	ST
6RA8	6.3V1.0A	350	15	120	9.7	10.5	300	MT-9P
801A/VT62	7.5V1.25A-D	600	20	70	-	-	20	ST
50	7.5V1.25A-D	450	25	-	3.8	2.1	55	ST
KT66(T)	6.3V1.27A	400	25	200	-	5.5	115	GT-US
6CA7/EL34	6.3V1.5A	425	25(8)	150	11	-	150	GT-US
50CA10	50V0.175A	450	30	200	8	14	310	-
6L6GC	6.3V0.9A	450	30	-	8	4.7	90	GT-US
PX25	4V2A-D	500	30	62.5	9.5	7.5	83	ST
DA30	4V2A-D	500	30	-	5	6	230	ST
KT88	6.3V1.6A	600	35(6)	230	8	12	200	GT-US
300B	5V1.2A-D	480	40	100	3.85	5.5	230	ST
6550A(T)	6.3V1.6A	500	42	190	-	-	175	GT-US
8045G	6.3V2.5A	550	45	300	4.5	11	150 (Ep50V)	GT-US
811A	6.3V4A-D	1250	45	175	-	-	160(Ep200V)	ST-TP

Type	Heater	Ebmax (V)	Ppmax (W)	Ikmax (mA)	Mu	Gm (mmho)	Ip150 (mA)	Style
SV811-3	6.3V4A-D	800	65	160	3.5	1.7	58	ST
SV811-10					10	3.8	24	
AV320B-SL	5V2.2A-D	550	65	200	3.8	6.9	–	ST
AV325B-SL					5.2	8.0	–	

A.1.6 KT150관

미국의 텅솔사에서 러시아 소브텍 공장에서 OEM으로 생산하는 현대 진공관이다. 규격상으로 KT150은 KT88에 비해 플레이트 손실이 두 배에 달해 싱글로도 20W 정도가 나오는 초대형 진공관이다.

출력관의 크기, 규격 비교

A.2 일본의 주요 메이커 연보

A.2.1 마란츠 연보

- 1911년

    뉴욕에서 소울 마란츠 출생.

- 1952년

    개인적인 취미로 '오디오 콘솔레트' 제작. 'Model-1'의 원형.

- 1952년

    마란츠 컴퍼니를 뉴욕에 설립 'Model-1' 모노럴 콘트롤 앰프 발매.

- 1956년 : 'Model-2' 모노럴 파워앰프. 6CA7을 UL접속으로 40W. 3극관 접속으로 20W 출력.

- 1957년

    'Model-3' 모너럴 2웨이.

    'Model-4' 'Model-3'의 파워 서플라이.

- 1959년

    'Model-5' 모노럴 파워앰프 6CA7 사용, 30W.

    'Model-6' 'Model-1'의 스테레오 어댑터.

    'Model-7' 스테레오 콘트롤 앰프.

    'Model-7r' 스테레오 콘트롤 앰프 'Model-7'의 랙 마운트 타입.

- 1960년

    'Model-8' 스테레오 파워앰프. 진공관식 30+30W.

    'Model-9' 모노럴 파워앰프 진공관식. UL접속으로 70W. 3극관 접속으로 35W.

    'Model-9r' 'Model-9'의 랙 마운트 타입.

- 1961년

    'Model-8B' 스테레오 파워앰프 진공관식. 35+35W.

- 1962년

    'Model-10' 스테레오 튜너. 진공관식.

- 1963년

    'Model-10B' 스테레오 튜너. 진공관식.

    'Model-10r' 스테레오 튜너. 진공관식. 랙 마운트 타입.

    'STL-1' 리니어 트레킹 방식의 턴테이블.

- 1964년

    Model-10B의 엄청난 개발금 투자로 인해 투자비 회수가 늦어져 부도가 나서 '마란츠 컴퍼니'가 일본의 '슈퍼스코프社'에 매각. 마란츠는 5년간 기술고문으로 재직하며, 향후 20년간 자신의 회사를 만들지 않기로 함.

    'Model-7T' 스테레오 콘트롤 앰프. 솔리드 스테이트 방식.

    'Model-7Tr' 'Model-7T'의 랙 마운트 타입.

- 1965년

    'Model-15' 스테레오 파워앰프. 솔리드 스테이트 방식. 60+60W.

    'Model-15r' 'Model-15'의 랙 마운트 타입.

- 1967년

    'Model-18' 리시버. 솔리드 스테이트 방식. 45+45W.

- 1968년

    'Model-16' 스테레오 파워앰프. 솔리드 스테이트 방식. 80+80W.

    'Model-33' 프리앰프. 솔리드 스테이트 방식.

    'Model-33r' 프리앰프. 'Model-33'의 랙 마운트 타입.

    'Model-30' 인티앰프. 솔리드 스테이트 방식. 60+60W.

    'Model-28' 리시버. 20+20W, 텐테이블 일체형.

    5년간의 계약 종료로 마란츠 퇴사.

- 1969년

    'Model-22' 리시버. 20+20W.

    'Model-23' FM/AM 튜너.

    'Model-25' 리시버. 30+30W.

    'Model-19' 리시버. 솔리드 스테이트 방식. 60+60W.

    'Model-16B' 스테레오 파워앰프. 솔리드 스테이트 방식. 100+100W.

- 1970년

    'Model-24' 프리앰프+FM/AM 튜너.

    'Model-26' 리시버. 14+14W.

    'Model-27' 리시버. 30+30W.

    'Model-29' 리시버. 20+20W.

- 1971년

    'Model-14' 모노럴 파워앰프. 60W.

    'Model-32' 스테레오 파워앰프. 60+60W.

    'Model-20' FM튜너. 오실로스코프 채용.

    'Model-1200' 인티앰프. 100+100W.

    'Model-250' 스테레오 파워앰프. 125+125W.

    'Model-2010' 리시버. 10+10W.

    'Model-2215' 리시버. 15+15W.

    'Model-2245' 리시버. 45+45W.

- 1972년

    'Model-500' 스테레오 파워앰프. 250+250W. 냉각팬 채용.

    'Model-500r' 'Model-500'의 랙 마운트 타입.

    'Model-240' 스테레오 파워앰프. 'Model-250' 동일사양. 파워메타 제거.

    'Model-3300' 프리앰프.

    'Model-3300r' 프리앰프. 'Model-3300'의 랙 마운트 타입.

    'Model-4000' 프리앰프.

    'Model-2440' 인티앰프. 20W*4. 4채널.

    'Model-1030' 인티앰프. 15+15W.

    'Model-4100' 인티앰프. 25W*4. 4채널.

    'Model-4120' 인티앰프. 25W*4/60W*2. 4채널.

    'Model-4140' 인티앰프. 25W*4/70W*2. 4채널.

    'Model-2270' 리시버. 70+70W.

    'Model-2230' 리시버. 30+30W.

    'Model-4300' 리시버. 40W*4/100W*2. 4채널.

'Model-4415' 리시버. 15W*4. 4채널.

'Model-20B' FM 튜너. 오실로스코프 채용.

'Model-120' FM/AM 튜너. 저가형.

- 1973년

'Model-400' 스테레오 파워앰프. 200+200W. 0

'Model-3800' 프리앰프.

'Model-1200B' 인티앰프. 100+100W

'Model-115' FM/AM 튜너. 'Model-120'의 저가형.

'Model-105' FM/AM 튜너. 'Model-115'의 저가형.

'Model-1060' 인티앰프. 30+30W.

'Model-1120' 인티앰프. 60+60W.

'Model-4060' 인티앰프. 12W*4. 4채널.

'Model-4070' 인티앰프. 15W*4. 4채널.

'Model-4220' 리시버. 8W*4/20W*2. 4채널.

'Model-4230' 리시버. 10W*4/30W*2. 4채널.

'Model-4430' 리시버. 30W*4. 4채널.

'Model-2015' 리시버. 15+15W.

'Model-2220' 리시버. 20+20W.

'Marantz-7' 스피커.

'Marantz-6' 스피커. 'Marantz-7'의 저가형.

- 1974년

'Model-510M' 스테레오 파워앰프. 255+255W.

'Model-510Mr' 'Model-510M'의 랙 마운트 타입.

'Model-3600' 프리앰프.

'Model-1150' 인티앰프. 125+125W.

'Model-1040' 인티앰프. 20+20W.

'Model-120B' FM/AM 튜너.

'Model-115B' FM/AM 튜너. 'Model-120B'의 저가형 모델.

'Model-105B' FM/AM 튜너. 'Model-115B'의 저가형 모델.

'Model-105BS' FM/AM 튜너. 'Model-105B'의 유럽형 모델.

'Model-2220B' 리시버. 20+20W.

'Model-2240' 리시버. 40+40W.

'Model-2275' 리시버. 75+75W.

'Model-2325' 리시버. 125+125W.

'Model-4240' 리시버. 17W*4/40W*2. 4채널.

'Model-4270' 리시버. 25W*4/70W*2. 4채널.

'Model-4400' 리시버. 50W*4/125W*2. 4채널. 오실로스코프 채용.

'Marantz-9' 스피커.

'Marantz-8' 스피커. 'Marantz-9'의 저가형 모델.

- 1975년부터 일부 일본에서 제작하다가 1977년부터 모두 일본에서 제조
- 1975년

'Model-140' 파워앰프. 80+80W.

'Model-3200' 프리앰프.

'Model-1150 II' 인티앰프. 125+125W.

'Model-1250' 인티앰프. 125+125W.

'Model-1070' 인티앰프. 35+35W.

'Model-150' FM/AM 튜너. 스코프 채용.

'Model-125' FM/AM 튜너. 'Model-150'의 저가형.

'Model-104' FM/AM 튜너. 'Model-125'의 저가형.

'Model-2235' 리시버. 35+35W.

'Model-2250' 리시버. 50+50W.

'Marantz-7 II' 스피커.

- 1976년

'Model-250M' 125+125W.

'Model-160M' 파워앰프. 80+80W.

'Model-112' FM/AM 튜너.

'Model-2216' 리시버. 16+16W.

'Model-2225' 리시버. 25+25W.

'Model-2226' 리시버. 26+26W.

'Model-2238' 리시버. 38+38W.

- 1977년

'Model-3250' 프리앰프.

'Model-170DC' 파워앰프. 85+85W.

'Model-3000DC' 파워앰프. 150+150W.

'Model-1180' 인티앰프. 90+90W.

'Model-1122' 인티앰프. 60+60W.

'Model-1090' 인티앰프. 45+45W.

'Model-2120' FM/AM 튜너.

'Model-2100' FM/AM 튜너. 'Model-2120'의 저가형.

'Model-2210' 리시버. 10+10W.

'Model-2216B' 리시버. 16+16W. 사이드 라이팅 방식.

'Model-2218' 리시버. 18+18W. 사이드 라이팅 방식.

'Model-2226B' 리시버. 26+26W. 사이드 라이팅 방식.

'Model-2252' 리시버. 52+52W.

'Model-2252B' 리시버. 52+52W. 사이드 라이팅 방식.

'Model-2265' 리시버. 65+65W.

'Model-2265B' 리시버. 65+65W. 사이드 라이팅 방식.

'Model-2285' 리시버. 85+85W.

'Model-2285B' 리시버. 85+85W. 사이드라이팅 방식.

'Model-2285BD' 리시버. 85+85W. 사이드라이팅 방식.

'Model-2330' 리시버. 130+130W.

'Model-2330B' 리시버. 130+130W. 사이드라이팅 방식.

'Model-2330BD' 리시버. 130+130W. 사이드라이팅 방식.

'Model-2385' 리시버. 185+185W. 사이드라이팅 방식.

'Model-2500' 리시버. 250+250W. 사이드라이팅 방식. 오실로스코프 채용.

'Model-940' 스피커. 900시리즈 발매(900, 920, 930).

- 1978년

    'SC-7' 프리앰프.

    'SM-7' 파워앰프. 150+150W.

    'Model-3650' 프리앰프.

    'Model-3250B' 프리앰프.

    'PM-8' 인티앰프. 150+150W.

    'ST-7' FM/AM 튜너.

    'Model-1152' 인티앰프. 75+75W.

    'Model-1300dc' 인티앰프. 65+65W.

    'Model-1515' 리시버. 15+15W.

    'Model-1520' 리시버. 20+20W.

    'Model-1530' 리시버. 30+30W.

    'Model-1550' 리시버. 50+50W.

    'Model-2600' 리시버. 300+300W. 사이드라이팅 방식. 오실로스코프 채용.

    'Model-4025' 리시버. 25+25W. 사이드 라이팅 방식. 카세트데크 첨가.

    'Model-8MKⅡ' 스피커. MKⅡ시리즈 발매(4MK, 5MKⅡ, 6MKⅡ, 7MKⅡ)

    'HD-880' 스피커. HD시리즈 (HD-440, HD-550, HD-660, HD-770).

- 1979년

    'SM-1000' 파워앰프. 400+400W, DC앰프.

    'MA-5' 모노럴파워앰프. 80+80W(AB급), 20+20W(A급).

    'SC-6' 프리앰프.

    'SM-6' 파워앰프. 120+120W(AB급), 30+30W(A급).

    'PM-6' 인티앰프. 120+120W(AB급), 30+30W(A급).

    'PM-5' 인티앰프. 80+80W(AB급), 20+20W(A급).

    'ST-5' FM/AM 튜너.

    'Model-1535' 리시버. 35+35W.

    'SR-1000' 리시버. 25+25W.

    'SR-2000' 리시버. 40+40W.

    'SR-4000' 리시버. 60+60W.

'SR-6000' 리시버. 70+70W.

'AD-5' 2웨이 크로스오버.

'Tt-1000' 턴테이블.

'Model-7' 스테레오 콘트롤 앰프 리플레카 모델.

'Model-8' 스테레오 파워앰프 진공관식. 리플레카 모델.

'Model-9' 모노럴 파워앰프 진공관식. 리플레카 모델.

- 1980년

'SM-10' 파워앰프. 120+120W(AB급), 30+30W(A급).

'SC-9' 프리앰프.

'SM-9' 파워앰프. 150+150W.

'PM-8Ⅱ' 인티앰프. 150+150W.

'PM-4' 인티앰프. 60+60W(AB급) 15+15W(A급).

'SR-6000G' 리시버. 70+70W.

'SR-7000G' 리시버. 100+100W.

'SR-8000G' 리시버. 120+120W.

'Tt-1000S' 턴테이블. 'Tt-1000' 에 SME3009 탑재.

'AD-6' 2웨이 크로스오버.

'SD-5010' 카세트데크.

- 1981년

'SM-700' 파워앰프. 265+265W,

'SC-1000' 프리앰프.

'SC-8' 프리앰프.

'SM-8' 파워앰프. 120+120W.

'PM-6a' 인티앰프. 120+120W(AB급), 30+30W(A급).

'PM-70' 인티앰프. 80+80W.

'SR-4100DC' 리시버. 50+50W. 디지털 튜닝.

'SR-8100DC' 리시버. 70+70W. 디지털 튜닝.

'SR-9000G' 리시버. 130+130W. 디지털 튜닝.

'ST-55' FM/AM 튜너.

- 1982년

    'SR-620DC' 리시버. 50+50W. 디지털 튜닝.

    'PM-750DC' 인티앰프. 70+70W.

    'PM-520DC' 인티앰프. 50+50W.

    'ST-521' 튜너.

    'CD-63' 시디플레이어.

    'MC-1000' 승압트랜스.

- 1983년

    'PM-84' 인티앰프. 120+120W(AB급).

    'SC-11' 프리앰프.

    'SM-11'. 파워앰프. 200+200W.

    'MA-6' 모노럴파워앰프. 120+120W(AB급), 30+30W(A급).

    'SR-820DC' 리시버. 70+70W. 디지털 튜닝.

    'SR-930' 리시버. 130+130W. 디지털 튜닝.

    'CD-73' 시디플레이어.

- 1984년

    'PM-64' 인티앰프. 100+100W.

    'CD-84' 시디플레이어.

    'CD-54' 시디플레이어.

- 1985년

    'PM-94' 인티앰프. 140+140W.

    'CD-74' 시디플레이어.

    'CD-65' 시디플레이어.

- 1997년

    소울 마란츠 사망.

A.2.2 럭스만 연보

- 1925년

  오사카시에 있던 금수당 액자점(錦水堂額縁店)의 라디오부로 창업. 라디오 오디오 앰프 및 그 부품의 제조 판매 시작.

- 1926년

  LUX 브랜드로 개명.

- 1943년

  회사명을 금수전기주식회사로 개명.

- 1952년

  OY-15형 출력 트랜스 개발.

- 1958년

  MA-7A 진공관식 모노럴 파워앰프 고압회로를 채용하여 6CA7로 출력 60W를 실현.

- 1961년

  회사명을 럭스만주식회사로 개칭.

  SQ-5A 진공관식 인티앰프 (6BQ5PP)

  SQ-5B 진공관식 인티앰프 (6BQ5PP) (35,100엔)

- 1962년

  SQ-65 진공관식 인티앰프 모셔널 피드백 (MFB)회로(.)

  PZ-11 포노앰프(게르마늄 티알을 사용하여 슬림화(.)

- 1963년

  SQ-38 인티앰프 (6RA8PP)(55,000円) 3극진공관 탑재(.)

- 1964년

  SQ-38D 인티앰프 (6RA8PP) (58,500엔)

- 1965년

  SQ-38Ds (6RA8PP)(54,500円)

- 1966년

  MQ-36 파워앰프 6336A (128,000엔)

  MB-88 모노럴 파워앰프 KT-88 85W (8Ω) (58,500엔)

- 1967년

    PL-45 프리앰프 (75,000엔)

    KMQ-8 파워앰프 6RA8 11W+11W : 키트모델 (19,500엔)

    SQ-301 TR 인티앰프 (69,000엔)

- 1968년

    SQ11 TR 인티앰프 (32,000엔)

    SQ-38F 인티앰프 30W+30W (78,000엔) 50CA10PP

    SQ-505 TR 인티앰프 (58,000엔)

- 1969년

    MQ-60 파워앰프 50CA10 30W+30W (62,000엔)

    KMQ-60 파워앰프 50CA10 30W+30W : 키트모델 (45,000엔)

    SQ-503 TR 인티앰프 30W+30W (51,000엔)

- 1970년

    SQ-38FD (50CA10PP) (98,000엔) 50CA10PP

    CL-35 프리앰프 (75,000엔)

- 1971년

    Luxkit 브랜드 제품 출시, 계측기 시리즈, 진공관 증폭기, 트랜지스터 증폭기, 턴테이블 약 70가지의 모델 판매.

    SQ-507X TR 인티앰프 50W+50W (86,500엔)

    SQ-503X TR 인티앰프 20W+20W (51,000엔)

- 1972년

    CL-35-II 프리앰프 (98,000엔)

    CL-350 프리앰프 (79,000엔)

    A-220 프리앰프 : 키트모델 (30,500엔)

    A-3300 프리앰프 : 키트모델 (45,000엔)

    A-2500 파워앰프 6RA8PP : 키트모델 (42,100엔)

- 1973년

    L-308 인티앰프 (108,000엔)

    L-309 인티앰프 (129,000엔)

- 1974년

    SQ-505X TR 인티앰프 30W+30W (69,800엔)

    CL-30 프리앰프 (169,000엔)

    SQ-38FD 인티앰프 (50CA10PP) (168,000엔)

    L-504 인티앰프 (78,000엔)

    MQ-80 파워앰프 6336A 45W+45W (169,000엔)

    KMQ-80 파워앰프 6336A 45W+45W : 키트모델 (124,000엔)

    MQ-60 Custom 파워앰프 50CA10 30W+30W (89,000엔)

    CL-35-III 프리앰프 (158,000엔)

    A-3400 프리앰프 : 키트모델 (108,000엔)

- 1975년

    M-6000/ C-1000/ T100/ PD121 (창립 50주년 기념 모델)

    M-4000 파워앰프 180W+180W (350,000엔)

    A-3000 모노럴 파워앰프 8045G : 키트모델 (79,000엔)

    C-1010 프리앰프 (180,000엔)

    A-3600 파워앰프 8045G PP : 키트모델 (79,000엔)

    L-505V 인티앰프 (98,000엔)

    L-100 인티앰프 (235,000엔)

    L-80 인티앰프 (72,500엔)

- 1976년

    CL-32 프리앰프 (128,000엔)

    5M21/5M20 파워앰프

    MB-3045 모노럴 파워앰프 8045G 60W (128,000엔)

    5K50M 카세트 데크

- 1977년

    M-12 파워앰프 80W+80W (150,000엔)

    B-12 모노럴 파워앰프 150W+150W (250,000엔)

    L-10 인티앰프 (128,000엔)

- 1978년

    LX-38 인티앰프 (198,000엔) 50CA10 PP

    CL-36 프리앰프 (228,000엔)

    MQ-70 파워앰프 6CA7 45W+45W (135,000엔)

    MQ-68 Custom 파워앰프 50CA10 30W+30W (108,000엔)

- 1979년

    LX33 인티앰프 (138,000엔)

    L-58A 인티앰프 (149,000엔)

    L-55A 인티앰프 (119,000엔)

    C-5000A 프리앰프 (355,000엔)

    MS-20 스피커 (56,000엔 / 1대)

    MS-10 스피커 (38,100엔 / 1대)

- 1980년

    L-68A 인티앰프 (188,000엔)

    L-45A 인티앰프 (69,800엔)

    L-309X 인티앰프 (158,000엔)

    PD-555 턴테이블

    C-300 프리앰프 (220,000엔)

    M-300 파워앰프 40W+40W A급 (290,000엔)

    CL-34 프리앰프 (168,000엔)

    A-3034 프리앰프 : 키트모델 (115,000엔)

    A-505 프리앰프 : 키트모델 (59,800엔)

    MS-11 스피커 (39,800엔 / 1대)

- 1981년

    알파인과 자본제휴

    L-550 A급 인티앰프 (250,000엔)

    L-550X 인티앰프 (269,000엔)

    L-560 인티앰프

- 1982년

  D-05 카세트 데크

  L-410 인티앰프 (79,000엔)

  L-430 인티앰프 (99,000엔)

- 1983년

  LX-38u 인티앰프(300,000엔 50CA10PP)

  CL-40 프리앰프 (330,000엔)

  MQ-50 파워앰프 6550A 50W+50W (300,000엔)

  M-05 파워앰프 105W+105W A급 (490,000엔)

- 1984년

  MB-300모노럴 파워앰프 (WE300s) 1대 가격 55만엔/ 1대

  A-3550 파워앰프 (158,000엔)

  L-101 인티앰프 (49,080엔)

- 1985년

  LX-360 인티앰프 (365,000엔)

  LV-109 인티앰프 (195,000엔)

  C-05 프리앰프 (380,000엔)

  M-05 A급 파워앰프

  MQ-360 파워앰프 6550A 40W+40W (319,400엔)

  S-105 스피커 (90,000엔 / 1대)

- 1987년

  M-07A A급 파워앰프

  M-06 A급 파워앰프 55W+55W (330,000엔)

  DA-07 D/A컨버터

- 1988년

  C-06 프리앰프 (260,000엔)

  A-3040 프리앰프 : 키트모델 (260,000엔)

- 1989년

  L-570 A급 인티앰프 (350,000엔)

1990년 : D-500 탑 로딩 시디플레이어 (380,000엔)

LV-107U 인티앰프 (135,000엔)

- 1991년

    C-06α 프리앰프 (380,000엔)

- 1992년

    D-500X 시디플레이어 (250,000엔)

- 1993년

    CL-38 프리앰프 (500,000엔)

    L-500 인티앰프 (250,000엔)

- 1994년

    삼성전자와 자본제휴

    C-8 프리앰프 (570,000엔)

    M-08 파워앰프 200W+200W (580,000엔)

- 1995년

    L-580 A급 인티앰프 (380,000엔)

    SQ-38 signature 인티앰프 (창립 70주년 기념 모델) (350,000엔)

- 1996년

    C-7 프리앰프 (350,000엔)

    M-7 파워앰프 150W+150W (350,000엔)

    C-10 프리앰프 (1,200,000엔)

- 1997년

    C-9 프리앰프 (780,000엔)

    C-5 프리앰프 (270,000엔)

    M-5 파워앰프 100W+100W (250,000엔)

    M-10 파워앰프 250W+250W (780,000엔)

- 1998년

    SQ-38D 인티앰프 (6BQ5PP)

- 1999년

    홍콩 B.V.I.과 자본제휴

- 2000년

    SQ-88 인티앰프 50W+50W (450,000엔)

- 2005년

    B1000 모노랄 파워앰프 무게 63Kg, 가격 180만엔,

    C1000F 프리앰프 (80주년 기념모델)

    L-590A · L-550A A급 파워앰프

A.2.3 산스이 연보

■ 프리메인앰프

- A-α7 : 50W+50W(8Ω) 60,000엔(1994년)
- A-α9 : 50W+50W(8Ω) 72,000엔(1997년)
- AU-22 : 13W+13W(8Ω) 45,000엔(1974년)
- AU-70 : 7189진공관 25W+25W 42,000엔(1964년)
- AU-111 : 6L6GC진공관 40W+40W 65,000엔(1965년)
- AU-111 : vintage1999 40W+40W 440,000엔(1999년)

년 도	모델/시리즈	국제버전	일본 국내 버전
1964	AU-70(진공관 인티앰프)	동일	동일
1965	AU-111(진공관 인티앰프)	동일	동일
1967-1970	AU-999	동일	동일
1972-1973	AU-9500(8500,7500,6500)	동일	동일
1975	AU-9900(11000, 20000,9900A,11000A)	동일	동일
1976	1세대 07시리즈		AU-607
1976	1세대 07시리즈		AU-707
1977		AU-517,AU-717	
1978	2세대 07시리즈		AU-D607
1978	2세대 07시리즈		AU-D707
1978	2세대 07시리즈	AU-919	AU-D907

년도	모델/시리즈	국제버전	일본 국내 버전
1979	한정판		AU-D907 LIMITED
	X1 Series	AU-X1	AU-X1
1980	3세대 07시리즈		AU-D607F
	3세대 07시리즈	AU-D9	AU-D707F
	3세대 07시리즈	AU-D11	AU-D907F
1981	4세대 07시리즈		AU-D607F EXTRA
	4세대 07시리즈		AU-D707F EXTRA
	4세대 07시리즈		AU-D907F EXTRA
	X1 Series	AU-X11	AU-X11
1982	파워앰프		B-2301
1983	5세대 07시리즈		AU-D607G EXTRA
	5세대 07시리즈		AU-D707G EXTRA
	5세대 07시리즈		AU-D907G EXTRA
	파워앰프		B-2201
		AU-D11 II	
1984	6세대 07시리즈		AU-D507X
	6세대 07시리즈		AU-D607X
	6세대 07시리즈		AU-D707X
	6세대 07시리즈		AU-D907X
	X1 Series	AU-X111 MOS	AU-X111
		AU-G90X	
		AU-G99X	
1985	한정판		AU-D707X DECADE
	한정판		AU-D907X DECADE
	파워앰프		B-2201L
1986	7세대 07α시리즈		AU-α307
	7세대 07α시리즈		AU-α507
	7세대 07α시리즈		AU-α607
	7세대 07α시리즈		AU-α707
	7세대 07α시리즈		AU-α907
		AU-G77X II	
1987	8세대 07시리즈		AU-α507i
	8세대 07시리즈		AU-α606i

년도	모델/시리즈	국제버전	일본 국내 버전
	8세대 07시리즈	AU-X701	AU-α607i
	8세대 07시리즈	AU-X901	AU-α707i
	8세대 07시리즈		AU-α907i
1987	한정판		AU-α907i MOS LIMITED
1988	9세대 07시리즈		AU-α507EXTRA
	9세대 07시리즈		AU-α607EXTRA
	9세대 07시리즈		AU-α707EXTRA
	9세대 07시리즈		AU-α907EXTRA
	X1 Series	AU-X1111 MOS	AU-X1111 MOS
	Power Amplifier		B-2102 MOS
	One Number Three Digit	AU-X911DG	AU-α777DG
1989	10세대 07시리즈	AU-X711	AU-α607L EXTRA
	10세대 07시리즈		AU-α707L EXTRA
	10세대 07시리즈		AU-α907L EXTRA
	One Number Three Digit		AU-α999DG
1990	11세대 07시리즈		AU-α607DR
	11세대 07시리즈		AU-α707DR
	11세대 07시리즈		AU-α907DR
	파워앰프		B-2302V
1991	한정판		AU-α607 MOS PREMIUM
1992	12세대 07시리즈		AU-α607KX
	12세대 07시리즈		AU-α707KX
	12세대 07시리즈		AU-α907KX
	프리앰프		C-2302V
	파워앰프		B-2103 MOS VINTAGE
1993	13세대 07시리즈		AU-α507XR
1993	13세대 07시리즈		AU-α607XR
	13세대 07시리즈		AU-α707XR
	13세대 07시리즈		AU-α907XR
1994	13세대 07시리즈		AU-α507XR
	한정판		AU-α907 LIMITED
1995	14세대 07시리즈	AU-607MRX	AU-α607MR

년 도	모델/시리즈	국제버전	일본 국내 버전
	14세대 07시리즈		AU-α707MR
	14세대 07시리즈		AU-α907MR
	튜브앰프		B-209 The Tube
1996	한정판		AU-07 ANNIVERSARY
1997	프리앰프		C-2105V
1997	파워앰프		B2105V
	15세대 07시리즈		AU-α607NRA
	15세대 07시리즈		AU-α707NRA
	15세대 07시리즈		AU-α907NRA
1999			AU-α607NRA II
1999	한정판		AU-α607 MOS LIMITED
	프리앰프		C-2302P
	리플레카-한정판		AU-111 VINTAGE
2001	리플레카-한정판		AU-111G VINTAGE

A.2.4 데논의 주요 연혁

- **1939년** : 방송 산업과 디스크 커팅 선반을 위한 최초의 전문용 디스크 레코더를 출시.
- **1953년** : 방송 산업을 위한 전문용 테이프 레코더 출시.
- **1958년** : 스테레오 레코드의 판매 소개.
- **1959년** : 릴 오디오 테이프.
- **1962년** : Elepian 시리즈의 전자 피아노를 소개.
- **1963년** : DL-103 포노 카트리지를 개발.
- **1964년** : 오디오 카세트 테이프 판매 시작.
- **1971년** : 턴테이블, 앰프, 튜너 및 스피커를 포함한 하이파이 오디오 생산.
- **1972년** : 세계 최초의 실행 가능한 8채널 디지털 레코더를 도입.
- **1980년** : 제13회 몽트뢰 국제 디플로메 도르 NEUR 기법상.
- **1981년** : 전문용 CD 플레이어를 개발.
- **1984년** : CD-ROM 형식 공개.

- 1988년 : AV 증폭기의 범위를 제품 범위에 도입.
- 1993년 : 트윈 데크 DJ CD 플레이어 DN-200F를 개발.
- 1999년 : 세계 최초의 THX-EX 홈 극장 시스템.
- 2001년 : 5.1 서라운드 사운드를 가진 첫 번째 미니 시스템 생산.
- 2004년 : HQV (할리우드 품질 비디오)를 특징으로 하는 세계 최초의 소비자 제품 출시.
- 2007년 : AVP-A1HDCI 프리앰프와 일치하는 POA-A1HDCI 파워앰프 출시.
- 2008년 : DVD오디오와 SACD재생이 가능한 유니버설 블루레이 플레이어 발표.

A.2.5 아큐페이즈 주요 연혁

- 1972년 : 동경에 연구소 설립.
  상호를 켄소닉 주식회사, 브랜드명을 Accuphase라고 함.
- 1973년 : 요코하마로 이전.
  프리앰프 C-200, 파워앰프 P-300 AM/FM튜너 T-100.
- 1974년 : 프리메인앰프 E-202.
- 1975년 : 모노포닉·파워앰프 M-60.
- 1976년 : 채널·디바이더 F-5.
- 1982년 : 창업10주년 브랜드명과 상호를 아큐페이즈 주식회사로 통합.
- 1985년 : 업무용 파워앰프 PRO-5.
- 1986년 : CD플레이어에 진출 분리형 DP-80/DC-81.
- 1996년 : 그린 전원 PS-500.
- 1997년 : 디지털 보이싱 이퀼라이저 DG-28.
- 2000년 : 분리형 SACD플레이어 DP-100/DC-101.
- 2002년 : 창업 30주년 기념 「AAVA볼륨 콘트롤」 탑재 프리앰프 C-2800.
- 2006년 : 자사개발 「SA-CD/CD드라이브」을 생산개시 : DP-800, DP-500.
- 2010년 : 창업 40주년 기념모델 프리앰프 C-3800.
- 2011년 : 창업 40주년 기념모델 분리형 SACD플레이어 DP-900/DC-901.
- 2012년 : 창업 40주년 기념모델 순 A급 모노포닉·파워앰프 A-200.

- 2013년 : 순 A급 프리메인앰프 E-600.

  제4세대 디지털 보이싱 이퀄라이저 — DG-58 발매.
- 2015년 : AB급 스테레오 파워앰프 P-7300 발매.
- 2016년 : 분리형 SA-CD플레이어 DP-950/DC-950 발매.
- 2017년 : 순A급 모노포닉 · 파워앰프 A-250 발매.

프리앰프 C 시리즈

년도	모델명	발매가
1973년	C-200	15만5천엔
1977년	C-220	22만엔
1977년	C-200S	20만엔
1978년	C-240	39만5천엔
1979년	C-230	17만엔
1980년	C-200X	27만엔
1982년	C-280	63만엔
1983년	C-222	33만엔
1984년	C-200L	33만엔
1986년	C-270	48만엔
1987년	C-202	21.5만엔
1987년	C-280L	70만엔
1987년	C-200V	35만엔
1989년	C-11	22만엔
1990년	C-280V	80만엔
1991년	C-260	37만엔
1992년	C-270V	58만엔
1993년	C-290	88만엔
1994년	C-250	27만엔
1995년	C-275	48만엔
1997년	C-265	33만엔
1993년	C-290V	98만엔
1994년	C-250	27만엔
1995년	C-275	48만엔
1997년	C-265	33만엔

년도	모델명	발매가
1998년	C-290V	98만엔
2000년	C-275V	53만엔
2001년	C-245	35만엔
2002년	C-2800	110만엔
2003년	C-2400	58만엔
2004년	C-2000	
2006년	C-2810	127만엔
2007년	C-2410	65만엔
2008년	C-2110	31만8천엔
2010년	C-3800	
2011년	C-2820	
2012년	C-2420	
2013년	C-2120	
2015년	C-3850	

DC 시리즈

년도	모델명
1996년	DC-300
1999년	DC-330

파워앰프 P시리즈

년도	모델명	발매가
1973년	P-300	35만엔
1974년	P-250	17.5만엔
1976년	P-20	19만엔
1977년	P-300S	26만엔
1979년	P-260	20만엔
1979년	P-400	40만엔
1980년	P-300X	30만엔
1983년	P-266	22만엔
1983년	P-600	65만엔
1984년	P-300L	33만엔

년도	모델명	발매가
1985년	P-500	
1987년	P-102	23.5만엔
1987년	P-300V	35만엔
1988년	P-800	75만엔
1989년	P-500L	53만엔
1989년	P-11	23만엔
1991년	P-360	37만엔
1994년	P-550	58만엔
1994년	P-350	30만엔
1995년	P-700	78만엔
1997년	P-450	38만엔
1999년	P-1000	110만엔
2000년	P-650	68만엔
2001년	P-370	36만엔
2003년	P-7000	
2003년	P-5000	
2004년	P-3000	
2006년	P-7100	
2008년	P-4100	
2010년	P-6100	
2013년	P-4200	
2015년	P-7300	

M시리즈

년도	모델명	발매가
1975년	M-60	29만엔
1981년	M-100	50만엔
1987년	M-1000	65만엔
1997년	M-2000	100만엔
2008년	M-6000	
2015년	M-6200	

A시리즈

년도	모델명	발매가
1991년	A-100	95만엔
1993년	A-50	88만엔
1995년	A-20	32만엔
1998년	A-50V	95만엔
2000년	A-20V	33만엔
2004년	A-60	
2004년	A-30	
2006년	A-45	
2009년	A-65	
2009년	A-35	
2011년	A-46	
2012년	A-200	
2014년	A-70	
2014년	A-36	
2015년	A-47	

■ 프리메인앰프

E시리즈

년도	모델명	발매가
1974년 5월 발매	E-202	19.8만엔
1978년 7월 발매	E-303	24.5만엔
1981년 11월 발매	E-301	19.8만엔
1983년 12월 발매	E-303X	29.8만엔
1984년 12월 발매	E-302	22만엔
1987년12월 발매	E-305	27만엔
1989년 10월 발매	E-405	35만엔
1991년 11월 발매	E-305V	28만엔
1993년 6월 발매	E-406	38만엔
1994년 12월 발매	E-306	26만엔
1995년 5월 발매	E-210	17만엔

년도	모델명	발매가
1995년 4월 발매	E-210A	19만엔
1996년 12월 발매	E-406V	38만엔
1997년 12월 발매	E-306V	28만엔
1998년 10월 발매	E-211	19만엔
1999년 10월 발매	E-407	40만엔
2000년 12월 발매	E-307	28만엔
2001년 11월 발매	E-212	19.8만엔
2002년 2월 발매	E-530	50만엔
2003년 7월 발매	E-408	
2004년 4월 발매	E-308	
2005년 11월 발매	E-550	
2007년 4월 발매	E-450	
2007년 11월 발매	E-350	
2008년 11월 발매	E-250	
2009년 11월 발매	E-560	
2010년 11월 발매	E-460	
2012년 11월 발매	E-260	
2013년 11월 발매	E-600	
2014년 11월 발매	E-470	
2015년 11월 발매	E-370	

DP 시리즈

년도	모델명
1986년 7월 발매	DP-80
1987년 6월 발매	DP-70
1988년 11월 발매	DP-80L
1989년 12월 발매	DP-11
1990년 3월 발매	DP-60
1990년 11월 발매	DP-70V
1992년 12월 발매	DP-90
1993년 11월 발매	DP-65
1994년 11월 발매	DP-75

년도	모델명
1996년 3월 발매	DP-55
1997년 3월 발매	DP-90B
1997년 12월 발매	DP-65V
1999년 11월 발매	DP-75V
2000년 6월 발매	DP-100
2001년 2월 발매	DP-55V
2001년 7월 발매	DP-85
2003년 8월 발매	DP-67
2005년 3월 발매	DP-57
2005년 11월 발매	DP-78
2006년 11월 발매	DP-500
2006년 12월 발매	DP-800
2007년 12월 발매	DP-700
2008년 11월 발매	DP-400
2008년 12월 발매	DP-600
2010년 6월 발매	DP-510
2011년 7월 발매	DP-900
2012년 12월 발매	DP-550
2013년 3월 발매	DP-410
2013년 12월 발매	DP-720

튜너

년도	모델명
1973년 9월 발매	T-100
1974년 5월 발매	T-101
1978년 10월 발매	T-104
1979년 1월 발매	T-103
1980년 10월 발매	T-105
1984년 1월 발매	T-106
1985년 7월 발매	T-107
1990년 3월 발매	T-11
1990년 4월 발매	T-108

년도	모델명
1993년12월 발매	T-109
1995년11월 발매	T-110CS
1999년5월 발매	T-109V
2005년8월 발매	T-1000
2010년9월 발매	T-1100

A.2.6 온쿄 그룹의 주요 연혁

- 1946년 9월 : 주식회사 오사카 전기음향사로서 오사카에 설립.
- 1947년 3월 : 상호를 오사카 음향주식회사로 변경.
- 1957년 6월 : 주식회사 도시바와 자본제휴.
- 1971년 9월 : 상호를 온쿄 주식회사로 변경.
- 1972년 7월 : 독일에 판매회사, Onkyo Europe Electronics GmbH를 설립. 11월 : 본사를 오사카 부 카와 시로 이전, 음향기술연구소 설치.
- 1975년 10월 : 미국에 판매회사, Onkyo U.S.A. Corp.을 설립.
- 1979년 4월 : 미국에 생산회사, Onkyo America, Inc.를 설립.
- 1980년 4월 : 미에현 츠시에 생산회사, 온쿄 일렉트로닉스 주식회사를 설립.
- 1986년 5월 : 돗토리 현 구라요시 시에 생산회사 돗토리 온쿄 주식회사(현: 온쿄 트레이딩(주) 설립.
- 1989년 5월 : 말레이시아에 생산회사, Onkyo (Malaysia)를 설립.
- 1991년 4월 : 말레이시아에 생산회사, Onkyo Electronics (Malaysia)를 설립.
- 1993년 6월 : 주식회사 도시바와의 자본제휴 해소.
- 1994년 5월 : Lucasfilm Ltd. (현: THX) Ltd.)와의 기술 제휴로 THX 시스템 탑재 리시버(상품명 TX-SV919THX) 판매 시작.
- 1996년 3월 : 비즈니스 네트워크 텔레콤 주식회사 설립.
- 2002년 3월 : 비즈니스 네트워크 텔레콤 주식회사의 주식을 양도 미국에 판매회사, Onkyo Industrial Components, Inc.를 설립.
- 2003년 2월 : 일본증권업협회에 주식을 매장 등록.
- 2005년 8월 : 고품질 음악배달서비스 music을 시작하다 9월 주식회사 CO3

를 주식회사 J스트림과 합작으로 설립.
- 2006년 : 상호를 Onkyo U.S.A. Corp.으로 변경.
- 2012년 1월 : Gibson Guitar Corp. (현 Gibson Brands, Inc.)와의 자본·업무제휴 Onkyo U.S.A. Corp.의 주식 일부를 Gibson 사에 양도. 티악 주식회사와의 자본·업무제휴.
- 2014년 3월 : 영국 Imagination Technologies Group plc와 자본제휴.
- 2015년 3월 : 파이어니어 홈 일렉트로닉스의 전체 지분을 인수.

A.2.7 파이오니아 주요 연혁

- 1937년 : 창업자 마쓰모토 바라가 다이나믹 스피커 A-8의 성공적인 개발.
- 1938년 : 복음상회 전기제작소를 도쿄에 설립, 창업.
- 1947년 : 복음전기주식회사 설립.
- 1953년 : 퍼머넌트형 스피커 PE-8 출시.
- 1961년 : 개척자 주식회사로 상호변경 도쿄증권거래소 2부 상장.
- 1962년 : 세계 최초, 세퍼레이트 스테레오 출시.
- 1966년 : 유럽 및 미국에 판매 자회사 설립.
- 1968년 : 도쿄증권거래소 1부 상장.
- 1977년 : 세계 최초, 양방향 CATV 시스템을 워너 케이블과의 협력으로 미국에 도입.
- 1980년 : 가정용 LD 플레이어 VP-1000을 미국에서 출시.
- 1984년 : 세계 최초, 자동차 CD 플레이어 출시.
- 1990년 : 세계 최초, GPS 자동차 네비게이션 시스템 출시.
- 1992년 : 세계 최초, 4배속 CD-ROM 체인저 출시.
- 1996년 : 세계 최초의 가정용 DVD/LD/CD 컴패티블 플레이어 출시.
- 1997년 : DVD-R 드라이브 출시, 민생용 고화질 50인치형 플라스마 디스플레이 출시.
- 1999년 : 세계 최초, DVD-RW 포맷 DVD 레코더 출시.
- 2002년 : 통신 모듈 내장형 카 네비게이션 시스템 출시.
- 2008년 : 세계 최초 용량 400기가바이트 다층(16층) 광디스크 기술 개발.

파이오니아 창업 70주년 기념 스피커 유닛 "PE-101A" 출시.
- 2013년 : 세계 최초 롬 주식회사와 공동으로 소형 반도체 소자 '공명터널 다이오드'를 이용한 테라헤르츠 이미징 성공.
- 2014년 : 세계 최초, 발광층 도포형 유기 EL 조명 모듈의 양산 선적 시작.
- 2016년 : 기판매차에 탑재 가능한 선진운전지원시스템 'Intelligent Pilot'을 개발 운전자의 졸음을 감지하고 개선하는 '드라이버 모니터링 시스템' 개발.
- 2018년 : 창업 80주년.

A.2.8 트리오의 주요 연혁

- 1946년 : '유한회사 춘일무선전기상회'를 나가노현 고마가네시에 설립.
- 1947년 : 상표를 'TRIO'로 결정.
- 1950년 : 상호를 '카즈네 무선공업 주식회사'로 변경.
- 1955년 : 도쿄 오타구에 도쿄 사업장 설립.
- 1960년 : 상호를 '트리오 상사 주식회사'로 변경.
- 1961년 : 도쿄 증권거래소 제2부 상장 일본 국외 브랜드명 KENWOOD 설정.
- 1963년 : 도쿄도 하치오지 시에 하치오지오리 사업장 설립(나중에 본사).
- 1969년 : 도쿄증권거래소시장 제 일부 상장 음악 레코드 사업에 진출.
- 1979년 : 싱가포르에 첫 일본 국외공장 설립.
- 1980년 : 카오디오 사업 진출.
- 1981년 : 야마가타현 쓰루오카시에 '도호쿠 트리오 주식회사'(나중에 야마가타 켄우드) 설립.
- 1985년 : 음악 레코드 사업에서 철수.
- 1986년 : 상호를 '주식회사 켄우드'로 변경.
- 1989년 : 도쿄 사업장을 가나가와현 요코하마시 녹구로 이전, 요코하마 사업장 설립.
- 1990년 : 나가노 현 이나시에 '주식회사 나가노 켄우드' 설립.
- 1994년 : 중국 상하이시에 '상하이건오전자 유한공사'(애초는 합작) 설립.
- 1996년 : 말레이시아의 공장 설립.
- 2001년 : 중기재건계획 발표.

- 2002년 : 산업재생법을 신청, 본사를 도쿄도 하치오지 시로 이전.
- 2004년 : 동양통신기 주식회사(나중에 엡손토요콤)보다 무전기 사업 양수.
- 2005년 : 아이콤 주식회사와 기술 및 자본에서 제휴.
- 2006년 : 창립 60주년.
- 2008년 10월 1일 : 일본 빅터와 공동지주회사인 JVC 켄우드홀딩스 주식회사를 설립해 이 회사의 완전 자회사가 됨.
- 2011년 10월 1일 : 주식회사 JVC 켄우드에 합병해 해산.

A.3 일본 오디오 명기 100선 책자의 기기

A.3.1 프리메인앰프

- 아큐페이즈 E-202, E-302
- 온쿄 A-819RX
- 교세라 A-710
- 켄우드 L-01A, L-02A
- 산스이 AU-D907, AU-X1
- 소니 TA-F6B, TA-F555ES, TA-F555ESX
- 테크닉스 SU-V10X
- 데논 PMA-940V
- 트리오 KA-9300, KA-1100SD
- 파이오니아 A-0012, A-150D
- 빅터 A-X1000
- 야마하 A-1, A-1000
- 럭스만 5L15, L-550

A.3.2 프리앰프

- 아큐페이즈 C-200, C-240, C-280
- A&E ECN-5
- 오렉스 SY-Λ88
- 온라이프 DV-3000GOLD
- 스택스 CA-X
- 소니 TA-E88, TA-D900, TA-E900
- 데논 PRA-2000
- 파이오니아 C5
- 빅터 EQ-7070
- 야마하 C-2, EC-1, CX-10000, HX-10000
- 럭스만 5C50

A.3.3 파워앰프

- 아큐페이즈 M-60, M-100, P-260, P-400, P-600
- 온쿄 M-510
- 소니 TAN-8250, TAN-8550
- 파이오니아 M5
- 빅터 M-7050
- 야마하 B-1, B-2, MX-10000
- 럭스만 M-07
- 롯데 HMA-8300, HMA-9500

A.3.4 세퍼레이트 앰프

- A&E DCA-400, E-2000
- 오디오디바이스 AD-C1, AD-P1
- 온쿄 P-309, M-509
- 교세라 B-910, C-910
- 테크닉스 SE-A1, SU-A2, SE-A3, SU-A4, SE-A100, SU-A200
- 데논 POA-1000B, PRA-1000B
- 트리오 700C, 700M, L-07C, L-07M
- 파이오니아 C-Z1, M-Z1, C3a, M4a
- 트리오 KA-9300, KA-1100SD트리오 700C, 700M, L-07C, L-07M

(オーディオ永遠の名機 プリアンプ&パワーアンプ: ステレオ黄金時代1970~1980)

A.4 빈티지 아날로그 수리 전문점 소개

우리가 오래된 빈티지 오디오 기기를 사용하다 보면 여러 크고 작은 트러블이 생기게 마련이다. 그러한 트러블들이 케이블의 교체나 약간의 기름을 뿌리는 것 등의 상식선에서 간단히 해결할 수 있는 것도 있지만 전문가의 손길이 닿아야 할 경우도 있다. 그런데 그 상식선이라는 것이 금방 알게 되는 것이 아니고 오랫동안 이것저것 여러 오디오 기기를 구매하여 음악을 들으면서 알게 되거나 서적이나 인터넷과 여러 사람에게 묻다가 터득한 경우가 대부분이다. 본서를 읽다 보면 잠깐에서도 많은 정보를 접할 수도 있다. 그런데 기기의 트러블을 일반 소비자가 처리할 수 있는 정도가 아닌 경우에는 전문가에게 가야 하는데 그 비용이 만만치 않게 느껴질 때가 있다.

오디오 기기의 발매 당시 가격을 생각하면 감히 구입할 상상도 하지 못할 고가의 기기였지만 세월이 흘러 감가상각에 의한 가격하락과 우리나라가 잘살게 되어 지금은 그 금액이 상대적으로 많이 낮아졌음은 부정할 수 없는 사실이다. 그러나 기기의 가격이 많이 하락했다고는 하지만 아직도 그 가격이 만만치 않은 기기들이 많다. 이런 기기들을 사용하다가 트러블이 생겨 수리 전문점에 가지고 갔다가 수리 가격에 놀라는 분들이 있다. 잠시 들여다보았는데 수리 가격이 그렇게 비싼가 하는 생각이다. 이 고급 빈티지 기기는 아무나 만질 수 있는 것이 아니다. 오랜 경험과 연륜이 필요하다. 이제까지 발매한 수많은 기기를 열어보고 수리하고 만져본 사람은 그렇게 많지 않기 때문이다. 게다가 지금은 고급 오디오 기기를 사용하는 사람들이 예전과 같이 많지 않아서 벌이가 시원치 않아 수리를 그만둔 사람도 많다. 그나마 수리할 수 있는 사람들의 연령대도 많이 높아졌음을 알 수 있다.

필자가 전국에 있는 모든 전문 수리점을 다 가본 것은 아니어서 단정적으로 말하기는 어렵지만, 수리점이 많은 것도 아니고 게다가 믿고 맡길 수 있는 곳을 찾기도 쉽지 않다. 어떤 수리점은 수리를 한다고 하다가 오히려 더 문제를 일으키는 경우도 여러 번 보아왔기 때문이다.

오디오 전문 수리점 중에서 수리하는 방식이 다른 2곳을 여기에 소개한다. 이 두 분의 특징은 자신이 한만큼만 돈을 받는다. 하지 않은 것을 했다고 속이면서 돈을 더 받지는 않는다.

회사	이름	전화번호	주소
강서 전자	황홍락	010-5695-5560	서울시 양천구 신월동 558-5
애니 전자	허정일	010-5303-2588	서울시 강동구 상일동 287-4 1층 101호

A.5 진공관 파워앰프 RATTI-50

필자가 RATTI-50이라는 파워앰프를 발표한다. AUTOCAD등 여러 전문 프로그램을 사용하여 케이스부터 PCB까지 직접 디자인과 설계를 하여 제작한 파워앰프이다. 하드 와이어링으로 몇 대를 제작하여 가까운 지인들에게 주었고, 본서를 출간하는 기념에 맞추어서는 PCB 기판 방식으로 제작한 것을 발표하려고 한다. 본 파워앰프는 6550 출력관을 사용하여 맑고 깨끗한 음색은 물론 출력관 고유의 다이나믹한 중저음이 나오도록 제작하였다. 넉넉한 파워로 어떤 스피커도 제어할 수 있도록 하였으며 럭스만 프리앰프 CL-36과 매치하면 좋은 음질로 들을 수 있다. 파워앰프 출시 예정가는 720만원이다. 내년에는 진공관 프리앰프를 발표하고, 그 후 트랜지스터 앰프도 발표할 예정이다.

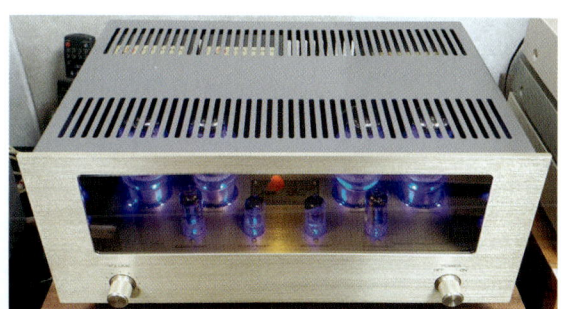

진공관 파워앰프 RATTI-50

진공관 파워앰프 RATTI-50과 럭스만 CL36 프리앰프

A6 일본 오디오 기기 사용을 위한 복권 다운 트랜스

아래 그림의 복권 다운트랜스는 일본 오디오 기기를 사용하도록 출시되었다. 1차 입력 220[V], 2차 출력 100[V]로 용량은 정격 1[KVA], 1.5[KVA]가 있다. 1차 권선이 차폐(shield)되어 있어서 1차 측의 나쁜 신호가 2차 측의 오디오 기기에 유입되는 것을 방지하였다. 다운 트랜스를 AVR로 사용할 때에는 전압의 안정성 면에서는 좋으나 장기간 사용할 경우 내부 소자의 열화로 인하여 트러블이 생기는 경우가 있다. 그래서 RH 복권트랜스는 이러한 트러블을 없애기 위해 전압만을 100[V]로 낮추는 단순한 구조로 구성 하였다. 전면 패널에는 전압, 전류, 전력이 표시되는 LED 창이 있다. 출시예정가는 1[KVA]는 28만 원, 1.5[KVA]는 42만 원이다.

최병수
- 국제대학교 전기공학과 교수
- 공학박사
- 오디오 관련 50여 년 경력
- 전기회로이론 등 전공 서적 15권, 논문 20여 편 발표

스테레오 사운드 - 일본의 명기 빈티지 오디오 기기를 중심으로 -

1판 1쇄 인쇄	2019년 10월 15일
1판 1쇄 발행	2019년 10월 25일
저　　자	최병수
발 행 인	이범만
발 행 처	**21세기사** (제406-00015호)

경기도 파주시 산남로 72-16 (10882)
Tel. 031-942-7861　　Fax. 031-942-7864
E-mail : 21cbook@naver.com
Home-page : www.21cbook.co.kr
ISBN 978-89-8468-850-6

정가 23,000원

이 책의 일부 혹은 전체 내용을 무단 복사, 복제, 전재하는 것은 저작권법에 저촉됩니다.
저작권법 제136조(권리의침해죄)1항에 따라 침해한 자는 5년 이하의 징역 또는 5천만 원 이하의 벌금에 처하거나 이를 병과(併科)할 수 있습니다. 파본이나 잘못된 책은 교환해 드립니다.